STUDIEN
ZUR ENGLISCHEN PHI
NEUE FOLGE

Herausgegeben von
Jörg Fichte, Lothar Fietz und Gerhard Müller-Schwefe

Band 31

PETER PAUL SCHNIERER

Rekonventionalisierung im englischen Drama 1980–1990

MAX NIEMEYER VERLAG TÜBINGEN
1994

Meinen Eltern

Die Deutsche Bibliothek – CIP-Einheitsaufnahme

Schnierer, Peter Paul:
Rekonventionalisierung im englischen Drama 1980 – 1990 / Peter Paul Schnierer. –
Tübingen : Niemeyer, 1994
 (Studien zur englischen Philologie ; N.F., Bd. 31)
NE: GT

ISBN 3-484-45031-2   ISSN 0081-7244

Druck: Gulde-Druck GmbH, Tübingen
Einband: Heinr. Koch, Tübingen

Danksagung

Um über das Drama schreiben zu können, muß man das Theater kennen. Deshalb geht mein Dank zunächst an Margarete und Julian Forsyth sowie Sam Featherston. Für Unterstützung, Anregung und Kritik beim Abfassen des Textes bin ich zu vielen Menschen verpflichtet, um sie hier alle aufzuzählen. Stellvertretend seien genannt: Iris Eisenbeiß und Tanja Lindl, die als Wissenschaftliche Hilfskräfte bibliographiert, Literatur besorgt und korrekturgelesen haben; Eberhard "Paddy" Bort und Joachim Zelter, die sich viel anhören mußten; Thomas Rommel, der bei der Textverarbeitung sehr geholfen hat; und Svenja Kuhfuß, ohne die diese Arbeit mir nichts wert wäre.

Wichtige Anregungen entstammen den Vorlesungen und persönlichen Ratschlägen der Professoren Borchers, Fichte, Ludwig und Schröder.

Professor Lothar Fietz aber, der die Arbeit angeregt und betreut hat, verdanke ich am meisten. Die Sympathie und Unterstützung, die er mir zukommen ließ, aber auch die Arbeitsbedingungen und Freiräume, die er mir verschaffte, wünsche ich allen Doktoranden.

Tübingen, im Juli 1993

Inhaltsverzeichnis

Anmerkungen zur Zitierweise

I. Typographie

Zur Vermeidung von Mißverständnissen wurden Zitate aus Primärtexten typographisch vereinheitlicht. Die Veränderungen betreffen folgende Einzelheiten:

1. Die Namen der sprechenden oder handelnden Personen im Nebentext, einschließlich der Replikenpräfixe, sind kapitalisiert.
2. Replikenpräfixe sind durch Doppelpunkt und eine Leerstelle von der Replik getrennt.
3. Nebentext, außer den Replikenpräfixen, steht in geschweiften Klammern.
4. Eckige Klammern enthalten Erläuterungen und Hinweise, die nicht im Originaltext stehen, sowie Quellenangaben. Auslassungen sind durch drei Punkte in eckigen Klammern gekennzeichnet.
5. Alle runden Klammern stehen so im Originaltext.
6. Emphase ist durch Kursivierung kenntlich gemacht.

II. Seitenangaben

Bei der Vielzahl der in dieser Studie erwähnten oder zitierten Texte schien weder eine vollständige Dokumentation im Text noch ein wie auch immer geartetes Siglensystem praktikabel. Deshalb gilt:

1. Primärtexte, aus denen nicht wörtlich zitiert wird, sind nur in der Bibliographie verzeichnet.
2. Primärtexte, aus denen wörtlich zitiert wird, werden durch Fußnoten belegt.
3. Die zehn im Mittelpunkt stehenden Texte werden nur bei der ersten Erwähnung in den ihnen gewidmeten Abschnitten durch Fußnoten belegt. Weiteren Zitaten und Verweisen folgt eine Angabe der Seitenzahl in eckigen Klammern.

STARHEMBERG: I want to make a new man and new woman but only from the pieces of the old. The new man and new woman will insist on their utter novelty. I ask a lot. The new art will ask nothing. And now I am going to bed...

(Howard Barker, *The Europeans*)

0   Einführung

Spätestens als Howard Brentons *The Romans in Britain*, 1980 im National Theatre uraufgeführt, den bislang letzten großen Theaterskandal Englands auslöste, war dem Autor der Ruf sicher, ein radikaler Neuerer zu sein. Zehn Jahre später nahm Brenton zum Problem der Innovation im Theater Stellung und kam zu dieser Schlußfolgerung:

> It is an archaic form. Deeply, often hopelessly, recidivistically, archaic. [...] I know of no fundamental innovation that the inventers [sic] of theatre, Aeschylus, Sophocles and above all Euripedes, did not use.[1]

Das Eingeständnis, nichts wirklich Neues bieten zu können, kommt aus dem Mund Brentons überraschend, aber nicht beiläufig. Das Bild vom Müllhaufen, das er auch im Titel seines Beitrages verwendet, faßt den gleichen Sachverhalt noch schärfer: "The heap is like the theatre. It is a load of old tat, bits and pieces, disconnected."[2] Neues zu "erfinden" ist Dramatikern demnach unmöglich. Es kommt Brenton auf das Sammeln, Rearrangieren und Verbinden alter Versatzstücke an. Kreatives Schreiben für die Bühne setzt für ihn die Kenntnis der literarischen Traditionen voraus, die es neu zu kaleidoskopieren gilt, aber auch das Wissen um die unüberschreitbaren Grenzen, die diese Traditionen ziehen. Folgt man Brentons Argumentation, müßten Theaterstücke Ausstellungen ähneln, die den Anforderungen des Publikums und der didaktischen Absicht der Museumsleitung entsprechend eine Auswahl aus den Archivbeständen bieten – in wechselnder Zusammenstellung und neuer Präsentation zwar, aber mit einem letztendlich immer gleichen Bestand von Exponaten.

Eine Vielzahl dramatischer Texte, die in den 80er Jahren in England entstanden sind, hinterläßt genau diesen Eindruck. Alte Genres und überholt geglaubte Techniken werden in einem Maße wiederbelebt, das weit über gelegentliche Adaptationen und Modernisierungen einzelner Stücke hinausgeht. Die vorliegende Studie soll dieses Phänomen der Rekonventio-

---

[1]   Howard Brenton, "A Load of Old Tat", in: Wolfgang Lippke ed., *British Drama in the Eighties and Beyond*, Siegen (Universität Gesamthochschule Siegen): 1991, 53–63, 54.
[2]   Ibid., 53.

1

nalisierung des englischen Dramas untersuchen und die Konsequenzen beleuchten, die sich dadurch für die Entwicklung des Dramas und dessen gesellschaftliche Funktion ergeben. Dabei wird deutlich werden, daß die Rekonventionalisierungstendenzen als Reaktion auf die nachlassende Wirkung des epischen Theaters und des "Theaters der Grausamkeit" aufgefaßt werden können. Der formalen Abwendung vom Verfremdungstheater entspricht dabei in den Texten mancher Autoren eine Abwendung von dem im Drama der 60er und 70er Jahre vorrangig transportierten Welt- und Menschenbild hin zu einer Wiederaufwertung des autonomen Individuums.

Das englische Drama der 80er Jahre ist ohne Kenntnis seiner Geschichte seit den 50er Jahren nicht zu verstehen. Deshalb setzt diese Studie mit einer knappen Beschreibung der gesellschaftlichen Situation Englands, der Theaterszene und den Entwicklungslinien des englischen Dramas bis 1980 ein (Kapitel 1.1.1). So lassen sich Informationen bereitstellen, die im Verlauf der Untersuchung benötigt werden, aber im Zusammenhang schlüssiger geboten werden können. Der parallel aufgebaute Abschnitt 1.1.2 handelt im gleichen Dreischritt von der Dekade 1980–1990 und hat zwei Ziele: Zum einen soll der Kontext skizziert werden, in dem die im Hauptteil untersuchten Texte stehen, zum anderen sollen einige Autorinnen und Autoren kurz Berücksichtigung finden, die in der Untersuchung ausgeblendet werden mußten. Kapitel 1.1.2 bietet außerdem zu diesen Dramatikerinnen und Dramatikern eine weitgefaßte Auswahl aus der bislang vorliegenden Forschungsliteratur.

Im Anschluß an diesen Überblick soll die Fragestellung in Kapitel 1.2 auf den eigentlichen Untersuchungsgegenstand verengt und in Kapitel 1.3 der methodologische Rahmen abgesteckt werden. Zunächst werden die der Untersuchung zugrundeliegenden funktional-strukturalistischen Prämissen beschrieben; in einem zweiten Schritt erfolgt die dramenspezifische Operationalisierung des Modells im Hinblick darauf, daß das Prinzip der Entautomatisierung in den untersuchten Texten problematisch wird. Kapitel 1.4 beschließt die Grundlegung der Studie mit dem Forschungsbericht. Arbeiten zu einzelnen Dramatikerinnen und Dramatikern oder Texten, sofern sie für die Fragestellung im engeren Sinne nicht relevant sind, werden in den jeweiligen Abschnitten des Hauptteiles genannt.

Das moderne englische Drama vor 1980 wurde von den Theatertheorien Bertolt Brechts und Antonin Artauds stark beeinflußt. Beide stellten das Prinzip der Wahrnehmungserschwerung und damit den Bruch mit überkommenen Dramentraditionen in den Mittelpunkt ihrer Dramaturgien. Kapitel 2 beschreibt die Kritik, der diese Theorien in den 80er Jahren ausgesetzt wurden. Der Schwerpunkt liegt auf zwei Stücken, in denen die genannten Theoretiker als Dramenfiguren auftreten: Christopher Hamptons *Tales from Hollywood* (Kapitel 2.1) und David Rudkins *The Triumph of Death* (Kapitel 2.2). In Kapitel 2 wird auch auf die Brecht- bzw. Artaudrezeption in Großbritannien vor 1980 eingegangen, die in Kapitel 1.1.1.3 nicht diskutiert wurde.

Die Kapitel 3 und 4 gehen den praktischen Konsequenzen nach, die einer solchen Kritik der Theorie folgten. Kapitel 3 befaßt sich mit Texten, in denen der Versuch der Rekonventionalisierung des englischen Dramas zwar durchgeführt, aber schließlich als untauglich verworfen wird. Im einzelnen sind dies Howard Barkers *A Passion in Six Days*, das der Tradition der Mysterienspiele verpflichtet ist (Kapitel 3.1), Edward Bonds *Restoration* mit dem schon im Titel angelegten Rückgriff auf das Drama der Restaurationszeit (Kapitel 3.2), Howard Barkers *Seven Lears*, einer Shakespeares *King Lear* vorgeschalteten Tragödie (Kapitel 3.3), und Peter Flannerys "jakobäische" Rachetragödie *Singer* (Kapitel 3.4).

Kapitel 4 untersucht Texte, in denen der Rückgriff auf konventionelle Muster mit der Wiederaufwertung des Individuums einhergeht und Möglichkeiten autonomer Existenz inszeniert werden. Wiederum macht ein "Passionsspiel" Howard Barkers, *The Last Supper*, den Anfang, das vor dem Hintergrund von Tony Harrisons *The Passion* diskutiert wird (Kapitel 4.1). Kenneth Branaghs Rezeption des Kriminalfilms der 30er Jahre in *Public Enemy* weitet den Blickwinkel auf bereits traditionell gewordene dramatische Formen dieses Jahrhunderts (Kapitel 4.2), und Peter Shaffers Salonkomödie *Lettice and Lovage* beendet als eindeutigstes Beispiel für die hier untersuchten Tendenzen den Interpretationsteil (Kapitel 4.3). Kapitel 5 schließlich bündelt die erzielten Ergebnisse noch einmal.

1 Grundlegung

1.1 Hintergrund

1.1.1 Das englische Drama vor 1980

1.1.1.1 Gesellschaftliche Bedingungen

Nach dem gewonnenen Krieg gegen Deutschland fand sich Großbritannien in einer veränderten Welt wieder. Einerseits hatte es den Anforderungen gerecht zu werden, die sich aus seiner Rolle als Teil der westlichen Allianz gegen die Sowjetunion und ihre im Entstehen begriffenen Satellitenstaaten ergaben, andererseits war es immer noch eine imperiale Macht, die die Unabhängigkeitsbestrebungen ihrer Kolonien und Protektorate ernst nehmen mußte. In gewisser Weise hörte der Kriegszustand für Großbritannien nicht auf. Nicht nur die zivilen Folgen des Krieges dauerten länger als anderswo an (die Rationierung von Lebensmitteln etwa wurde erst 1954 abgeschafft), auch die militärischen Engagements endeten nicht. In Palästina und Zypern wurde weiter gefochten, und der Unabhängigkeitskampf Indiens war bis zu seinem Abschluß im Jahr 1948 von bewaffneten Auseinandersetzungen begleitet. Hinzu kam der Kalte Krieg, der vom Arbeiteraufstand 1953 in Berlin bis zur Kubakrise 1962 einem heißen Krieg gefährlich nahe kam. Großbritannien war dabei immer unmittelbar involviert. Als Atommacht und als Siegermacht des zweiten Weltkrieges gab es nie seinen Anspruch auf, entscheidend mitwirken zu können, wenn es um die *balance of power* in der Welt ging.

1956, im Jahr des Ungarnaufstandes, erlebte die britische Öffentlichkeit allerdings das Fiasko von Suez; mit dem Scheitern der traditionellen *gun boat diplomacy*, der Politik der bewaffneten Intervention, wurde ein Prozeß des Umdenkens im politischen und geistigen Leben des Landes augenfällig, der schon mit dem Machtwechsel von den Tories zur Labour Party im Jahr 1945 eingesetzt hatte. Die damals eingeleiteten Maßnahmen zur sozialen Absicherung unterprivilegierter Gruppen, etwa die Einführung des *National Health Service* und der Ausbau des sozialen Netzes, waren Ausdruck einer Wendung nach innen, einer Besinnung auf die Probleme daheim. Die *kitchen sink plays* jener Zeit, die den Blick von der (zumindest im Drama) unproblematisch existierenden *upper middle class* auf die Schwierigkeiten der Kleinbürger- und Arbeiterschicht lenkten, spiegelten diese Domestizierung der britischen Gesellschaft wider.

War 1956 ein Jahr, das vor allem in Großbritannien eine einschneidende Wirkung hatte, so hinterließ das Jahr 1968 seine Spuren in der ganzen Welt. Wieder kam es, diesmal in der Tschechoslowakei, zu einem Aufstand gegen die Hegemonieansprüche der Sowjetunion, aber noch vorher erlebten Europa und die U.S.A. eine Revolte ganz anderer Art. Die Studentenunruhen in Paris, Berlin und Berkeley waren Ausdruck und Konsequenz eines Veränderungsprozesses, der das kulturelle Leben der westlichen Welt Mitte der 60er Jahre erfaßt hatte. Emblematisch für diesen Prozeß wurde die populäre Musik dieser Zeit, wie es ein Dutzend Jahre zuvor der Rock'n'Roll für den aufgestauten Unmut der nachwachsenden Generation geworden war. Allerdings beschränkte sich in den späten 60er Jahren der Wandel nicht auf die Jugendkultur. Die sexuelle Befreiung, die Liberalisierung der Gesellschaft, aber auch die Entstehung terroristischer Gruppen und Programmatiken sind Konsequenzen der Umbrüche der späten 60er Jahre, die in Großbritannien zu einer Veränderung des politischen und kulturellen Lebens führten und die 70er Jahre prägten. Die Entstehung der *fringe*, der unabhängigen Kleintheaterszene, hängt unmittelbar mit dem 1968 eingeleiteten gesellschaftlichen Emanzipationsprozeß zusammen.

1.1.1.2 Situation der Theater

Die Theaterszene Englands – und das heißt auch heute noch vor allem: Londons – erfuhr im Jahr 1956 ebenfalls eine einschneidende Veränderung. Mit der Übernahme des Royal Court Theatre am Sloane Square durch die *English Stage Company* gab es nach langer Zeit wieder eine Spielstätte, die sich ausschließlich der Gegenwartsdramatik verpflichtet fühlte.[1] Das Royal Court zog von Anfang an die wesentlichen Talente jener Zeit an: John Osbornes *Look Back in Anger* wurde dort ebenso uraufgeführt wie Edward Bonds *Saved* und Dutzende von anderen aus der englischen Nachkriegsdramatik nicht mehr wegzudenkenden Stücken. Diese erste Experimental-

---

[1] Cf. Gresdna A. Doty und Billy J. Harbin eds., *Inside the Royal Court Theatre, 1956–1981: Artists Talk*, Baton Rouge (Louisiana State University Press): 1990. Dies ist die Transkription einer Serie von Diskussionen zum Royal Court vom Herbst 1981. Die Diskutanten, darunter Max Stafford-Clark, David Hare und Christopher Hampton (der ab 1968 am Royal Court der erste *resident dramatist* an einer englischen Bühne war) vermitteln ein faszinierendes Bild vom Innenleben eines Theaterbetriebes.

bühne Englands war dabei keineswegs nur ein Durchlauferhitzer für größere Häuser. England hatte, Shaws alter Forderung zum Trotz, immer noch kein Nationaltheater,[2] und die kommerziellen Bühnen des West Ends boten ambitionierten Schauspielern und Dramatikern wenige Einstiegsmöglichkeiten und ihren arrivierten Kollegen keine Herausforderungen.[3] So traten am Royal Court viele der besten Schauspieler Großbritanniens auf. Laurence Olivier setzte mit seiner Interpretation des Archie Rice in der Uraufführung von John Osbornes *The Entertainer* (1957) Maßstäbe, John Gielgud war im Royal Court ebenso zu sehen wie Michael Redgrave.

Die Konstellation von fester Bühne, großem Erfolg und berühmten Namen war überzeugend; erst die Erfahrungen, die am Sloane Square gesammelt wurden, machten das National Theatre möglich. Zu eingeschränkt war der Spielplan des Royal Court und der einzigen anderen renommierten Bühne, der English (ab 1960: Royal)[4] Shakespeare Company, als daß sie zusammen den Reichtum der englischen Dramatik hätten repräsentieren können. 1963 konkretisierten sich Pläne zur Errichtung eines Nationaltheaters. Nach langer Bauzeit nahm es schließlich 1976 auf der South Bank südlich der Themse den Spielbetrieb auf – wie schon die Theater der Shakespearezeit.[5] Seine drei Bühnen, das Olivier-, Lyttelton- und Cottesloe-Theater, füllten von Anfang an nicht nur die Lücke, die das Royal Court und die Royal Shakespeare Company offenließen, sondern deckten das gesamte Spektrum in- und ausländischer Dramatik ab.

Das Royal Court Theatre inspirierte durch seinen Erfolg die Bildung des größten Theaterkonglomerates des Landes; gleichzeitig beeinflußte es entscheidend das Entstehen des diametralen Gegensatzes, der *fringe*. Dieser

---

2   Die *British Broadcasting Corporation* (BBC) füllte diese Lücke bis in die 60er Jahre mit einigem Erfolg. Cf. dazu Martin Esslin, "Drama and the Media in Britain", in: *Modern Drama* 28 (1985), 99–109.

3   Zur Arbeitsweise der kommerziellen Theater in den 70er Jahren cf. Richard Martin, "Hinter den Kulissen: Einige erfolgsbedingende Faktoren des englischen Theaters: Geld, Macht und Subvention", in: Klaus-Dieter Fehse und Norbert H. Platz eds., *Das zeitgenössische englische Drama: Einführung, Dokumentation, Interpretation*, Frankfurt am Main (Athenäum Fischer): 1975, 11–24. John Russell Taylor, "Art and Commerce: The New Drama in the West End Marketplace", in: C.W.E. Bigsby ed., *Contemporary English Drama*, London (Edward Arnold): 1981, 177–188, beschäftigt sich mit einigen Autoren der 60er und 70er Jahre, die im West End Fuß faßten, insbesondere Robert Bolt und Peter Shaffer.

4   Cf. Michael Billington, "Theater zwischen Mythos und Musical", in: *Theater Heute Jahrbuch* (1985), 24–31, 24.

5   Cf. John Elsom und Nicholas Tomalin, *The History of the National Theatre*, London (Jonathan Cape): 1978; Martin Esslin, "Das englische Theater der letzten 20 Jahre oder: Wie aus keinem gleich zwei Nationaltheater entstehen", in: *Theater Heute* 22 no.2 (1981), 55–59; Philip Barnes, *A Companion to Post-War British Theatre*, London (Croom Helm): 1986, 163f.

Sammelbegriff umfaßt all die – zumeist sehr kleinen – Bühnen, die weder nennenswerte staatliche Zuwendungen erhalten noch zu den großen West-End-Theatern zählen. Sie bedienten zunächst das wachsende Bedürfnis nach einem reicheren Theaterangebot, das das Royal Court geweckt hatte, ohne es mit seinen begrenzten Mitteln befriedigen zu können. Mit der zunehmenden Politisierung vieler Dramatiker in den 60er Jahren und der Abschaffung der Theaterzensur (wieder eine alte Forderung Shaws), die erst 1968 durchgesetzt werden konnte, wuchs der Bedarf an Spielstätten, die spontaner und preisgünstiger Stücken eine Heimat bieten konnten, welche auf den großen Bühnen nie eine Chance gehabt hätten. Die *fringe*, die schnell zu einem unverzichtbaren Bestandteil des Londoner Theaterlebens wurde, ermöglichte erst die Breite der Theaterproduktion, die für England in den 60er und 70er Jahren so charakteristisch war. Nach einer Phase der Konsolidierung gelang es zudem vielen kleinen Bühnen, Subventionen zu erhalten. Der von der Labour Party kontrollierte Londoner Stadtrat, aber auch das Arts Council und andere staatliche Geldgeber unterstützten nun Häuser und Produktionen, die noch in den frühen 60er Jahren verboten worden wären.[6]

1.1.1.3 Autoren, Stücke, Tendenzen

Die politischen, gesellschaftlichen und theatergeschichtlichen Veränderungen des Jahres 1956 fanden ihre Entsprechung in der Dramenproduktion, auch wenn die zeitliche Koinzidenz der Umbrüche keineswegs so genau und deshalb so erstaunlich war, wie das immer wieder behauptet wird.[7] So ist zwar der revolutionierende Einfluß, den Samuel Becketts *Waiting for Godot* weltweit auf die Dramatik ausübte, unbestritten. Es darf aber bestritten werden, daß sich 1956, das englische *"annus mirabilis"*,[8] ein bereits 1953 in Paris uraufgeführtes Stück eines irischen Dramatikers zur Ehre anrechnen kann.[9]

---

[6] Den besten Überblick über die englische Theaterszene bis Ende der 70er Jahre bietet Christian W. Thomsen, *Das englische Theater der Gegenwart*, Düsseldorf (August Bagel): 1980. Cf. auch Rüdiger Imhof, "Die zeitgenössische Theaterszene", in: Heinz Kosok ed., *Drama und Theater im England des 20. Jahrhunderts*, Düsseldorf (August Bagel): 1980, 198–212.

[7] Cf. Colin Chambers und Mike Prior, *Playwright's Progress: Patterns of Postwar British Drama*, Oxford (Amber Lane): 1987, 13ff.

[8] Martin Esslin, "Brecht und das englische Theater", in: Klaus Peter Steiger ed., *Das englische Drama nach 1945*, Darmstadt (Wissenschaftliche Buchgesellschaft): 1983, 143–156, 145.

[9] Cf. Ronald Hayman, *British Theatre Since 1955: A Reassessment*, Oxford (Oxford University Press): 1979, 148.

Die "Einverleibung" Becketts weist allerdings auf einen wichtigen und unumstrittenen Aspekt hin. Die stürmische Entwicklung ab Mitte der 50er Jahre entstand nicht aus dem Nichts. Bevor das englische Drama internationale Impulse geben konnte, hatte es zuerst ebensolche Impulse empfangen. Beckett beispielsweise steht dabei nur stellvertretend für das gesamte "absurde" Theater.[10] Viel wichtiger, weil nicht auf kurzlebige Imitationen beschränkt, war die Rezeption der Stücke Bertolt Brechts. Sie setzte in England sehr spät ein: Erst mit dem Besuch des Berliner Ensembles in London im Jahr 1956 fanden zum ersten Mal die Theorien und vor allem die Techniken des Epischen Theaters ein Publikum in Großbritannien.[11] Brechts Ideen veranlaßten viele junge Autoren, sich aus der erstickenden Tradition zu lösen, die mit Namen wie Noel Coward und Terence Rattigan umrissen ist. Das *well-made play*, das auf den britischen Inseln die Angriffe und Gegenentwürfe eines Shaw, Yeats und O'Casey überdauert hatte, wurde tatsächlich 1956 zu Grabe getragen.[12] Einem Stück fiel dabei gewissermaßen die Rolle des Totengräbers zu: *Look Back in Anger*, John Osbornes Erstling, drückte einer ganzen Generation von Dramatikern ein Etikett auf, das nicht immer gerechtfertigt war. Die *angry young men*, die zornigen jungen Männer, waren mehr als nur "zornig".

In den 50er und den frühen 60er Jahren begannen Autoren wie John Arden, Edward Bond, Joe Orton, John Osborne, Harold Pinter, David Rudkin, Peter Shaffer, Tom Stoppard und Arnold Wesker für die Bühne zu schreiben; kein Etikett wird einer so vielfältigen Gruppe gerecht, und "angry" paßt auf Shaffer so wenig wie auf Stoppard, Orton oder Rudkin. "Young men" waren sie allerdings allesamt; von Ann Jellicoe abgesehen blieben das Drama und das Theater der 50er, 60er und zu weiten Teilen auch der 70er Jahre eine fast reine Männerangelegenheit. Die ersten *women playwrights* traten sehr spät auf den Plan: Caryl Churchill und Pam Gems, die heute nicht mehr aus der Theaterszene wegzudenken sind, hatten in den 70er Jahren ihre ersten Erfolge.[13]

---

[10] Martin Esslin, *The Theatre of the Absurd*, Harmondsworth (Pelican): ²1968, zeichnet diese Einflüsse im Detail nach. – Dabei bleibt festzuhalten, daß englische "absurde" Stücke wie N.F. Simpsons *A Resounding Tinkle* (1958) und *One Way Pendulum* (1960) mit ihrem schon in den Titeln angelegten Anti-Realismus eher Ionesco als Beckett verpflichtet sind.

[11] Näheres zur Rezeption Brechts in Großbritannien in Kapitel 2.1.1.

[12] Coward und Rattigan schrieben auch weiterhin für die Bühne; Rattigan ragt dabei mit *Cause Célèbre* (1977) beinahe in den Untersuchungszeitraum dieser Studie. Für die Entwicklung des englischen Dramas (und des Zuschauergeschmacks) waren solche Spätwerke bedeutungslos.

[13] Cf. Catherine Itzin, "Shakespeare's Sisters: Women in Theatre in Britain in the Seventies", *Englisch-Amerikanische Studien* 2 (1980), 507–519.

Alle der oben genannten Autoren (mit Ausnahme des 1967 ermordeten Orton) waren auch in den 70er Jahren produktiv. Zu ihnen gesellten sich ab 1968 eine Reihe von Dramatikern, die zumeist in der *fringe* erste Erfahrungen gesammelt hatten und politisch deutlicher links standen als ihre Vorgänger: Howard Brenton, David Hare, David Edgar, Trevor Griffiths und Stephen Poliakoff, um nur einige zu nennen, arbeiteten sich in den 70er Jahren von den Experimentierfeldern der reisenden Theatergruppen und der kleinen Alternativbühnen an die Spitze, das heißt in das etablierte Theater Londons, vor.[14]

Sie waren, deutlicher noch als die Generation vor ihnen, bereit, jede Möglichkeit zu nutzen, Gehör zu finden, und konsequenterweise arbeiteten sie fast alle nicht nur im Theater, sondern auch für das Fernsehen und den Film. In den 50er und 60er Jahren war es zwar nicht selten, ein erfolgreiches Theaterstück bald auch im Kino sehen zu können; *Look Back in Anger*, Ortons *Entertaining Mr Sloane*, Jellicoes *The Knack* und Osbornes *The Entertainer* wurden alle verfilmt. Aber erst in den 70er Jahren schrieben Dramatiker in größerem Umfang originäre Fernsehspiele und Drehbücher.[15]

Die enormen Zuschauerzahlen, die im Medium Fernsehen erreicht werden konnten, standen aber in keinem Verhältnis zu der von den Autoren empfundenen Wirkungslosigkeit ihres Schaffens. David Hare sagte Anfang der 80er Jahre über seine im vorausgegangenen Jahrzehnt entstandenen *History Plays*:

> [...] the plays about England show the dream of change in England is not as easy as it looks to the naive radical writers. So it is true that a lot of my plays are about how hard the dream of change is. I wouldn't call that cynical... But it would be impossible to look at England and at English history of the past thirty years and take a bright and breezy attitude [...][16]

Ähnliche Beobachtungen finden sich immer wieder bei Autoren, die in den 60er und 70er Jahren politisch engagiert waren. Immerhin: Mag auch die

---

[14] Zum komplizierten Geflecht der *fringe* cf. Sandy Craig ed., *Dreams and Deconstructions: Alternative Theatre in Britain*, Ambergate (Amber Lane): 1980; Andrew Davies, *Other Theatres: The Development of Alternative and Experimental Theatre in Britain*, London (Macmillan Education): 1987.

[15] Cf. George W. Brandt ed., *British Television Drama*, Cambridge (Cambridge University Press): 1981; Alison Summers, "Trevor Griffiths: Politics and Populist Culture", in: *Canadian Theatre Review* 27 (1980), 22–29. In diesem Interview bekräftigt Griffiths seine Überzeugung, im Fernsehen als Sozialist sinnvoll arbeiten zu können.

[16] David Hare am 19.4.1982, zitiert in William J. Free, "Mischief and Frustration in David Hare's *Knuckle*", in: Karelisa V. Hartigan ed., *The Legacy of Thespis* vol. 4, Lanham (University Press of America): 1984, 23–29, 24.

gesellschaftsverändernde Wirkung ihrer Stücke gering gewesen sein, der stilbildende Einfluß war im eigenen Land und international groß. Noch heute sind es nicht nur Tourneebühnen und Studententheater, die *Look Back in Anger, The Caretaker, The Birthday Party, Rosencrantz and Guildenstern Are Dead, Lear, Equus* und viele andere Stücke am Leben halten. Ihr Status als Klassiker wird durch Schulen und Universitäten gefestigt, und von Zeit zu Zeit sind auf kleinen und großen Londoner Bühnen Neuinszenierungen zu sehen.

Die Literaturkritik, aber auch die das Tagesgeschäft betreibende Theaterkritik versuchten immer wieder, in der schwer überschaubaren Zahl von Texten Tendenzen oder gar Schulen zu identifizieren.[17] Dabei wurde bald nach thematischen Strukturen (das *angry theatre* Osbornes und Ardens), bald nach politischer Wirkintention (*committed theatre*; Bond, Hare und viele andere) unterschieden. Manche Sammelbegriffe rekurrierten auf tatsächliche oder konstruierte Traditionszusammenhänge (die *comedies of menace* Pinters und Ortons) oder auf die ökonomischen Rahmenbedingungen der Theater (das *poor theatre* der *fringe*-Autoren wie Brenton).[18]

Keiner dieser Begriffe wird der Vielfalt der Dramenproduktion ganz gerecht, aber völlig aus der Luft gegriffen sind sie dennoch nicht. Erfolgreiche Stücke verursachten Imitationen, und die Abkehr von Traditionen, die verbraucht schienen, zwängte den Neuerern bestimmte Stilmittel geradezu auf: Der Spielort der *kitchen sink plays* der späten 50er Jahre war selten eine Küche (Weskers *The Kitchen* aus dem Jahr 1959 allerdings spielt ausschließlich dort), aber das Etikett impliziert richtig eine Abwendung von den *drawing-room comedies* Cowards und Rattigans, in denen Mitglieder der oberen Mittelklasse nach dem Abendessen ihre Intrigen spannen. So waren bestimmte Koordinaten vorgegeben: Das Personal der *kitchen sink plays* stand sozial niedriger als ihre Vorgänger, der Spielort, sei es Küche, *pub* oder Sozialwohnung, reflektierte diese soziale Position, und die sprachliche Realisierung der einzelnen Rollen setzte sich von den gebildeten Akzenten der *upper middle class* deutlich ab.

Ähnlich verhält es sich mit den *comedies of menace*. David Camptons (später von Irving Wardle aufgegriffenes) Wortspiel mit den althergebrachten *comedies of manners* trägt zwar nur bedingt, eignet sich aber dennoch

---

[17] Die vorliegende Studie bildet dabei keine Ausnahme; von "Schulen" kann jedoch im englischen Drama der 80er Jahre keine Rede sein.

[18] Der Begriff *poor theatre* stammt von dem polnischen Theatertheoretiker und -praktiker Jerzy Grotowski und wurde in Großbritannien von Howard Brenton eingeführt und vereinfacht. Cf. Kapitel 2.2.1.

als Sammelbegriff für die auf der Oberfläche amüsanten Stücke Harold Pinters und Joe Ortons, in denen harmlose Protagonisten von undefinierten Sendboten einer rätselhaften Außenwelt bedroht werden.[19]

Am unproblematischsten, weil am unpräzisesten, ist die Bezeichnung *committed theatre*. *Committed* – und das heißt in diesem Kontext immer: links – waren tatsächlich die meisten Autoren der 60er und 70er Jahre, sofern sie nicht ausschließlich oder überwiegend für das West End schrieben. Anders als ihre unmittelbaren Vorläufer, die im Zorn *zurück*blickten und ihre aggressive Aufarbeitung der Nachkriegszeit selten mit einer klaren politischen Perspektive verbanden, formulierten die *committed dramatists* seit Beginn der 60er Jahre, besonders aber seit 1968, ein dezidiert sozialistisches Programm.[20] Stellvertretend für viele andere seien drei immer noch produktive Autoren genannt, die sich jeweils auf ein anderes dramatisches Medium spezialisierten, dabei aber die gleiche Wirkintention verfolgten und verfolgen. Edward Bond schreibt fast ausschließlich Sprechstücke, die er von professionellen stehenden Bühnen aufführen läßt.[21] John McGrath verbindet in seinen *shows* Folklore, Tanz und Elemente der *music hall*-Tradition und spielt mit seiner Wandertruppe, der 7:84 Company, in Arbeiterklubs und Gemeindesälen.[22] Trevor Griffiths schließlich arbeitet vornehmlich für das Fernsehen.

Bond und McGrath halten noch heute unbeirrt an ihrer politischen Aussage und ihrer dramatischen Praxis fest.[23] Aber schon gegen Ende der 70er Jahre begann sich eine gewisse Ermüdung der prononciert linken Autoren abzuzeichnen. Sie nahmen keine nennenswerten Veränderungen wahr, wie das oben angeführte Zitat von David Hare zeigt, sondern vielmehr, mit dem Erstarken der Tories, das in Margaret Thatchers Amtsübernahme 1979 gipfelte, ein Zurückfallen hinter das Erreichte. Die späten 70er Jahre sahen eine Flut von Geschichtsdramen, von denen C.W.E. Bigsby sagt:

---

[19] Cf. Rüdiger Imhof, "Zeitgenössische Formen der Komödie", in: Heinz Kosok ed., *Drama und Theater*, 170–185, 174ff.

[20] Zur Genese des politischen Theaters in den 60er Jahren cf. Clive Barker, "The Politicisation of the British Theatre", *Englisch-Amerikanische Studien* 2 (1980), 267–278. Cf. auch Catherine Itzin, *Stages in the Revolution: Political Theatre in Britain Since 1968*, London (Eyre Methuen): 1980; Norbert H. Platz, "Das politische Drama in England während der siebziger Jahre", in: Martin Brunkhorst et al. eds., *Beckett und die Literatur der Gegenwart*, Heidelberg (Winter): 1988, 227–239.

[21] Zu Edward Bond cf. Kapitel 4.2.

[22] Zu McGrath und 7:84 cf. Günther Klotz, *Alternativen im britischen Drama der Gegenwart*, Berlin (Akademie): 1978, 65ff.

[23] Cf. John McGrath, *The Bone Won't Break: On Theatre and Hope in Hard Times*, London (Methuen Drama): 1990; Edward Bond, Gespräch mit dem Verfasser am 18.2.1990 in London.

[...] they suggest that history is offered as a clue to the present, that theirs is offered as a drama of praxis. Nonetheless, it is worth remarking that in times of stress and confusion the past is an attractive place to hide.[24]

Der Flucht in die Geschichte und in das polyvalente bürgerliche Theater steht am Ende der 70er Jahre ein letztes Aufflackern des Agitproptheaters gegenüber.[25] Stücke wie Barrie Keeffes *Sus* (1979) und Howard Brentons und Tony Howards *A Short Sharp Shock!* (1981)[26] karikierten in grellen Farben das konservative *roll-back* der Tories, die Rückwendung zu den Werten der Viktorianer, aber der Eindruck, den diese Texte hinterließen, war der angestrengten Pfeifens im dunklen Wald. Den *committed dramatists* blieb zu Anfang des neuen Jahrzehnts nur der Blick voraus im Zorn oder die grundsätzliche Neuorientierung in einer Gesellschaft, die offensichtlich nicht bereit war, auf sie zu hören.[27]

---

[24] C.W.E. Bigsby, "The Politics of Anxiety: Contemporary Socialist Theatre in England", in: *Modern Drama* 24 (1981), 393–403, 395. Zum politisch engagierten Geschichtsdrama cf. Gerlinde Schnabl, *Historische Stoffe im neueren politischen Drama Großbritanniens*, Heidelberg (Winter): 1982; Ferdinand Fasse, *Geschichte als Problem von Literatur: Das 'Geschichtsdrama' bei Howard Brenton und Rolf Hochhuth*, Frankfurt am Main (Lang): 1983.

[25] Cf. Norbert H. Platz, "Das politische Drama", 236f.

[26] Cf. Raimund Schäffner, "Der sozio-politische Wandel Englands im Spiegel des Dramas: Howard Brentons/Tony Howards *A Short Sharp Shock!* und Doug Lucies *Fashion*", in: *Forum Modernes Theater* 6 (1991), 41–61.

[27] Cf. David Edgar, "Address at Giessen Stadttheater, 30 September 1980", in: Herbert Grabes ed., *Anglistentag 1980 Gießen: Tagungsbeiträge und Berichte*, Grossen-Linden (Hoffmann): 1981, 179–188, 179f.; – Die Literatur zur englischen Dramatik zwischen 1956 und 1980 ist inzwischen fast unüberschaubar geworden. Kein Abschnitt der englischen Dramengeschichte, von der Shakespearezeit abgesehen, hat soviel kritische Aufarbeitung erfahren. Gareth und Barbara Lloyd Evans eds., *Plays in Review 1956–1980: British Drama and the Critics*, London (Batsford Academic and Educational): 1985, ermöglicht einen ersten Überblick bis zu *The Romans in Britain*. Klaus-Dieter Fehse und Norbert H. Platz eds., *Das zeitgenössische englische Drama*, bietet Artikel zu einzelnen Dramatikern (einschließlich Brendan Behan, der mit England außer einem mehrjährigen Gefängnisaufenthalt bei London wenig zu tun hatte) samt Biographie, Werküberblick, Handlungsskizze und Interpretation eines zentralen Textes. Rainer Lengeler ed., *Englische Literatur der Gegenwart 1971–1975*, Düsseldorf (Bagel): 1977, enthält in der Sektion "Drama" [13–180] nützliche Aufsätze zu Stücken dieser Zeit und eine "Einleitung" des Herausgebers zum Drama [13–21]. Cf. den großen Überblicksartikel von C.W.E. Bigsby, "The Language of Crisis in British Theatre: The Drama of Cultural Pathology", in ders. ed., *Contemporary English Drama*, London (Edward Arnold): 1981, 11–51; Horst Oppel ed., *Das englische Drama der Gegenwart*, Berlin (Erich Schmidt): 1976; Klaus Peter Steiger ed., *Das englische Drama nach 1945*, Darmstadt (Wissenschaftliche Buchgesellschaft): 1983.

1.1.2 Das englische Drama seit 1980

1.1.2.1 Gesellschaftliche Bedingungen

Mit dem Wahlsieg der Konservativen und der Amtsübernahme Margaret Thatchers 1979 endete die Konsenspolitik, die Großbritannien seit dem Krieg geprägt hatte. Augenfällig wurde diese Zäsur durch die schweren Straßenschlachten, die 1980/81 in London und anderen Städten des Vereinigten Königreiches ausbrachen und nur mit Hilfe des Militärs und improvisierter Internierungslager beendet werden konnten. Der Umgangston in der britischen Gesellschaft wurde rauher. Verschärfte Pressegesetze, die zum Beispiel die Berichterstattung über die Unruhen in Nordirland erschwerten, die Abschaffung des unbotmäßigen Greater London Council, des Londoner Stadtrates also, und der Falklandkrieg 1982 waren deutliche Zeichen der Konfliktbereitschaft der neuen Regierung. Selbst die anglikanische Kirche, lange als "die Tories beim Gebet" verspottet, ging öffentlich zunehmend auf Distanz zur Thatcher-Administration.

Die wirklich wichtigen Umbrüche fanden jedoch nicht auf dem Gebiet der Bürgerrechte, der Korporationsfreiheit und der internationalen Beziehungen, sondern im wirtschaftlichen Sektor statt. Der Thatcherismus forcierte programmgemäß den Rückzug des Staates aus der Privatwirtschaft und die Veräußerung vormals staatlicher Unternehmen mit dem Ziel, die Vermögensbasis weiter Bevölkerungsschichten zu verbreitern. "Privatisierung" war in den 80er Jahren ein Reizwort, das in Großbritannien wie kein anderes dazu geeignet war, die politischen Lager zu polarisieren. Vordergründig ging es dabei zwar um den Verkauf von Staatsbetrieben an private Investoren, eine Politik, die man je nach Standpunkt als Volksenteignung oder als Schaffung von Volksvermögen sehen konnte. In Wirklichkeit wollten die *think tanks*, die losen Programmkommissionen der Konservativen, aber mehr als nur den Rückzug des Staates aus der Unternehmerrolle. Vielmehr sollte er sich aller Aufgaben enthalten, die auch von Einzelnen oder Gruppen von Einzelnen geleistet werden konnten, ganz gleich ob es sich um den Straßenbau, den Strafvollzug oder das Gesundheitswesen handelte. Der Rückzug des Staates aus angestammten Feldern der Politik führte zwar kurzfristig zu einem Boom in der Finanz- und Dienstleistungswirtschaft, hatte aber mittelfristig verheerende Konsequenzen. Die produzierende Industrie schrumpfte, die unverhofften Einkünfte aus dem Nordseeölgeschäft verpufften, immer mehr Briten rutschten unter die Armutsgrenze, die Kluft zwischen Arm und Reich wurde tiefer. Die neuen Meritokratien, die *young urban professionals* allen voran, machten den Verlust althergebrachter, aber halbwegs funktionierender Klassenstrukturen nicht wett. Großbritannien erlebte in den 80er Jahren eine Zeit des Niedergangs, der in allen gesellschaftlichen Bereichen zu spüren war und auch vor dem Kulturbetrieb nicht halt machte.

1.1.2.2 Situation der Theater

Wie auch immer man die Politik der Privatisierung einschätzt – ob als Stärkung des Subsidiaritätsprinzips oder als Vernachlässigung der Fürsorgepflicht –, ihre Anwendung in der Kulturförderung war konsequent und führte zu einer Variante der Privatisierung, die besonders kostengünstig war und keine komplexen Eigentumstransfers nach sich zog. Die Zuwendungen an Theater und Theatergruppen wurden eingefroren, gekürzt und in Einzelfällen gestrichen; *corporate sponsoring* und marktgerechte Eintrittspreise sollten die so entstandenen Lücken füllen.

Die ökonomische Situation der englischen Theater war demnach in den 80er Jahren von zwei gegenläufigen Entwicklungen gekennzeichnet, welche die Kluft zwischen den staatlichen und den privatwirtschaftlich organisierten Theatern vergrößerten. Die Austeritätspolitik der Konservativen traf die wenigen subventionierten Theater besonders hart. Als Konsequenz stagnierender und inflationsbereinigt teilweise rückläufiger Transferzahlungen mußten die Royal Shakespeare Company und das National Theatre die Theaterferien verlängern und sogar einzelne Spielorte vorübergehend schließen.[28] Auch die Spielpläne wurden von der angespannten Finanzlage beeinflußt. Weil es teurer ist, eine neue Produktion auf die Bühne zu bringen, als eine alte im Repertoire zu halten, wurden die Laufzeiten einzelner Inszenierungen verlängert. Publikumswirksame Klassiker, Komödien und Musicals dominierten, während risikoreichere

---

[28] So mußte Anfang 1985 das kleinste Theater des National Theatre-Komplexes, das Cottesloe, zeitweilig geschlossen werden, weil das Arts Council seine Subventionen kürzte; cf. Roger Cornish und Violet Ketels, "General Introduction", in: dies. eds., *Landmarks of Modern British Drama: The Plays of the Seventies*, London (Methuen): 1986, vii–xxxii. Zur finanziellen Situation der britischen Theater in den 80er Jahren cf. auch Richard Humphrey, "The Stage in a State: Public Financing of the Theatre in the First Thatcher Decade – an Historical Review", in: B. Reitz und H. Zapf eds., *British Drama in the 1980s: New Perspectives*, Heidelberg (Winter): 1990, 15–36. Zur Royal Shakespeare Company am Beginn der 80er Jahre cf. Christian W. Thomsen, "Die Königliche Truppe", in: *Theater Heute* 25 no.3 (1984), 34–39 und 42; erweiterte und veränderte Fassung als "The Centre of Theatrical Ambiguities: Die Royal Shakespeare Company und ihre Ästhetik", in: Renate Haas und Christine Klein-Braley eds., *Literatur im Kontext: Festschrift für Helmut Schrey zum 65. Geburtstag am 6.1.1985*, Sankt Augustin (Richarz): 1985, 268–286; Karl-Heinz Westarp, "British Drama of the Eighties: Survival of the Fittest", in: Per Serritslev Petersen und Karl-Heinz Westarp eds., *British Drama in the Eighties: Texts and Contexts* [The Dolphin 14], Århus (Seklos): 1986, 7–9, 7.

Gegenwartsstücke, zumal die Werke junger und noch nicht etablierter Autoren, immer mehr Mühe hatten, einen Platz an den großen Bühnen zu finden. Die Erfolge, die das National Theatre mit *Guys and Dolls* oder die Royal Shakespeare Company mit *Nicholas Nickleby* Anfang der 80er Jahre feierten, konnten nicht darüber hinwegtäuschen, ja waren sogar ein Hinweis darauf, daß die West End-Strategie der "bums on seats",[29] der Auslastungsmaximierung ohne Rücksicht auf künstlerische Belange, für die Intendanten des subventionierten Sektors akzeptabel geworden war. Dies äußerte sich besonders im Phänomen des *corporate sponsoring*, wobei Industrieunternehmen eine Inszenierung oder auch ein Theater teilfinanzieren und im Gegenzug Buchungsprivilegien erhalten und mit dem Namen des Theaters werben dürfen.[30] Die schlimmsten Befürchtungen der Theaterleute trafen zwar nicht ein – Großbritannien hat immer noch kein National PowerGen Theatre oder eine IBM Shakespeare Company –, aber der finanzielle Spielraum der Häuser wurde in den 80er Jahren kleiner.

Auch das Royal Court spürte den wirtschaftlichen Druck. Zwar hielt es unter Max Stafford-Clark an seiner Politik fest, Gegenwartsdramatik zu bieten, aber auch dort wurden längere Laufzeiten und größere Spielpausen die Regel;[31] die Chancen junger Dramatiker, aufgeführt zu werden, sanken in ganz London. Wer seine Chancen verbessern wollte, paßte sich den herrschenden Normen an. Steve Gooch schrieb bereits 1986 von der

[...] tendency for the theatres to produce plays which will 'sell' to both reviewers and a targeted consensus audience, and an aspiration by playwrights, needing to earn a living, toward the observed social and aesthetic values of the London theatres.[32]

Diese Tendenz verstärkte sich zum Ende der Dekade noch. David Hare, als einer der "Portable Playwrights"[33] in den 70er Jahren ein unerbitt-

---

[29] John McGrath, zitiert in Andy Lavender, "Theatre in Thatcher's Britain: Organizing the Opposition", in: *New Theatre Quarterly* 18 (1989), 113–123, 118. Der Artikel ist die gekürzte und leicht bearbeitete Niederschrift des Protokolls eines Symposiums von *New Theatre Quarterly* und Goldsmiths' College Drama Department vom 7.5.1988. Er dokumentiert die Hilflosigkeit und Verbitterung der Theaterleute angesichts eines rauher gewordenen Klimas.

[30] Cf. Gillian Hanna, "Waiting for Spring to Come Again: Feminist Theatre, 1978 and 1989", in: *New Theatre Quarterly* 21 (1990), 43–56, 46f.; Louise Page, "Emotion is a Theatrical Weapon", in: *New Theatre Quarterly* 22 (1990), 174–182, 178f.

[31] Cf. Max Stafford-Clark, "'A Programme for the Progressive Conscience': The Royal Court in the 'Eighties", in: *New Theatre Quarterly* 1 (1985), 138–153.

[32] Steve Gooch, "'Little enough has been changed'", in: *Englisch-Amerikanische Studien* 8 (1986), 476–481, 477.

[33] Cf. Peter Ansorge, *Disrupting the Spectacle: Five Years of Experimental and Fringe Theatre in Britain*, London (Pitman): 1975, 1ff. – Damit sind die Dramatiker gemeint, die für das Portable Theatre, eine dem neuen Drama verpflichtete *fringe*-Truppe, schrieben.

licher Gesellschaftskritiker an der *fringe*, ist dabei ein treffendes, wenn auch extremes Beispiel. Er wurde in den 80er Jahren einer der künstlerischen Leiter des National Theatre, das seitdem alle seine neuen Stücke wie *Pravda* (1985), *Racing Demon* (1990) und *Murmuring Judges* (1991) uraufgeführt hat. Die kritische Schärfe von Stücken wie *Knuckle* (1974) hat er nach Meinung mancher Rezensenten allerdings nicht mehr erreicht.[34]

Wenn die britische Dramatikergewerkschaft TWU in einem Bericht zur ökonomischen Situation ihrer Mitglieder in den 80er Jahren trotzdem ein vorsichtig optimistisches Fazit zieht, so liegt das an dem größeren Gewicht, das die "Provinz" in den letzten Jahren erlangte.[35] Obwohl gleichermaßen von Subventionskürzungen geplagt, hatten die "Big Seven", die Repertoiretheater in Birmingham, Bristol, Leicester, Liverpool (Playhouse), Manchester (Royal Exchange), Nottingham und Sheffield, in den Jahren 1981 bis 1986 nicht weniger Uraufführungen als die Londoner Konkurrenz.[36]

Ganz anders sah es im kommerziellen Theater aus. Die großen traditionsreichen Paläste des West End hatten noch nie Subventionen bekommen und trotzdem selbst schlechten Zeiten getrotzt. Sie erlebten in den 80er Jahren den größten Boom ihrer Geschichte. Die Zuschauerzahlen stiegen zwischen 1981 und 1988 von acht auf elf Millionen, die Bruttoeinnahmen vervierfachten sich im gleichen Zeitraum auf 400 Millionen DM.[37] Auf einzelne Eintrittskarten umgerechnet ergeben die obigen Zahlen einen Durchschnittspreis von über 36 DM, wobei am Ende des Jahrzehnts Kartenpreise von 80 DM und mehr keine Seltenheit waren. Daß sich bei solchen Preisen nur noch einige wenige die wöchentliche *night about town* leisten konnten, versteht sich von selbst. Tatsächlich war (und diese Entwicklung hält immer noch an) eine Veränderung des West End-Publikums zu beobachten. Ausländische Touristen machen traditionell einen großen Teil der Londoner Theaterbesucher aus; dieser Anteil erhöh-

---

[34] Martin Esslin, "Das englische Theater heute: Ein Überblick", in: *Forum Modernes Theater* 2 (1987), 63–68, spricht von "dem billigen Tendenzstück *Pravda*" [67] und in diesem Zusammenhang von einer "Periode künstlerischer Flaute" (ibid.)

[35] Cf. Anon., *Playwrights: A Species Still Endangered?*, London (The Theatre Writers' Union): 1987, passim.

[36] Ibid., 8. Zu den oft wenig beachteten Theatern außerhalb Londons cf. George Rowell und Anthony Jackson, *The Repertory Movement: A History of Regional Theatre in Britain*, Cambridge (Cambridge University Press): 1984.

[37] Die Zahlen entstammen einer unsignierten Notiz in *Theater Heute* 30 no.7 (1989), 46. Zur Situation am Anfang der 80er Jahre cf. auch Nicholas Hern, "Theater in London heute" tr. Frank-Thomas Mende, in: *Neue Rundschau* 91 no.4 (1980), 174–185.

te sich in den 80er Jahren noch,[38] und die Stammgäste wurden zunehmend durch Laufkundschaft ersetzt, die andere Anforderungen an einen Theaterabend stellte.

Auch früher schon mußte das kommerzielle Theater die Wünsche des Publikums berücksichtigen, und weder das Starsystem[39] noch die Opulenz der Ausstattung sind Erfindungen der letzten zehn oder fünfzehn Jahre. Trotzdem sind die Bemühungen der Produktionsgesellschaften unverkennbar, mit immer aufwendigeren *shows* dem Publikum das Gefühl zu vermitteln, sein Geld gut angewendet zu haben. Für *Starlight Express* etwa wurde das Apollo Victoria Theatre völlig umgebaut – seit den Exzessen der Bühnentechnik im 19. Jahrhundert hatte London nichts Vergleichbares erlebt.[40] Musicals dieser Größenordnung sind langfristig geplante Investitionsobjekte, die erst nach monate- oder jahrelanger Spielzeit Renditen tragen. Vorzeitiges Scheitern hätte für die Investoren verheerende Folgen, so daß berechenbare Risikofaktoren soweit wie möglich ausgeschaltet werden. Für künstlerische Experimente wurde der Platz im West End deswegen im Laufe der 80er Jahre immer enger.[41]

So schloß sich der Kreis: Sinkende Einnahmen zwangen zur Aufwertung des Bewährten, steigende Produktionskosten machten Experimente unwahrscheinlich. In einer derart stark von ökonomischen Faktoren abhängigen Sparte des Literaturbetriebes wie der Dramatik waren Auswirkungen auf die Texte der 80er Jahre zu erwarten.

Damit ist das Bild der englischen Theaterlandschaft der 80er Jahre aber noch nicht vollständig. Nicht alle Theater boten auf ein Massenpublikum zugeschnittene Musicals, und die Theatergänger, die vom West End verprellt waren, blieben nicht alle zuhause. Die *fringe* litt zwar genauso unter finanziellen Engpässen wie die großen subventionierten Häuser, aber in gewisser Weise war man das im Young Vic, im Bush Theatre, im Almeida, im Tricycle, in der Drill Hall und vielen anderen kleinen Spielstätten längst gewohnt. Mehr noch als früher wurde die *fringe*, neben den

---

[38] *Theater Heute* 30 no.7 (1989), 46.

[39] D.h.: Inszenierungen werden nicht durch renommierte Autoren oder Regisseure, sondern durch (heute meist aus Film oder Fernsehen) bekannte Akteure attraktiv gemacht. – Zu Informationen über Schauspielerinnen und Schauspieler in Großbritannien cf. das Nachschlagewerk von Philip A. Barnes, *A Companion to Post-War British Theatre*, London (Croom Helm): 1986.

[40] Zum englischen Musical in den 80er Jahren, besonders *Starlight Express*, cf. Kapitel 2.2.2.

[41] Am Anfang der 90er Jahre waren mehr als 40% der West End-Inszenierungen Musicals. Cf. Christopher Innes, *Modern British Drama: 1890–1990*, Cambridge (Cambridge University Press): 1992, 448.

Regionaltheatern, zum wichtigsten Anlaufpunkt neuer Dramatiker. Stellvertretend für andere Häuser sei das Albany Empire in Deptford genannt; dort bekamen und bekommen vor allem junge schwarze Autorinnen und Autoren ihre erste Chance. Der Standort Deptford ist typisch für viele *fringe*-Theater. Die heruntergekommene Gegend, deren einziger Beitrag zur englischen Theatergeschichte vor der Eröffnung des Albany der Mord an Christopher Marlowe in einer Hafenkneipe gewesen war (am 30. Mai 1593), wirkt auf reichere Zuschauerschichten abschreckend, senkt aber gleichzeitig die Hemmschwelle für Bevölkerungskreise, die sonst nie eine Eintrittskarte lösen würden.[42]

Schließlich gilt es zu vermerken, daß Radio, Fernsehen und Film in den 80er Jahren eine unverändert große Rolle spielten. Die häufigen Klagen, daß große Talente der Bühne den Rücken kehren, um in den elektronischen Medien ihr Glück zu machen, verkennen, daß damit Autoren das Auskommen gesichert wird, die sonst in ihren Brotberufen geblieben wären. Edward Bond, David Hare und Trevor Griffiths gingen der Bühne nicht verloren, weil sie Drehbücher schrieben oder Filmregie führten – im Gegenteil: Die Notwendigkeit, Rücksicht auf ein Massenpublikum nehmen zu müssen, vermittelte manchen Autoren Techniken, die ihnen auch im Theater Erfolge verschafften.[43]

1.1.2.3   Autoren, Stücke, Tendenzen

Allein die Zahl der neuen Stücke macht es schwierig, die Entwicklungen während der 80er Jahre zu überschauen. Es gab keine Schulen, keine Gruppen von Dramatikern, die sich ähnlich wie die *Royal Court authors* der 60er und die *portable playwrights* der 70er Jahre zusammenschlossen und durch ständigen Kontakt oder gemeinsam verfaßte Stücke einen einheitlichen Stil ausbildeten. Die traditionelle Theoriearmut englischer Dramatiker überdauerte die 80er Jahre weitgehend intakt; der dramentheoretische Diskurs, auf den sich ohnehin nur wenige Autoren einließen,[44] er-

---

[42] Einen Überblick über ein Dutzend der wichtigsten *fringe venues* bietet Della Couling, "Fringe Forever", in: *Theater Heute* 28 no.9 (1987), 28–31. Zum Rückgang der staatlichen Zuwendungen für kleine Theatergruppen cf. Alan Sinfield, "Culture and Contest: *Oi for England* by Trevor Griffiths and the End of Consensus Politics", in: *Englisch-Amerikanische Studien* 8 (1986), 418–426, 420f.

[43] Insbesondere das Hörspiel besitzt in Großbritannien eine lange und vitale Tradition. Cf. dazu Frances Gray und Janet Bray, "The Mind as a Theatre: Radio Drama Since 1971", in: *New Theatre Quarterly* 1 (1985), 292–300.

[44] Cf. Kapitel 2 sowie die Verweise auf Howard Barkers *Arguments for a Theatre* in den Kapiteln 3.1 und 4.1.

schöpfte sich meistens im Rechtfertigen der eigenen Stücke oder dem gegenseitigen Bestärken in einer diffusen Oppositionshaltung,[45] ohne daß darüber hinaus Gemeinsamkeiten in der Wahl der dramatischen Mittel oder der Wirkintention sichtbar geworden wären. Auch dies läßt sich mit dem Begriff der Privatisierung fassen – allerdings in einem anderen (und noch näher zu definierenden) Sinn, als er den Kulturpolitikern der Tories vorschwebte.

Das Jahr 1980 bedeutet keine Zäsur in der englischen Dramenproduktion. Neue Dramatiker waren nicht zahlreicher als in anderen Jahren auch, und die Autoren der 70er Jahre stellten ihre Produktion nicht ein. Selbst die Dramatiker, die bereits in den 60er Jahren ihre ersten Erfolge erzielt hatten, waren zum großen Teil immer noch präsent: Edward Bond und Peter Shaffer, von denen noch die Rede sein wird, ebenso wie Tom Stoppard, Arnold Wesker und Harold Pinter. Allerdings gab es Ausfälle, die sich nicht mit dem Erlahmen der Schaffenskraft erklären lassen. John Arden, einer der *kitchen sink playwrights* der ersten Stunde, schrieb 1986:

> D'Arcy and I have, since the 1970's, given up writing for the conventional professional theatre. In Britain the 'art-theatre' has ceased to be a forum for the free expression of playwrights' ideas (whether ideological or aesthetic) and has become a set of bureaucratic semi-state corporations, funded by a combination of government and capitalist enterprise, to present high-cultural artefacts for export, seasoned with a moderate amount of officially-sanctioned dissidence.[46]

Wenn diese Meinung auch von Margaretta D'Arcy vertreten wird (von ihr selbst liegen keine entsprechenden Äußerungen vor), so ist sie eine Ausnahme unter den zeitgenössischen Dramatikerinnen. In den 80er Jahren hatten Frauen immer häufiger die Möglichkeit, ihre Stücke auch auf den großen Bühnen des Landes inszeniert zu sehen. Vorher gab es nur eine kleine Zahl von Dramatikerinnen, die zudem kaum eine Chance hatten, ihren Stücken über die Hürde der dramaturgischen Vorauswahl zu helfen; die Lektoren der Theater waren (und sind immer noch) überwiegend männlich und schwer für Stücke zu begeistern, die Frauenthemen, womöglich für ein Frauenpublikum, thematisierten. Entsprechend gering fiel, selbst wenn dieses Hindernis genommen war, das Interesse der männlichen Regisseure an solchen Stücken aus. Damit war auch die Chance dahin, einen renommierten Verleger zu finden: Die großen englischen Verlagshäuser, besonders Methuen und Faber, zogen es vor, Stücke eta-

---

[45] Cf. Andy Lavender, "Theatre in Thatcher's Britain"; ders., "Theatre in Crisis: Conference Report, December 1988", in: *New Theatre Quarterly* no.20 (1989), 210–216.

[46] John Arden, "Cultural Churches: And Work-in-Progress", in: *Englisch-Amerikanische Studien* 8 (1986), 469–473, 470.

blierterer Autoren zu veröffentlichen, am besten zeitgleich mit der Premiere am National Theatre oder im West End. Damit schließlich blieb es für die wenigen Autorinnen fast unmöglich, eine kontinuierliche, von einer kritischen Öffentlichkeit begleitete Produktion aufrechtzuerhalten.[47]

Der Teufelskreis von Produktion, Lektorierung, Inszenierung, Drucklegung und Ermutigung zu weiterer Produktion, oder besser: der Abwesenheit all dieser Faktoren, wurde in den 80er Jahren durchbrochen.[48] Mehr Dramatikerinnen, mehr Frauen im Theaterbetrieb, neue Unternehmungen der Verlage, wie etwa die von Michelene Wandor bei Methuen herausgegebene Reihe *Plays by Women* und das Entstehen von Nick Hern Books: All diese Faktoren halfen, die Spielpläne etwas frauenfreundlicher zu gestalten. Der wichtigste Faktor aber war die zunehmende Qualität der Stücke, die immer häufiger Frauen *und* Männer ansprachen und, sofern sie frauenspezifische Thematiken aufgriffen, die Kampfrhetorik mancher frühen Texte zugunsten einer differenzierteren Auseinandersetzung mit der Stellung der Frau in der Gesellschaft aufgaben. Darüber hinaus gab es immer mehr Stücke wie Caryl Churchills *Serious Money* (1987), die nur durch die Dramatisierung einer von Männern dominierten und gleichzeitig inakzeptablen Situation "frauentypisch" waren, thematisch aber einem breiten Publikum vermittelt werden konnten.

Churchill hatte schon in den 70er Jahren auf sich aufmerksam gemacht (*Cloud Nine*, 1979), aber erst mit *Top Girls* (1982) gelang ihr der Durchbruch.[49] Das Stück steht in der Tradition der Aufrüttelungsdramen, die anhand einer als unerträglich präsentierten Situation die Zuschauer zum Revidieren ihrer Vorprogramme bewegen wollen. Diese Wirkintention ist für viele Frauenstücke der frühen 80er Jahre charakteristisch;[50] aber *Top Girls* ist deshalb bemerkenswert, weil die Wirkabsicht durch kühne Durchbrechungen der konventionellen Chronologie gestützt wird. Frauengestalten aus den verschiedensten Jahrhunderten besuchen eine *dinner party* der Gegenwart, und der dritte Akt spielt chronologisch vor dem zweiten.

---

[47] Cf. Joan Tindale, "Some Observations on the Situation of Contemporary British Women Dramatists", in: Peter Bilton et al. eds., *Essays in Honour of Kristian Smidt*, Oslo (University of Oslo, Institute of English Studies): 1986, 305–311.

[48] Zur Situation der im Theater beschäftigten Frauen cf. die Erfahrungsberichte in Susan Todd ed., *Women and Theatre: Calling the Shots*, London (Faber): 1984.

[49] Geraldine Cousin, *Churchill, the Playwright*, London (Methuen): 1989, und Linda Fitzsimmons, *File on Churchill*, London (Methuen): 1989, bieten einen Überblick über Churchills Gesamtwerk. Zu ihrer Arbeitsweise cf. auch das Interview in Kathleen Betsko und Rachel Koenig eds., *Interviews with Contemporary Women Playwrights*, New York (Beech Tree): 1987, 75–84.

[50] Cf. Joan Tindale, "Some Observations", 310.

Damit wird der lineare Fortschritt der Frauenemanzipation, der sich in Akt I noch beruhigend konstatieren läßt, zunehmend fragwürdig. *Top Girls* zeigte, daß auch Dramen mit spezifischer Frauenthematik beim breiten Publikum und der Kritik Zustimmung finden können.

Caryl Churchill richtete sich aber nicht in dieser Nische ein. Folgte *Fen* (1983) noch dem in *Top Girls* etablierten Muster (mit Anleihen bei John Millington Synge), so hatte *Softcops* (1983) keine einzige Frauenrolle, und *Serious Money* (1987) ist nur noch mit kritischen Volten als "Frauenstück" zu klassifizieren. Es trug Churchill den Vorwurf ein, sich bei den Londoner *yuppies* einzuschmeicheln,[51] etablierte sie aber als erfolgreichste Dramatikerin Englands.[52]

Auch Pam Gems, die große alte Dame der englischen Gegenwartsdramatik und neben Churchill eine der wenigen Frauen, deren Stücke schon Ende der 70er Jahre verlegt wurden, war weiterhin präsent. Sie setzte ihre Tendenz fort, bemerkenswerte historische Frauengestalten in das Zentrum der Darstellung zu rücken.[53] Nach *Piaf* (1979) und *Queen Christina* (1986) war vor allem ihre Hommage an Marlene Dietrich (und Heinrich Mann), *The Blue Angel* (1991), in der Inszenierung der Royal Shakespeare Company unter Trevor Nunn ein Erfolg.[54]

Gems und Churchill waren in den 80er Jahren aber nicht mehr die einzigen Frauen, die aufhorchen ließen. Zu nennen sind Louise Page, die mit *Golden Girls* (1985) ein Stück über Rassismus, Leistungssport und dessen Kommerzialisierung vorlegte, und Michelene Wandor, die parallel zu ihrer Dramenproduktion auch als Kritikerin tätig war. Von ihr stammt die bislang beste Monographie zum britischen Frauentheater.[55]

---

[51] Cf. Günther Klotz, "Zwischen Erfolgszwang und Engagement: Tendenzen im englischen Drama der achtziger Jahre", in: B. Reitz und H. Zapf eds., *British Drama in the 1980s*, 49–61, 54.

[52] Cf. Amelia Howe Kritzer, *The Plays of Caryl Churchill: Theatre of Empowerment*, Houndmills (Macmillan): 1991.

[53] Cf. Joan Tindale, "Some Observations", 310. Diese Fixierung auf Einzelpersonen stieß nicht auf ungeteilte Zustimmung. Günther Klotz, "Zwischen enttäuschenden Erfolgen und Zerreißproben kultureller Traditionen: Eindrücke vom Theater in Britannien jetzt", in: *Englisch-Amerikanische Studien* 8 (1986), 388–401, spricht in einem Zwischentitel vom "Melodramatische[n] Niedergang der V.I.P.-stories: Pam Gems" [395].

[54] Zu Gems cf. ihre eigene Standortbestimmung in Kathleen Betsko und Rachel Koenig eds., *Interviews*, 200–210.

[55] Michelene Wandor, *Carry On, Understudies: Theatre and Sexual Politics*, London (Routledge & Kegan Paul): 1986. Cf. auch *Look Back in Gender: Sexuality and the Family in Post-War British Drama*, London (Methuen): 1987, und "Culture, Politics and Values in Plays by Women in the 1980s", in: *Englisch-Amerikanische Studien* 8 (1986), 441–448. Zu Wandors Selbstverständnis als Dramatikerin cf. Kathleen Betsko und Rachel Koenig eds., *Interviews*, 402–417.

Zwei weitere wichtige neue Dramatikerinnen der 80er Jahre waren Sarah Daniels und Timberlake Wertenbaker. Ihre Texte wurden im Verlauf des Jahrzehnt immer anspruchsvoller und vielschichtiger, und dabei erhöhte sich ihr Unterhaltungswert stetig – das ist in England immer noch eine unerläßliche Bedingung für Erfolg bei Kritik und Publikum. Sarah Daniels, die 1981 mit *Ripen Our Darkness* debütierte und dabei mit groben Karikaturen die Kritik gegen sich aufbrachte,[56] war seitdem äußerst produktiv. *Masterpieces* (1983), eine leidenschaftliche Attacke auf die Pornoindustrie, war ihr erster größerer Erfolg, *Neaptide* (1986) und *Byrthrite* (1986), ein schwer zugängliches Stück über Hexenverfolgung und medizinische Technologie, folgten. Ihr bislang bestes Stück ist *The Gut Girls* (1989), das in den Deptforder Schlachthöfen des späten 19. Jahrhunderts spielt. Die dort mit dem Ausweiden beschäftigten Mädchen, samt und sonders keine heiligen Johannas, sind zwar sozial verachtet, aber dadurch narrenfrei und, weil sich für diese Arbeit kaum Freiwillige finden lassen, verhältnismäßig gut bezahlt. Die wohlgemeinten Versuche, ihre entwürdigende Tätigkeit überflüssig zu machen, enden in der gesellschaftlichen "Normalisierung" der Mädchen und damit dem Ende ihrer Freiheit. Was *The Gut Girls* auszeichnet, ist der spannende *plot*, der Wortwitz der Dialoge und das unaufdringlich-eindringliche Insinuieren heutiger Parallelen. Daß das Albany Empire in Deptford, in dem das Stück uraufgeführt wurde, direkt aus den damaligen Geschehnissen hervorgegangen ist, unterstreicht diese Parallelen noch; so ist *The Gut Girls* neben einem guten Frauenstück (und damit einem guten Stück) auch ein Beispiel für das in den 80er Jahren gelegentlich anzutreffende *community play*.[57]

---

[56] Cf. Framji Minwalla, "Sarah Daniels: A Woman in the Moon", in: *Theater (Yale)* 21 no.3 (1990), 26–29, 26.

[57] *Community plays* sind Stücke, die zur Aufführung an dem Ort bestimmt sind, dessen Geschichte sie thematisieren und dessen Bewohner sich oft selbst spielen. Gewöhnlich bleiben solche Texte ephemer, weil sie ohne Kenntnisse des örtlichen Bezuges unverständlich bleiben und deshalb nicht verlegt werden. Neben *The Gut Girls* liegen Howard Brentons und Tunde Ikolis *Sleeping Policemen* (1984), David Edgars *Entertaining Strangers* (1988) und Stephen Bills, Anne Devlins und David Edgars *Heartlanders: A Community Play to Celebrate Birmingham's Centenary* (1989) vor. Cf. Jürgen Enkemann, "Nichtliterarische Theaterformen: Zu ihrem Vordringen in Großbritannien seit den 60er Jahren", in: Hans-Werner Ludwig ed., *Anglistentag 1987 Tübingen: Vorträge*, Gießen (Hoffmann): 1988, 57–71, 67f.; Graham Woodruff, "Community, Class, and Control: A View of Community Plays", in: *New Theatre Quarterly* 5 no.20 (1989), 370–373. Zu *Entertaining Strangers*, an dessen Aufführung allein auf der Bühne 180 Einwohner Dorchesters mitwirkten, cf. Irmgard Maassen, "Twenty Years After: Eindrücke von der Londoner Theaterszene 1988", in: *Hard Times* 35 (1988), 41–44, 44. – Zu Sarah Daniels cf. Nicole Boireau, "British Women Dramatists in the Seventies and Eighties: Values and Strategies", in: Wolfgang Lippke ed., *British Drama in the Eighties and Beyond*, Siegen (Universität Gesamthochschule Siegen): 1991, 65–92, passim.

Timberlake Wertenbakers *New Anatomies* (1984) war ein früher Versuch, feministische und lesbische Thematiken mit einem spannungsreichen *plot* zu verbinden. Die Geschichte um die androgyne Isabelle Eberhardt, eine internationale Abenteurerin am Ende des 19. Jahrhunderts, ist Wertenbaker allerdings noch nicht wirklich gelungen – zu viele Fragen werden in einem zu kurzen Stück angerissen und sofort wieder fallengelassen. *The Grace of Mary Traverse* (1985) ist konzentrierter und effektiver. Die Protagonistin bricht aus ihrem luxuriösen Leben im London des 18. Jahrhundert aus und sucht den sozialen Abstieg, um das Leben kennenzulernen. Sie gewinnt die gesuchte Einsicht, aber das Unglück um sie, das sie kennengelernt hat, wird deshalb nicht erträglicher. Die letzten Repliken des Stückes erinnern in ihrer wehmütigen Einsicht an Matthew Arnolds *Dover Beach*:[58]

> MARY: [...] One day we'll know how to love this world.
> SOPHIE: We'll see.
> MARY: It's all we have.
> SOPHIE: Yes. It's all we have.[59]

Dieses und andere Echos, etwa der der *comedy of manners* entlehnte Anfangsmonolog, verweisen auf Traditionslinien, die nicht auf das feministische Agitproptheater der 70er Jahre zurückgehen, sondern in der Literatur des *mainstream* wurzeln.

Besonders deutlich wird dies mit Wertenbakers bisher bestem (und kommerziell erfolgreichstem) Stück, *Our Country's Good* (1988), einer freien Adaptation von Thomas Keneallys Roman *The Playmaker* (1987). In einer Strafkolonie in Sydney, Ende des 18. Jahrhunderts, probiert ein junger Leutnant mit den Gefangenen George Farquhars *The Recruiting Officer* (1706). Sein Vorgesetzter sabotiert die Produktion, wo er kann; die Hauptdarstellerin läßt er kurz vor der Premiere aufhängen. Trotzdem vermittelt die befreiende Erfahrung des Theaters den überlebenden Beteiligten neuen Mut und den Ausblick auf eine bessere Zukunft. *Our Country's Good* wird so zum metadramatischen Kommentar seiner selbst: Das Theater kann Veränderungen bewirken, wenn es gesellschaftliche Gruppen

---

[58] Arnolds Ton ist allerdings pessimistischer:
Ah, love, let us be true
To one another! for the world [...]
Hath really neither joy, nor love, nor light, [...]
(Matthew Arnold, "Dover Beach", in: *Poetical Works*, London (Macmillan): 1908, 226–227, 227.)

[59] Timberlake Wertenbaker, *The Grace of Mary Traverse*, London (Faber & Faber): 1985, 71.

an sich heranführt, die bislang vom dramatischen Diskurs ausgesperrt waren.[60]

Daß es diese Aufgabe tatsächlich wahrnimmt, zeigen junge schwarze Dramatikerinnen wie Jacqueline Rudet (*Money to Live*, 1986; *Basin*, 1987), Maria Oshodi (*Blood Sweat and Fears* [sic], 1989) und Winsome Pinnock (*A Rock in Water*, 1989). Ihre Stücke sind noch recht unbeholfen (*rough gems*, Rohdiamanten, sagen die wohlwollenden Theaterkritiker in solchen Fällen), aber sie wurden gespielt und publiziert. Die Tatsache, daß ihnen als Angehörige gesellschaftlich benachteiligter Gruppen die Möglichkeit zu Versuch und Irrtum eingeräumt wurde, unterstreicht die Pluralisierung des englischen Theaters zum Ende der 80er Jahre.[61]

Versuch und Irrtum, *Trial and Error* (1984), war auch der Titel des teilweise autobiographischen Erstlings von Lennie James, einem jungen Schwarzen, der seine Kindheit in Heimen und bei Pflegeeltern verbracht hatte.[62] Das Stück ist literarisch wenig ergiebig, aber es zeigt exemplarisch die Motivation und die Schwierigkeiten junger schwarzer Dramatiker, die ihre eigenen Versuche anstellen mußten, wenn sie sich nicht völlig der weißen Tradition ausliefern wollten, und die dabei oft Techniken entwickelten, die der *mainstream* längst erprobt hatte. *Black Drama*, das Drama der Schwarzen, hatte in England vor den 80er Jahren keine Rolle gespielt. Außer einigen Musicals und Errol Johns *Moon on a Rainbow Shawl* (1958), das seinerseits stark an Sean O'Caseys *Juno and the Paycock* erinnert, gab es in England praktisch nur weiße Vorbilder.[63] So überrascht es nicht, wenn Stücke wie *Trial and Error*, Alfred Fagons *Lonely Cowboy* (posthum 1987) oder Michael Ellis' *Chameleon* (1987)

---

[60] Cf. Ann Wilson, *"Our Country's Good*: Theatre, Colony and Nation in Wertenbaker's Adaptation of *The Playmaker"*, in: *Modern Drama* 34 (1991), 23–34, 23f. Zu Herkunft und Bildungsgang der führenden Theaterleute Englands vor 1980 cf. C.W.E. Bigsby, "The Language of Crisis in British Theatre", 13f. Viele Dramatiker und fast alle Regisseure waren Akademiker, meist Oxford- oder Cambridge-Absolventen.

[61] Zum Frauentheater cf. auch Helene Keyssar, *Feminist Theatre: An Introduction to Plays of Contemporary British and American Women*, London (Macmillan): 1984; dies., "Hauntings: Gender and Drama in Contemporary English Theatre", in: *Englisch-Amerikanische Studien* 8 (1986), 449–468; Susan Carlson, "Process and Product: Contemporary British Theatre and Its Communities of Women", in: *Theatre Research International* 13 no.3 (1988), 249–263; Susan Carlson, "Self and Sexuality: Contemporary British Women Playwrights and the Problem of Sexual Identity", in: *Journal of Dramatic Theory and Criticism* 3 (1989), 157–178; Enoch Brater ed., *Feminine Focus: The New Women Playwrights*, Oxford (Oxford University Press): 1989.

[62] Cf. die biographische Notiz in *Plays Introduction: Plays By New Writers*, London (Faber & Faber): 1984, 343.

[63] Nur das Royal Court produzierte neben Errol John schon sehr früh Wole Soyinka, Derek Walcott und Barry Reckord. Cf. Colin Chambers und Mike Prior, *Playwright's Progress*, 97.

sehr konventionell wirken. Hinzu kommt, daß formale Experimente oder ausgreifende literarische Bezüge einem Publikum nicht zuzumuten sind, das erst an das Theater herangeführt werden soll. Gerade *black plays* richten sich häufig an Schwarze, versuchen, direkt zu ermutigen und zur Solidarität zu bewegen.

Eine Ausnahme von der formalen Zurückhaltung des Dramas der Schwarzen bildet Benjamin Zephaniahs *Job Rocking* (1989), das die mündliche Tradition der *dub poetry*, des rhythmischen, teilimprovisierten Reimens, aufgreift. *Job Rocking* bildet geradezu ein Genre für sich; die Grenzen zwischen Oper, Sprechtheater und Reggaesong sind fließend. Die Notation eines solchen Experiments wirkt zwangsläufig etwas hölzern und unspontan; Zephaniah trägt dieser Tatsache in seinem Vorwort Rechnung:

> [...] what I really wanted to write was a whole play of poetry, in effect, one long performance poem.
> [...] the rhythm, the timing, the breathing are of utmost importance, if you take the set away the poetry should stand on its own.
> [...] we are not putting words on to music but making music with words, creating a theatre of rhythm [...][64]

Diese Art von Versdrama wurzelt in einer genuin schwarzen Tradition. Zieht man jedoch ein oberflächlich ähnliches Stück, Derek Walcotts *Ti-Jean and His Brothers* (1970), zum Vergleich heran, zeigt sich Zephaniahs eigenständiger Beitrag. Wo Walcott vertraute Legenden in eigentümlich anheimelnde Tetrameter kleidet, liefern Zephaniahs wechselnder Rhythmus, die unregelmäßige Zeilenlänge und die Thematik (Arbeits- und Hoffnungslosigkeit) ein genau gezeichnetes Abbild des Lebensgefühls junger schwarzer Großstadtbewohner.

Die *minority playwrights* sind deshalb so ausführlich behandelt worden, weil ihr Produktivwerden eine signifikante Entwicklung der 80er Jahre darstellt. Die weitaus größte Zahl an neuen Stücken stammte jedoch wie ehedem von den "Mehrheitsdramatikern", deren Werk auch den kritischen Diskurs beherrschte. Die Texte einiger der wichtigsten unter ihnen sind der Hauptgegenstand dieser Studie; nun sollen diejenigen kurz vorgestellt werden, die das Bild der 80er Jahre mitprägten, aber im weiteren Verlauf ausgeblendet werden.

Zunächst sind dabei Howard Brenton und David Hare zu nennen. Beide gehörten zu den produktivsten Autoren der 80er Jahre, beide schafften es nach längerer Zeit in der *fringe*, sich fest im Kulturbetrieb zu etablieren,

---

[64] Benjamin Zephaniah, "Author's Preface", in: Yvonne Brewster ed., *Black Plays: Two*, London (Methuen): 1989, 144.

beider Werke wurden überwiegend mit wohlwollenden Kritiken bedacht. Ihre Gemeinschaftsarbeit *Pravda* (1985) war ein Sensationserfolg. Wenn sie hier dennoch im Überblick abgehandelt werden, so liegt das an ihrer immer offensichtlicher gewordenen Berechenbarkeit.

Dabei hatte Howard Brenton die 80er Jahre mit einem erstklassigen Theaterskandal eingeleitet, der höchstens mit dem Aufruhr um Edward Bonds *Saved* (1965) vergleichbar war. Die homosexuelle Vergewaltigungsszene seines Nordirland-Stückes *The Romans in Britain* (1980) erboste das konservative Establishment derart, daß im Parlament die Wiedereinführung der ohnehin erst zwölf Jahre vorher abgeschafften Zensur gefordert wurde.[65] Das Stück ist ein interessantes Beispiel für die Archaisierungstendenzen im englischen Drama der 80er Jahre,[66] hat aber erhebliche Längen und wurde von der seriösen Theaterkritik ausweichend rezensiert.[67] Seine Bedeutung lag vor allem in der kathartischen Wirkung der Kontroverse – seitdem ist die künstlerische Freiheit der Dramatiker in England nicht mehr ernsthaft in Frage gestellt worden. Die Toleranz (oder Apathie) der Öffentlichkeit wuchs in den 80er Jahren.[68]

Thirteenth Night (1981), das den Untertitel *A Dream Play* trägt und *Macbeth* in die Gegenwart transponiert (der Sinn dieses Shakespeare-Amalgams bleibt unklar), ist wie Howard Barkers *A Passion in Six Days* (1983)[69] und David Edgars *Maydays* (1983) und *The Shape of the Table* (1990) eine Abrechnung mit der Linken im allgemeinen und der britischen

---

[65] Zur öffentlichen Kontroverse um das Stück und die juristischen Konsequenzen cf. Richard Beacham, "Brenton Invades Britain: The *Romans in Britain* Controversy", in: *Theater* 12 (1981), 34–37; Bernhard Weiner, "The *Romans in Britain* Controversy", in: *The Drama Review* 25 no.1 (1981), 57–68; Tony Mitchell, *File on Brenton*, London (Methuen): 1988, 40–50, sowie Edward Bond, "The Romans and the Establishment's Fig Leaf", in: *Theater* 12 (1981), 38–42.

[66] Auch David Rudkins *The Saxon Shore* (1986) dramatisiert die Konflikte zwischen Römern und Kelten. Besonders die Häufigkeit thematischer Rückgriffe auf das Mittelalter ist im zeitgenössischen englischen Drama auffällig. Zu nennen sind (neben den unten ausführlicher diskutierten Passionsspielen und Rudkins *The Triumph of Death*) etwa Arnold Weskers *Caritas* (1981), Howard Barkers *The Castle* (1985) und Sarah Daniels' *Byrthrite* (1987). Cf. Ruby Cohn, *Retreats from Realism in Recent English Drama*, Cambridge (Cambridge University Press): 1991, 163–179. – Tony Harrisons *The Trackers of Oxyrhynchus* (1988/90) knüpft sogar an ein in Bruchstücken erhaltenes sophokleisches Satyrspiel an. Cf. Marianne McDonald, "Harrison's *Trackers* as People's Tract", in: Neil Astley ed., *Tony Harrison*, Newcastle (Bloodaxe): 1991, 470–485; Oliver Taplin, "Satyrs on the Borderline: *Trackers* in the Development of Tony Harrison's Theatre Work", in: ibid., 458–464.

[67] Eine Ausnahme machte der Theaterkritiker der *Financial Times*, der die Premiere am 18.10.1980 "devoid of wit, beauty and drama" nannte. (B.A. Young, *The Mirror up to Nature: A Review of the Theatre 1964–1982*, London (Kimber): 1982, 133.)

[68] Cf. Kapitel 1.4.

[69] Cf. Kapitel 3.1.

26

Labour Party im besonderen. Brentons Hang zum karikaturhaften Über-
zeichnen verbaute ihm jedoch eine distanzierte Analyse der verschiedenen
Strömungen des britischen Sozialismus. Wie Edgar traf auch ihn Günther
Klotz' Diktum von der

> [...] traurigen Linken von der Art Brentons/Hares oder Gems' [...], die – und
> das ist ein Haupteindruck der achtziger Jahre – an ihrer Selbstaufgabe als
> 'Linke' arbeitet.[70]

Brenton schrieb im Verlauf der 80er Jahre *The Genius* (1983), eine Art
Fortsetzung von Brechts *Leben des Galilei* (1943), *Bloody Poetry* (1984,
mit den Protagonisten Shelley und Byron),[71] und *Greenland* (1988), eines
der seit den 70er Jahren selten gewordenen Stücke, die in der Zukunft
spielen. Die Utopie, die Brenton darin entwirft, ist liebenswert: Die
"Greenlanders" sind friedlich, kooperativ, hellseherisch und idealkom-
munistisch. Alle tun das, was sie wollen, und trotzdem funktioniert ihre
Gesellschaft.[72] Der Grund dafür ist, daß nach Jahrhunderten des Staats-
kapitalismus und der Diktatur die Leute begannen, miteinander zu re-
den[73] und ohne Revolution diese revolutionäre Gesellschaft hervorzubrin-
gen. Die genaue zeitliche und örtliche Lokalisierung (das Thames Valley
des Jahres 2687) impliziert, daß sich alles zum Guten wenden werde, ohne
daß Brenton irgendwo andeutet, welche konkreten Schritte auf dem Weg
dahin unternommen werden sollen. Am Schluß des Stückes findet sich die
Protagonistin im Jahr 1987 wieder, doch hat sie einen Stein bei sich,
dessen Leuchtkraft das Publikum erhellt. Diese Schlußbildung, aus Fanta-
syfilmen hinlänglich bekannt, paßt zu dem beruhigenden, im Grunde un-
politischen Stück, das paradigmatisch ist für die Verabschiedung der engagierten Dramatiker der 70er Jahre aus dem politischen Grabenkampf.[74]
Brentons weitere Dramen, vor allem die in Zusammenarbeit mit Tariq

---

[70] Günther Klotz, "Zwischen enttäuschenden Erfolgen", 401.

[71] Cf. zu *Bloody Poetry* die rabiate Kritik bei Mark Lord, "Look Back in Languor", in:
Theater Three 2 (1987), 47–52, der von "cheap theatrics" [48], "Woodstock sentiment"
[49] und "self-satisfied impotence jeering at genius" [50] spricht.

[72] Cf. Howard Brenton, *Greenland*, in: *Plays: Two*, London (Methuen): 1989, 311–399,
379.

[73] Cf. *Greenland*, 393.

[74] "Nach Brentons Vorstellung kommt die schöne neue Welt ganz von selbst zustande, als
Ermüdungsfolge der Moderne, gewissermaßen: Für den alle Antagonismen überwindenden
Sprung aus der Geschichte gibt es keine Handlungsanweisung. Nun ist das Entwickeln
politischer Strategien nicht Aufgabe des Dramatikers, aber eine so auffällige Leerstelle ist
ein prägnanter Hinweis auf die Ratlosigkeit der Linken nach neun Jahren Thatcherherr-
schaft." (Irmgard Maassen, "Twenty Years After", 42.) Cf. John Elsom, "Commitment as
a Form of Privilege", in: *Contemporary Review* 249 no.1447 (1986), 83–88.

Ali entstandenen *Iranian Nights* (1989) und *Moscow Gold* (1990), wandten sich der Tagespolitik zu. *Iranian Nights* ist ein Beispiel für aktuelles, auf Ereignisse blitzschnell reagierendes Theater (es verteidigt Salman Rushdie gegen die *fatwa* Khomeinis), und *Moscow Gold* stellt den ehrgeizigen Versuch dar, die Umbrüche in der damaligen Sowjetunion zu erklären. Wie schon *H.I.D. Hess is Dead* (1989) wurde es von den Umwälzungen in Europa schnell obsolet gemacht; es bleibt aber zu betonen, daß Brentons Stücke der 80er Jahre neben denen David Edgars und Howard Barkers am wenigsten von der insulären Perspektive anderer Dramatiker mit politischem Anspruch hatten. [75]

David Hare, Brentons alter Weggenosse aus *fringe*-Zeiten und Mitverfasser von *Brassneck* (1973) und *Pravda* (1985), machte in den 80er Jahren seinen Weg an die Spitze des britischen Theaterestablishments. [76] Er bewegte sich immer weiter von den theatertechnisch anspruchslosen Anklagen einer verkommenen Gesellschaft (etwa in *Knuckle*, 1974) weg und schrieb zunehmend aufwendige, darstellerreiche Stücke, die mit milder Satire einzelne Machtzentren porträtierten. Das schon mehrmals erwähnte *Pravda* ist typisch für die Produktion Hares in den 80er Jahren. Er sagte 1989:

> *Pravda* was as far as I could go with epic theatre: 10 huge scenes, massive changes of location and 26 actors. After that I had a moment of feeling that perhaps epic plays excite the actors more than they excite the audience. [77]

Der Moment ging vorbei, und Hare schrieb auch weiterhin ausladende Stücke für das National Theatre. Hatte er in *Pravda* die Presse karikiert, so befaßte sich *The Secret Rapture* (1988) mit den Tories, *Racing Demon* (1990) mit der anglikanischen Kirche und *Murmuring Judges* (1991) mit der Justiz. Der Zwang, mit solchen Stücken mitunter das größte Auditorium Großbritanniens, das Olivier Theatre, füllen zu müssen, hatte direkte Auswirkungen auf Hares Texte. Sie wurden unterhaltsamer, abwechslungsreicher und boten mit ihren Panoramen der englischen Gesellschaft allen Zuschauern Identifikationsmodelle, wobei die begüterte Mittelschicht, die traditionell die Mehrzahl der Theaterbesucher stellt, am besten

---

[75] Zu Brentons Gesamtwerk in den 80er Jahren cf. die beiden sehr positiv wertenden Überblicksartikel von Richard Boon, "Retreating to the Future: Brenton in the Eighties", in: *Modern Drama* 33 (1990), 30–41, und Susan Bennett, "At the End of the Great Radical Tradition? Recent Plays by Howard Brenton", in: *Modern Drama* 33 (1990), 409–418. Bennett geht dabei nicht auf *Greenland* ein.

[76] Cf. Kapitel 1.1.2.2.

[77] Zitiert in Michael Bloom, "A Kinder, Gentler David Hare" in: *American Theatre* 6 (1989), 30–34, 32.

bedient wurde. Schließlich waren es ihre Probleme, die auf der Bühne in den Mittelpunkt gerückt wurden, und der "freundlichen Ironisierung der Macht"[78] konnten auch diejenigen beipflichten, die anläßlich Brentons *The Romans in Britain* noch nach dem Zensor gerufen hatten.

Hare schrieb in den 80er Jahren nicht nur epische Panoramen, er verfaßte auch kleinere Kammerstücke (*The Bay At Nice* und *Wrecked Eggs*, beide 1986) und Drehbücher und führte Filmregie. Eine klare Linie oder eine künstlerische Entwicklung war dabei nicht zu erkennen; er stagnierte auf hohem Niveau.[79] Von ihm, Brenton und anderen sagt Günter Klotz:

> Hervorstechende Merkmale ihres Schaffens in den Achtzigern sind ihre Unausgeglichenheit und Unsicherheit, vielleicht sogar Unentschiedenheit in den Gegenständen, Themen und Mitteln der Stücke.[80]

Das ist auch auf David Edgar gemünzt, bedarf aber der Einschränkung. Edgar begann die 80er Jahre wie Howard Brenton mit einem *coup de théâtre*. Seine achtstündige Bühnenversion von Charles Dickens' Roman *Nicholas Nickleby* bescherte der Royal Shakespeare Company 1980 einen der größten Triumphe ihrer Geschichte. Kritische Stimmen erhoben sich allenfalls wegen des ungeheuren Aufwandes, den das Stück erforderte, und der damit verbundenen Einschränkung der übrigen RSC-Aktivitäten.[81] Edgars bedeutendste Beiträge zum Drama der 80er Jahre waren jedoch weder dieses Spektakel noch seine öffentliche Kontroverse mit John McGrath,[82] sondern vielmehr die beiden Komplementärstücke *Maydays* (1983) und *The Shape of the Table* (1990).

Maydays ist eine schonungslose Abrechnung mit einer ganzen Reihe von Spielarten des Sozialismus vom Stalinismus bis zum zersplitterten

---

[78] Günther Klotz, "Zwischen enttäuschenden Erfolgen", 392.

[79] Darstellungen von Hares Gesamtwerk werden immer zahlreicher. Am umfassendsten ist Judy Lee Oliva, *David Hare: Theatricalizing Politics*, Ann Arbor (UMI Research Press): 1990. Cf. auch Malcolm Page, *File on Hare*, London (Methuen): 1990; Joan FitzPatrick Dean, *David Hare*, Boston (Twayne Publishers): 1990.

[80] Günter Klotz, "Zwischen Erfolgszwang und Engagement", 51.

[81] Cf. Mark Bly und Doug Wager, "Theater of the Extreme: An Interview with Peter Barnes", in: *Theater* 12 (1981), 43–48.

[82] Dabei ging es im Wesentlichen um die beste Methode, als sozialistischer Dramatiker zu wirken. Während Edgar den Marsch durch die Institutionen, also die etablierten Theater, empfahl, beharrte McGrath auf dem Vorrang von einfachen Wandertruppen wie seiner eigenen 7:84 Company. Cf. David Edgar, "Ten Years of Political Theatre, 1968–78", in: *Theatre Quarterly* 8 no.32 (1979), 25–33; John McGrath, "The Theory and Practice of Political Theatre", in: *Theatre Quarterly* 9 no.35 (1979), 43–54; ders., *A Good Night Out: Popular Theatre: Audience, Class and Form*, London (Eyre Methuen): 1981; David Edgar, *The Second Time as Farce: Reflections on the Drama of Mean Times*, London (Lawrence & Wishart): 1988; John McGrath, *The Bone Won't Break: On Theatre and Hope in Hard Times*, London (Methuen Drama): 1990.

Aktivismus der englischen Linken. Verschont bleibt eigentlich nur die Position des "Helden" Lermontov: Er, der sich vom russischen Politkommissar in Ungarn 1956 zum Kritiker aller Arten totalitärer Herrschaft entwickelt hat, vertritt etwa die Position der Protagonisten des Prager Frühlings. Miklos Paloczi dagegen, dem er 1956 das Leben und die Freiheit gerettet hat und der auch im Westen lange sein Weggefährte war, läuft zum Thatcherismus über und wird zum Theoretiker der Neuen Rechten. Edgar empfiehlt diesen Weg nicht, aber er zeigt, wie ähnlich sich Totalitarismen von links und rechts sind. Die *Maydays* des Titels sind nicht nur die Maifeiertage, an denen viele Szenen spielen, sondern auch die Hilferufe eines sinkenden Schiffes: Hier sinkt der Sozialismus, aber auch, unabhängig davon, die Menschlichkeit, der Primat des Mitleids und die Freiheit, gegen die jeweiligen Autoritäten auftreten zu dürfen. Der Traum von der perfekten Gesellschaft hat immer noch große Anziehungskraft:

> JAMES: A politics defined primarily by the belief that it is possible to build the New Jerusalem within the very belly of the monster, not in the future, but in the here-and-now.[83]

Aber Edgars Figuren wissen auch, was die Umsetzung dieser Politik immer bedeutete:

> WEINER: But of course there was a price to pay for the privilege of this exclusive vision, and we were told we'd have to sacrifice our own opinions, our own thoughts, and submit ourselves to orders from above that often seemed odd, confused, and contradictory; and even, sometimes, just plain evil.[84]

Dieses Bestehen auf der menschlichen Lernfähigkeit jenseits extremer Ideologien macht das Optimistische des Stückes aus. Edgar bewegt sich damit weg von seinen orthodoxeren Positionen und hin zu dem Autor, der sieben Jahre später *The Shape of the Table* schrieb.

The Shape of the Table dramatisiert den Kollaps des real existierenden Sozialismus. Es ist theaterwirksamer als *Maydays*, weil sich die Ereignisse wie in der Realität überstürzen. Das Stück spielt in einer dünn verhüllten Tschechoslowakei und zeigt den Rückzug der Nomenklatura binnen zweier Monate, immer durch Besprechungen am Runden Tisch im immer gleichen Raum im Regierungspalast. Interessant dabei ist die entspannte und scherzende Art, wie die Pro- und Antagonisten miteinander umgehen.

---

[83] David Edgar, *Maydays*, London (Methuen): 1983, 22.
[84] Ibid., 29.

Beides sind Arten von Machtpolitikern (im besten Sinn: Edgar denunziert weder die alten Kader noch stellt er die Bürgerrechtler ins Zwielicht), die wissen, daß der Druck der Straße das eigentlich Entscheidende ist. Diese Aussage macht das Stück so herausragend unter den politischen Dramen Englands: Es feiert die Macht des Volkes, personifiziert oder besser: vertreten durch verantwortungsbewußte Politiker, die nicht auf Rache, sondern auf Verbesserung aus sind. Theoriedebatten werden weder von den alten noch den neuen Machthabern geführt: Jene sind zu verbraucht, zynisch oder einsichtig, um noch hohle Phrasen zu äußern, diese dagegen haben Wichtigeres zu tun, als ihren Standort theoretisch zu bestimmen. Edgar spricht die Alten nicht los von ihren Verfehlungen, aber sie sind bei ihm keine Psychopathen, sondern Politiker, die im Großen und Ganzen aus früherem Idealismus oder Erfahrungen in den Lagern der Nazis motiviert werden.[85]

David Edgar war nicht der einzige Dramatiker, der sich mit dem Scheitern des Sozialismus auseinandersetzte. Tom Stoppard, der selbst aus der Tschechoslowakei stammt, war schon immer nachgesagt worden, der Linken mißtrauisch gegenüberzustehen.[86] In dem zwischen 1981 und 1982 entstandenen *Squaring the Circle*, einem Dokumentarstück über Aufstieg und Fall der polnischen Gewerkschaftsbewegung *Solidarnosč*, setzt er einen Erzähler ein, der seine Fehlbarkeit einräumt und damit das Absolutheits- und Wahrheitsmonopol der Geschichtsschreibung (und des Theaters) unterminiert: Immer wieder wird er von der *witness*-Figur unterbrochen und korrigiert. Stoppards Wahrheiten sind stets vorläufig und zur Ideologiebegründung untauglich.[87] Auch Ronald Harwoods *The Deliberate Death of a Polish Priest* (1985) verwendet die Techniken des Dokumentardramas (die anders als in Deutschland in Großbritannien nie eine bedeutende Rolle gespielt hatten), um den Prozeß gegen die Mörder Jerzy

---

[85] Zu David Edgar cf. Elisabeth Swain, *David Edgar: Playwright and Politician*, New York (Peter Lang): 1986; Raimund Schäffner, *Politik und Drama bei David Edgar: Eine Studie zum politischen Gegenwartstheater in England*, Essen (Blaue Eule): 1988. Zu Edgar, Brenton und Hare cf. auch Wolfgang Lippke, "Aspects of Politically Committed British Drama in the Eighties and Before", in: ders. ed., *British Drama*, 93–115.

[86] Cf. John Bull, "Left to Right: English Theatre in the 1980s", in: *Englisch-Amerikanische Studien* 8 (1986), 401–410.

[87] Die kritische Literatur zu Stoppard ist in den letzten Jahren rapide angewachsen. Eine gute neue Übersicht bis *Hapgood* (1988) bietet Katherine E. Kelly, *Tom Stoppard and the Craft of Comedy: Medium and Genre at Play*, Ann Arbor (The University of Michigan Press): 1991.

Popieluszkos noch einmal aufzurollen.[88] Howard Barker, von dem später noch häufiger die Rede sein wird, schrieb mit *No End of Blame* (1981) so etwas wie ein Vorläuferstück zu *Maydays*, in dem die nach England geflohenen Dissidenten allerdings den Rückzug ins Private bzw. die Kunst betreiben. Der Vollständigkeit halber sei noch das bereits erwähnte *Moscow Gold* aufgeführt (Tariq Ali und Howard Brenton, 1990), das satirisch überspitzt Gorbatschows Reformtätigkeit schildert.

Die vorangegangene Aufzählung darf aber nicht darüber hinwegtäuschen, daß sich auch in den 80er Jahren viele Autoren als linksstehend begriffen. Dabei spannte sich der Bogen von milden Gesellschaftskritikern vom Schlage David Hares bis zu den Marxisten John McGrath und Edward Bond. Dazwischen fanden sich Dramatiker wie Trevor Griffiths, dessen Stücke – neben seinen Arbeiten für das Fernsehen – von dem Skinheadstück *Oi for England* (1982)[89] über *Real Dreams* (1987) bis zu der Tschechow-Hommage *Piano* (1990) reichen. Die politische Schärfe von *The Party* (1973) erreichte er in den 80er Jahren nicht mehr. *Piano*, das mit dem Satz "Everything's possible"[90] endet, leitet er so ein:

> Should *Piano* prove to be about anything at all, I suspect it may prove, like its illustrious forebears, to be about just this felt sense of breakdown and deadlock; and thus perhaps, in a nicely perverse irony, about what it's like to be living in our own post-capitalist, post-socialist, post-realist, post-modern times.[91]

Griffiths zog sich so zum Ende der 80er Jahre in die Beliebigkeit zurück. Ein anderer Autor, dem man oft diese Beliebigkeit zum Vorwurf gemacht hatte, ging den entgegengesetzten Weg: Harold Pinter legte 1985 mit *One for the Road* ein kurzes, völlig eindeutiges Anti-Folter-Stück vor, das in seiner sprachlichen Ökonomie und Präzision an seine früheren Texte anschließt, aber im Gegensatz zu diesen wenig Deutungsspielraum läßt:

> NICOLAS: [...] How many times have you been raped?
> GILA: I don't know.
> NICOLAS: And you consider yourself a reliable witness?[92]

Das Unzuverlässige, Ungenaue zeichnet hier die schuldlosen Opfer des Folterers Nicolas aus, die Zuverlässigkeit und Gewißheit ist das Privileg

---

[88] Zu Harwood cf. Albert-Reiner Glaap, "Aus der Werkstatt englischer Dramatiker: Alan Ayckbourn, Ronald Harwood, Louise Page", in: *Forum Modernes Theater* 3 no.1 (1990), 87–103.

[89] Cf. Alan Sinfield, "Culture and Contest", passim.

[90] Trevor Griffiths, *Piano*, London (Faber & Faber): 1990, 55.

[91] Trevor Griffiths, "Author's preface", in: *Piano*, n.p.

[92] Harold Pinter, *One for the Road*, London (Methuen): 1985, 71.

der Unmenschen. In Pinters Werk stellt *One for the Road* eine radikale Umkehr dar. Es ist nicht "pinteresk", sondern, wie er selbst es nennt, "agit-prop".[93] Sein Versuch, eine ähnliche Thematik mit den Mitteln seiner früheren Stücke (nämlich größerer semantischer Offenheit) zu dramatisieren, mißlang allerdings. *Mountain Language* (1988) ist, den wohlwollenden Kritiken zum Trotz, Pinters bislang unbefriedigendstes Stück.[94]

Alan Ayckbourn dagegen wurde im Verlauf der 80er Jahre immer interessanter. *A Chorus of Disapproval* (1986) hatte noch die Charakteristika von *Absurd Person Singular* (1972) oder *Bedroom Farce* (1975). Es war wie diese eine Gesellschaftskomödie voller geistreicher Attacken auf die *middle class*, die aber durch die Anreicherung mit Handlungselementen und Zitaten aus John Gays *The Beggar's Opera* (1728) bereits eine für Ayckbourn ungewohnte Literarisierung zeigte. *Woman in Mind* (1986) ist der über weite Strecken gelungene Versuch, die *stream-of-consciousness*-Technik auf das Drama zu übertragen – das Publikum sieht nur die eskapistischen Phantasien der Protagonistin Susan. Ayckbourn bleibt aber nicht bei diesem *coup de théâtre* stehen; zum Schluß wird Susan sogar von ihren Phantomen im Stich gelassen: Sie sind zwar noch da, reagieren aber nicht mehr. Susan hat sogar ihren eigenen Wahnsinn transzendiert, sie ist in ihrer Wahnwelt wahnsinnig geworden. Ihr Schrei der Verzweiflung beendet das Stück. *Woman in Mind* ist witzig, manchmal geradezu slapstickhaft, wie immer bei Ayckbourn, aber die Obertöne der Verzweiflung, die sich bereits in vielen seiner früheren Bühnenfiguren nachweisen lassen, werden nun dominant.

Henceforward... (1988) führt diese Entwicklung noch weiter. Die Hauptfigur Jerome, Komponist elektronischer Musik, kämpft aus seiner urbanen Festung um das Sorgerecht für seine Tochter. Draußen tobt ein Bandenkrieg, den er mit Videokameras und Abhöranlagen beobachtet, drinnen konstruiert er eine Roboterfrau, um dem Sozialamt eine glückliche Ehe simulieren zu können. Nach den für die Ayckbournschen Farcen typischen Verwicklungen endet das Stück mit dem Massaker an Jeromes

---

[93] Harold Pinter und Nicholas Hern, "A Play and Its Politics", in: Harold Pinter, *One for the Road*, 5–24, 18.

[94] Cf. Marc Silverstein, "*One for the Road, Mountain Language* and the Impasse of Politics", in: *Modern Drama* 34 (1991), 422–440; Susan Hollis Merritt, "Pinter and Politics", in: Lois Gordon ed., *Harold Pinter: A Casebook*, New York (Garland): 1990, 129–160; Therese Fischer-Seidel, "Mythos und sein Wandel in den Dramen Harold Pinters: Von *The Birthday Party* zu *Mountain Language*", in: B. Reitz und H. Zapf eds., *British Drama in the 1980s*, 107–124; Martin Esslin, "*Mountain Language* Opens in London", in: *Pinter Review* 2 (1988), 76–78.

Familie durch die Straßenkämpfer. Im Nebentext heißt es, der Effekt des Stückes solle "something faintly Gothic"[95] sein, und tatsächlich ist *Henceforward...*, besonders vor der Folie der früheren Stücke Ayckbourns, schaudererregend. Er extrapoliert heutige gesellschaftliche Fehlentwicklungen und demonstriert sie anhand eines unsympathischen Protagonisten. Dies im formalen Rahmen der tot geglaubten *drawing-room comedy* fertigzubringen ist eine erstaunliche Leistung.[96]

Neben Ayckbourns formaler und stilistischer Brillanz enttäuschen viele andere für das kommerzielle Theater geschriebenen Stücke der 80er Jahre. Michael Frayn hatte mit der Farce *Noises Off* (1982) auch bei den Kritikern Erfolg,[97] und Simon Grays *campus play Quartermain's Terms* (1981) gewann einige Preise, aber für Frayn wie Gray gilt Günther Klotz' Beobachtung:

> Von diesem Mainstream-Theater gehen keine anderen gesellschaftlichen Impulse aus als die, daß Entertainment ruhig "out of touch with reality" sein dürfe und daß die wohlhabenden zwei Drittel der Gesellschaft trotz kleiner individueller Probleme sich im großen und ganzen doch zufrieden und gelassen zurücklehnen können[.][98]

Diese Definition des *mainstream* umfaßt die meisten der hier aufgeführten Stücke. Nur die *minority playwrights* stellen die "kleine[n] individuelle[n] Probleme" konsequent in einen überindividuellen Kontext und leiten daraus gesellschaftskritisches Potential ab; die radikalen Dramatiker der 60er und 70er Jahre dagegen verlagern das Schwergewicht ihres dramatischen Schaffens auf gehobene Unterhaltung. Neben den Dramentexten selbst ist auch die Hinwendung zum Film ein Indiz für die Suche nach Popularität und, damit zusammenhängend, einer gesicherteren Existenz als sie das Theater zu bieten vermag.[99] Die Jahre ab 1980 waren keine Zeit des enthusiastischen Aufbruchs wie die 50er Jahre und auch keine der radikalen Neudefinition des Theaters wie die 60er. Sie setzten vielmehr die Tendenzen der 70er fort, wobei der politisch-aufklärerische Anspruch des englischen Dramas zunehmend dem Streben nach Akzeptanz (und Alimentierung) durch die zuvor kritisierten Gesellschaftsschichten wich. Für

---

[95] Alan Ayckbourn, *Henceforward...*, London (Faber & Faber): 1988, 1.

[96] Zu Ayckbourn cf. Michael Billington, *Alan Ayckbourn*, London (Macmillan): ²1990.

[97] Cf. Albert-Reiner Glaap, "*Noises Off* and *Jitters*: Two Comedies of Backstage Life", in: *Canadian Drama/L'Art dramatique canadien* 13 no.2 (1987), 210–215.

[98] Günther Klotz, "Zwischen Erfolgszwang und Engagement", 51.

[99] Neben Harold Pinter, der in den 80er Jahren von den oben angeführten Stücken abgesehen fast ausschließlich Drehbücher verfaßte, gilt dies vor allem für David Hare und Tom Stoppard.

die geänderte Wirkintention der meisten *mainstream*-Dramatiker gilt, was David Hare angesichts der Neuauflage seiner *History Plays* im Jahre 1984 schrieb:

> From my point of view, the idea of putting these three plays together in one volume will be for me to have one more go at rooting out my confusions; from yours, I hope it will be to give pleasure.[100]

Von dem Versuch der politischen Einflußnahme spricht Hare nicht mehr; es gilt nun, privaten Verwirrungen zu begegnen und dabei das Publikum zu unterhalten.

1.2 Fragestellung

Der ökonomischen Privatisierung und dem Rückzug des Staates aus klassischen Feldern der Politik, den die Thatcher-Administration verfolgte, lief in den 80er Jahren die "Privatisierung" des Dramas parallel. Der graduelle Rückzug der Dramatiker von kollektivistisch-politischen auf individualistisch-private Positionen, die Aufwertung der Unterhaltungs-funktion des Theaters und, nimmt man Hares oben zitierte Äußerung wörtlich, die Betonung der (selbst)therapeutischen Möglichkeiten, die damit eröffnet werden, sind deutlich geworden.[101]

So verlockend die soeben insinuierte Interdependenz zwischen politi-schen Rahmenbedingungen und literarischer Produktion allerdings ist, so vorsichtig muß sie betrachtet werden. Literatur ist keine Funktion der parlamentarischen Mehrheit; andererseits ist das Drama mehr als andere Gattungen von ökonomischen und gesellschaftlichen Rahmenbedingungen abhängig. Es wird öffentlich und gemeinschaftlich rezipiert,[102] und es benötigt den fortgesetzten, unmittelbaren Zuspruch einer Zuschauerschaft, um existieren zu können. Der Einfluß, den diese Zuschauerschaft ausübt, ist nicht zu unterschätzen: Niemand im Theaterbetrieb, vom Autor bis zum

---

[100]   David Hare, "Introduction", in: *The History Plays*, London (Faber & Faber): 1984, 9–16, 16. – Zum englischen Drama der 80er Jahre cf. neben den bereits erwähnten Arbeiten auch Richard Allen Cave, *New British Drama in Performance on the London Stage: 1970 to 1985*, Gerrards Cross (Smythe): 1987; Susan Rusinko, *British Drama 1950 to the Present: A Critical History*, Boston (Twayne): 1989.

[101]   Cf. Timberlake Wertenbaker, *Our Country's Good* (1988), wo die integrative und heilende Funktion des Theaters selbst zum Thema wird.

[102]   Die Ausnahme von dieser Rezeptionsweise, das Lesedrama, existiert im Berichts-zeitraum nur in der Form *noch* nicht gespielter Texte, die aber eigentlich für die Bühne konzipiert wurden.

Schauspieler, sieht gerne leere Ränge, und das nicht nur wegen entgangener Einnahmen.[103] Seriöse Dramatiker, die in einer solchen Situation die Theater "beliefern", müssen den Mittelweg zwischen den kommerziellen Anforderungen an ihr Produkt und dem eigenen Anspruch auf künstlerische Integrität finden. Wie weit die Bandbreite der dramatischen Möglichkeiten damit immer noch ist, markieren Autoren wie Michael Frayn und John McGrath.

Ähnliches gilt für den literaturwissenschaftlichen Hintergrund, vor dem die Fragestellung dieser Studie zu entwickeln ist. Das Drama steht nicht in einem einfachen mimetischen Verhältnis zur Gesellschaft. Zwar wirkt sich die gesellschaftliche Situation in vielfältiger Weise in den Texten aus, aber schon diese Einbindung ist äußerst komplex, und ebenso wichtig sind die Einflüsse, die der literarischen Tradition entspringen. Es gilt demnach, einen Untersuchungsweg zu wählen, der es erlaubt, *ausgehend von den Texten* die Wirkintention der Autoren und – soweit eruierbar – die tatsächliche Wirkung dieser Texte zu beschreiben, um so ein Bild des zeitgenössischen englischen Dramas zu erhalten, das dessen wichtigsten Zügen Rechnung trägt. Mit der gewählten Methode, dem von Lothar Fietz entwickelten funktional-strukturalistischen Modell zur Beschreibung von Text *und* Textfunktion, ist es möglich, literarischen Traditionslinien nachzuspüren, ohne deren Bedeutung für den extraliterarischen Diskurs zu vernachlässigen.[104]

Seit Anfang der 80er Jahre wurde, wie die vorausgegangene Übersicht gezeigt hat, in Teilen der englischen Dramatik die Problematisierung der bis dahin etablierten Funktionen des Dramas dominant. "Interne" Gegner der innovativen Dramatiker waren nicht mehr auszumachen: Seit der Attacke von Osborne, Wesker, Arden und anderen auf die Konventionen des *well-made play* galt diese bis dahin dominierende Form als erledigt. Die folgende Experimentalphase erlaubte jeden noch so flagranten Verstoß gegen existierende dramenimmanente Regeln; Trevor Griffiths' oben zitiertes "Everything's possible" läßt sich auch auf die formale Freiheit münzen, die englische Dramatiker in den 60er und 70er Jahren genossen. Gleichzeitig ließ die Attraktivität des Angriffs auf "externe" Gegner nach:

---

[103]   Auch die subventionierten Theater sind auf hohe Zuschauerzahlen angewiesen, weil Subventionen oft nicht als Festbetrag, sondern als Produkt aus einem feststehenden Faktor und den vom Theater selbst generierten Einkünften gezahlt werden. Sponsoren wiederum haben kein Interesse daran, mit "schlechten", d.h. schlecht besuchten, Inszenierungen in Verbindung gebracht zu werden.

[104]   Zur Beschreibung und Operationalisierung dieses Modells, das den Text zum Autor und zum Rezipienten hin kontextualisiert, cf. Kapitel 1.3.2.

Die gesellschaftlichen Tabuverletzungen, mit denen Bond oder zuletzt
Brenton noch Schlagzeilen machen konnten, verloren in dem Maße an
Anziehungskraft, in dem man sie von den Dramatikern geradezu erwartete.
Wenn eine literarische Form sich überlebt hat, wird sie durch eine neue
ersetzt. Diese auf den ersten Blick selbstverständliche Gesetzmäßigkeit ist
der Kern der Dramentheorien des 20. Jahrhunderts, ob sie wie bei Brecht
vorrangig politisch oder wie bei Artaud ästhetisch motiviert waren. Was
sich aber in den 70er Jahren im englischen Drama abzeichnete und zu den
Entwicklungen der 80er führte, war das Problematischwerden des Erset-
zungsprozesses selbst. Der Innovationsprozeß hatte sich derart beschleu-
nigt und als Bestandteil der Erwartungshaltung des Publikums etabliert,
daß Konsequenzen für das Drama zu erwarten waren, die *jenseits* des
einfachen Fortschreitens zu neuen Formen wirksam wurden.

Damit stellt sich die Frage nach den Folgen, die die im Verlauf der 80er
Jahre zunehmend deutlich gewordene Ohnmacht des Theaters hatte. Will
man nicht, wie manche Kritiker, in generalisierende Klagen über Inspira-
tionsmangel[105] oder Eintönigkeit[106] verfallen, dann darf die Einsicht in
die begrenzte Reichweite des Mediums Theater bzw. Drama nicht am
Schluß der Betrachtung stehen. Vielmehr erhebt sich die Frage nach den
Konsequenzen, die englische Dramatiker aus dieser Einsicht zogen.

Einige sind bereits in den vorausgegangenen Abschnitten angedeutet
worden, wie das Verstummen John Ardens oder die Etablierung Howard
Brentons und David Hares im gehobenen Unterhaltungstheater. Literatur-
wissenschaftlich vielversprechender ist es allerdings, Texte zu untersuchen, in denen die Problematisierung der angestammten Funktionen des
Dramas selbst thematisiert wird bzw. solche, in denen Reaktionen auf
diese Problematisierung erkennbar werden. Dabei ist zunächst der Frage
nachzugehen, wie die Auseinandersetzung mit den Dramentheorien geführt
wird, die in den 60er und 70er Jahren in England dominierten, also mit
dem epischen Theater Bertolt Brechts und dem "Theater der Grausamkeit"
Antonin Artauds. Berücksichtigt man, daß englische Dramatiker selten
explizit in theoretischen Schriften Stellung zu den Fragen ihres Handwerks
bezogen haben,[107] so wird die Untersuchung sich zunächst mit metadramatischen Kommentaren beschäftigen müssen. Die so gewonnenen Ergeb-

---

[105]   "In the 1980s, reliance on technical spectacle returned as artistic inspiration waned, in
common with a similar shift in the theatre generally." (Colin Chambers und Mike
Prior, *Playwright's Progress*, 24.)

[106]   "Allmählich nähert sich das Theater dem Einheitsfutter internationaler Restaurantket-
ten." (Günter Klotz, "Zwischen Erfolgszwang und Engagement", 49.)

[107]   Cf. die Einleitung zu Kapitel 2.

nisse können dann den Hintergrund für die weitergehende Frage bilden: Welche Folgen hatte der Autoritätsverfall der beiden genannten Theoretiker für die in den 80er Jahren entstandenen Texte? Wie reagierten Autoren in ihrer dramatischen Praxis auf die zunehmende Immunität des Publikums gegen entautomatisierende Verfahren, die ja im Zentrum der Theorien Brechts und Artauds stehen? Ist die vorab beobachtbare Tendenz zum Einsatz älterer Dramenformen, die hier mit dem Begriff der Rekonventionalisierung gefaßt wird, Ausdruck der Unzufriedenheit mit dem Prinzip der permanenten Innovation oder der Versuch, diesem Prinzip dadurch erneut Geltung zu verschaffen, daß die Alternativen dazu als unwirksam vorgeführt werden? Schließlich gilt es der Frage nachzugehen, welche Konsequenzen eine solche Rekonventionalisierung für die Weltsichten hat, die damit transportiert werden. Lassen sich überholt geglaubte literarische Formen zur Demonstration dessen verwenden, was die "abstrakte Gesellschaft" genannt wurde,[108] oder impliziert der literaturgeschichtliche Rekurs auch die Wiederaufnahme eines Menschen- und Gesellschaftsbildes, das nicht mit den Begriffen der Abstraktion und der Fragmentarisierung zu umreißen ist? Wenn dramatische Verfremdung Entfremdung spiegelt, fragmentarische Dramenformen menschliche Fragmentarität abbilden und die Abstraktwerdung des Dramas der Abstraktwerdung der Gesellschaft parallel läuft, gilt dann Vergleichbares für die Gegenbewegung?

Es versteht sich von selbst, daß die Beantwortung dieser Fragen nur anhand einer breiteren Auswahl von Texten geleistet werden kann und daß deshalb Ganztextanalysen schon aus Umfangsgründen, aber auch aus Relevanzgründen nicht in Frage kommen. Die Konzentration auf die oben skizzierte Fragestellung bedeutet, daß viele interessante Aspekte der in der Folge untersuchten Stücke nicht oder nur am Rande und in Fußnoten berücksichtigt werden können. *Tales from Hollywood* ist mehr als nur eine Abrechnung mit Brecht, *The Triumph of Death* mindestens ebenso kirchen- wie Artaudkritisch und Howard Barkers Werk vielschichtiger, als es die wenigen unter jeweils einem Teilaspekt betrachteten Texte vermuten lassen. Bevor die erste der aufgeworfenen Fragen, die nach den metadramatischen Reflexen der problematisch gewordenen Theorien Brechts und Artauds, im zweiten Kapitel aufgegriffen wird, soll zunächst das notwendige theoretische Rüstzeug entwickelt werden.

---

[108] Cf. Kapitel 1.4.

1.3 Vorgehensweise

1.3.1 Auswahlkriterien

Der Untersuchungszeitraum erstreckt sich auf die Jahre von 1980 bis 1990. Der so umspannten Dekade kommt dabei aber keine integrierende Bedeutung zu.[109] Vielmehr ergibt sich dieser Zeitraum aus der in den 80er Jahren vorab zu beobachtenden Entwicklung der englischen Dramatik, wie sie im vorausgegangenen Abschnitt geschildert worden ist. Darüber hinaus ist die Forschungslage zum englischen Drama bis 1979 reichhaltig, während es für den Zeitraum ab 1980 noch keine Gesamtdarstellung gibt.[110] Diese Lücke kann die vorliegende Studie zwar nicht schließen, aber es bietet sich an, eine autoren- und textübergreifende Untersuchung wie diese unmittelbar an vorliegende Arbeiten anschließen zu lassen. Für das weitgehende Ausblenden von nach 1990 entstandenen Texten war lediglich der Zwang maßgeblich, die Literaturerfassung zu einem vertretbaren Zeitpunkt abzuschließen.

Die Korrelation des Untersuchungszeitraumes zur Regierungszeit Margaret Thatchers (1979–1991) liegt nahe, ist jedoch nicht beabsichtigt. Drama steht, wie oben ausgeführt, nicht in einem direkten Verhältnis zu politischen Mehrheiten; es kann sich zwar dem politischen Koordinatensystem nicht entziehen, wird aber auch nie ausschließlich dadurch bedingt. Beide Grenzdaten – 1980 und 1990 – sollen demgemäß nicht den Blick auf die Jahre davor bzw. danach verstellen; wo sich ein Blick zurück in die 70er Jahre und früher empfiehlt oder nach vorn in die frühen 90er Jahre möglich ist, wird er getan werden. Die Beschränkung auf das Drama der Achtziger ist demnach nicht als rigides Ausblenden jeglicher Entwicklung vorher oder seitdem zu verstehen, sondern vielmehr als notwendige Schwerpunktsetzung.

---

[109] Es gab und gibt immer wieder Versuche, die Entwicklung des britischen Nachkriegsdramas in Jahrzehnte bzw. Jahrzwölfte zu segmentieren. In der Einleitung zu Vera Gottlieb, "Thatcher's Theatre – or, After *Equus*", in: *New Theatre Quarterly* 14 (1988), 99–104 etwa heißt es: "A dozen years after the political and theatrical watershed of 1956 came those further shifts in social thinking of 1968, which were also reflected in major changes on the theatrical scene. Another twelve years on, any theatre people who were expecting such a collision of events in 1980 appeared to be waiting in vain. Yet, in retrospect, the impact of that first full year of a new kind of Conservative government can be seen as no less decisive" [99]. Sind auch die Einschnitte, die 1956 und 1968 in der Entwicklung des englischen Dramas stattfanden, unumstritten, so ist es doch fragwürdig, diesen Zwölfjahresschritt zu extrapolieren und damit so etwas wie einen geheimen Rhythmus der literarisch-dramatischen Produktivität zu postulieren.

[110] Cf. Kapitel 1.4.

Zwischen 1980 und 1990 entstanden in Großbritannien Hunderte von neuen Stücken.[111] Da es unmöglich war, alle auf ihre Eignung im Rahmen dieser Studie zu überprüfen, wurden zunächst einige formale Ausschlußkriterien angewandt. Zuerst mußten die Texte in veröffentlichter Form vorliegen. Die britische Dramatikergewerkschaft *Theatre Writers' Union* spricht zwar von 550 Mitgliedern in der Spielzeit 1983/84,[112] und die Zahl der nicht organisierten Dramatiker kann nur erahnt werden, aber viele Autorinnen und Autoren bleiben für die Literaturwissenschaft unzugänglich, weil niemand ihre Stücke veröffentlicht. Die Konzentration im britischen Verlagswesen bedeutet, daß fast nur renommierte Verlage wie Methuen, Faber, John Calder oder Samuel French das verlegerische Risiko[113] zu tragen bereit sind, und deren Auswahlkriterien sind streng.[114]

Strichfassungen und Berichte von Aufführungen unveröffentlichter Stücke, Regievorgaben von "happenings" und Improvisationen wurden ebenfalls nicht einbezogen. Zwar grenzt dies einen nicht unbeträchtlichen Teil zeitgenössischer englischer Theaterpraxis aus, der noch dazu auf vielfältige Weise vom *legitimate drama* rezipiert wird, aber die Untersuchung derartiger Ephemera muß der Theaterwissenschaft vorbehalten bleiben.

Übersetzungen, Adaptationen und Bearbeitungen wurden ebensowenig berücksichtigt[115] wie Drehbücher, Libretti, Musicals und die zahlreichen West End-Farcen.[116] Weiterhin fanden nur Stücke englischer oder in England arbeitender Autoren Aufnahme. Dramatiker und Dramatikerinnen wie Brian Friel, Frank McGuinness, Christina Reid und Iain Heggie, die vorwiegend oder ausschließlich in (Nord-)Irland oder Schottland tätig sind,

---

[111] Genaue Zahlen sind nicht zu erhalten, aber allein die seit Anfang der 80er Jahre (bei Methuen) bzw. seit deren Ende (bei Nick Hern) verlegten Anthologien junger Dramatikerinnen und Dramatiker enthalten jedes Jahr Dutzende von Stücken.

[112] Anon., *Playwrights: A Species Still Endangered?*, London (The Theatre Writers' Union): 1987, 33.

[113] Theaterstücke setzen einer lesenden Rezeption im allgemeinen größere Schwierigkeiten entgegen als Prosa, weil zwei parallel ablaufende Texte gleichzeitig verfolgt werden müssen: die Repliken des Haupttextes mit ihren impliziten Inszenierungsanweisungen und der Nebentext, der – oft in knappster Form – unentbehrliche explizite Anweisungen liefert (cf. 1.2.2.2). Dieser Zwang zum mühsamen Parallellesen ist – neben der Verfügbarkeit der Stücke *als Inszenierung* – ein Grund, warum sich Dramentexte schlecht verkaufen lassen (und meist bereits als unaufwendige Taschenbuchausgabe erstveröffentlicht werden).

[114] Cf. Kapitel 1.1.2.3. sowie Nick Hern, "British Drama in the Eighties: An Editor's View", in: Wolfgang Lippke ed., *British Drama*, 177–188.

[115] Dies ist im strengen Sinn gemeint; im weiteren Sinn sind, wie deutlich werden wird, fast alle untersuchten Stücke "Bearbeitungen".

[116] Die einzige Ausnahme ist die Diskussion des Musicals *Starlight Express* in Kapitel 2.2.2.

schreiben in einem Umfeld, das sich nicht mit dem Englands vergleichen läßt.

Insgesamt wurden ca. 300 Stücke ausgewertet;[117] bei der Schlußauswahl war die Relevanz für die im folgenden verwendeten Untersuchungsraster ausschlaggebend. Dabei hätte die Wahl manchmal auch auf andere Dramen oder Autoren fallen können; letztendlich gaben die Prominenz (nicht die Popularität) des Autors, die Resonanz in der Theater- und Literaturkritik und das subjektive Qualitätsempfinden des Verfassers den Ausschlag.

1.3.2 Methode: Funktionaler Strukturalismus

1.3.2.1 Modellbeschreibung

Der hermeneutische Gewinn, den strukturalistische und formalistische Modelle in der Literaturwissenschaft ermöglichen, liegt im Formulieren von Analysemustern, die auf unterschiedliche Texte anwendbar sind und somit die Vielfalt literarischer Realisierungsmöglichkeiten einem ordnenden, nachvollziehbar begründeten Prinzip unterwerfen.[118] Das taxonomische Verfahren Vladimir Propps ebenso wie der Reduktionismus Claude Bremonds ermöglichen einen gleichzeitigen, gleichsam "genormten" Zugang zu mehreren Texten und damit Aussagen zu den in diesen Texten wirksamen "Strukturen". Problematisch werden solche Modelle erst, wenn sie den Anspruch erheben, ausschließlich zu sein, wenn der *Modell*charakter selbst geleugnet wird. Eine solche Verabsolutierung der Methode führt zur Abwertung konkurrierender Modelle, die im besten Fall als unzulänglich, im schlimmsten Fall als unzulässig gelten müssen. Damit einher geht zwangsläufig ein Ausblenden aller Faktoren, die sich nicht modellimmanent berücksichtigen lassen; die Konzentration des Strukturalismus auf die "Literarizität"[119] eines Textes ist die Folge.

Die so vollzogene Einengung des Untersuchungsgegenstandes läßt sich zwar wissenschaftsgeschichtlich begründen; so gelingt es der Literaturwissenschaft, ein ureigenes Betätigungsfeld abzustecken, das der Validis-

---

[117] Die Bibliographie verzeichnet davon diejenigen Texte, die in irgendeiner Weise in dieser Studie erwähnt werden.

[118] Zu den nachfolgenden Bemerkungen cf. Lothar Fietz, *Strukturalismus: Eine Einführung*, Tübingen (Niemeyer): ²1992.

[119] Roman Jakobson, "Die neueste russische Poesie: Erster Entwurf. Viktor Chlebnikov", in: Wolf-Dieter Stempel ed., *Texte der russischen Formalisten* vol. 2, München (Wilhelm Fink): 1972, 18–135, 31.

ierung durch andere Disziplinen nicht mehr bedarf. Zugleich aber ist für die so erreichte Autarkie ein Preis zu entrichten. Der Brückenschlag zu den Geschichtswissenschaften, zu Soziologie und anderen Nachbardisziplinen wird unmöglich, die Literaturwissenschaft muß sich selbst genügen.

Aber auch diese selbstgewählte Isolation hat noch ihre über das Fach hinausgehenden Konsequenzen. Der methodologische Absolutheitsanspruch des Formalismus und Strukturalismus ist gleichzeitig ein Anspruch auf Absolutheit der Resultate. "Entdeckte", d.h. im Modell entwickelte Strukturen lassen sich so als zeitlos-gültige Realitätsbefunde ansehen, deren Existenz nur konstatiert, nicht aber beeinflußt oder in Frage gestellt werden kann. Angesichts überzeitlicher, unwandelbarer Strukturen wiederum kann der Mensch in seiner schöpferischen Doppelrolle als Autor und Rezipient ausgeblendet werden. Die Dehumanisierung der Literaturwissenschaft kulminiert so konsequenterweise im Ausruf Roland Barthes': "Der Literatur das Individuum amputieren!"[120]

Vor dem Hintergrund der postulierten Autonomie des Textes (und damit seiner Interpreten) ist die Kritik zu sehen, die Lothar Fietz am traditionellen Strukturalismus übt. Fietz geht es in seinem Modell des funktionalen Strukturalismus nicht vorrangig um die Beschreibung von Textstrukturen (obwohl dies ein notwendiger Teil seiner Vorgehensweise ist), sondern um die Beschreibung des Verhältnisses dieser Strukturen zu ihrer Funktion [ix].[121] Damit wird der "irrationale[n] Setzung vom Eigenwert einer autonomen Wissenschaft" [5] ein Modell[122] entgegengehalten, das die Literatur als historisch begreift und ihre Verankerung im geistesgeschichtlichen Prozeß nicht leugnet:

> Der funktionale Strukturalismus [...] setzt der ahistorischen Lesehypothese und der sich daraus ergebenden ahistorischen Kunstwerkästhetik die empirisch verifizierbare Einsicht entgegen, daß jeder Akt der Setzung eines Zeichens historisch ist, daß somit jedes Zeichen – wie indirekt und verschlüsselt auch immer – auf die geschichtliche Situation seiner Setzung verweist und somit als ein Teil eines geistes- und literaturgeschichtlichen Prozesses Mitteilungscharakter besitzt. [10]

---

[120] Cf. Roland Barthes, *Literatur oder Geschichte* tr. Helmut Scheffel, Frankfurt am Main (Suhrkamp): 1969, 23.

[121] Seitenzahlen ohne weitere Angaben in diesem und dem nächsten Abschnitt beziehen sich auf Lothar Fietz, *Funktionaler Strukturalismus: Grundlegung eines Modells zur Beschreibung von Text und Textfunktion*, Tübingen (Niemeyer): 1976.

[122] Wie konsequent Fietz gerade den Modellcharakter und damit die prinzipielle Überholbarkeit seiner Methode betont, macht bereits der Untertitel seiner Schrift deutlich. Damit setzt er sich von den oben geschilderten Verabsolutierungstendenzen herkömmlicher Strukturalismen ab.

Das Konzept von der Autoreflexivität der Zeichen wird damit unhaltbar. Zeichen haben keinen aus der literarischen Kommunikationssituation gelösten ästhetischen Eigenwert, sondern vielmehr "Mitteilungscharakter" in einem Diskurs. Sie verweisen, wo nicht auf eine extraliterarisch-dingliche Wirklichkeit, so doch auf die "geschichtliche Situation [ihrer] Setzung". Damit ermöglicht es der funktionale Strukturalismus, den Rückbezug eines Textes auf den Autor zu beschreiben und die Einbettung des Textes in die sozialen und literarischen Bezüge seiner Entstehungszeit zu verdeutlichen.

Fietz beläßt es nicht bei der Entgrenzung eines Textbeschreibungsmodells auf die Umstände der Textentstehung; vielmehr öffnet er sein Modell auch auf die andere Seite des Kommunikationsprozesses hin und bezieht die Rezeption des Textes ein. So gelangt er zu einem Modell, das auch die Textfunktionen zu beschreiben vermag. Im Gegensatz zum Formalismus Šklovskijs sieht Fietz die Verfremdung nicht nur als "Verfahren",[123] als ästhetischen Endzweck ohne außerliterarische Daseinsberechtigung, sondern als Entautomatisierung mechanisch gewordener Wahrnehmungsprozesse, der aufklärerische Funktion zukommt. Akzeptiert man,

> daß 'Literatur' sich nicht nur zu beziehen braucht und auseinandersetzt mit durch sie selbst geschaffenen Sehweisen, Sehgewohnheiten und Ansichten, dann ist man dabei, ihren Platz im Nexus der Bezüge zu erkennen und der Literaturwissenschaft neue Aufgabenstellungen im Rahmen einer *Wissenschaft vom Menschen* zuzuweisen. [12]

Damit ist der Bezug zur extraliterarischen Wirklichkeit des Rezipienten hergestellt. Dieses dreiteilige Modell, das Autor, Text und Rezipienten gleichermaßen berücksichtigt [cf. 28], erzwingt eine Definition des Textes, die dessen Funktionalisierung und nicht mehr dessen ästhetischen Eigenwert in den Mittelpunkt stellt [cf. 27]. Ein Text ist nach Fietz

> ein strukturierter Verband von auf Vorstellungen verweisenden und Vorstellungen erzeugenden Zeichen, dem die Funktion zugedacht ist, im Aufeinandertreffen mit der Vorstellungswelt des Rezipienten Wirkungen zu erzeugen, welche – je nach auktorialer Intention und den im Leserbewußtsein vorgegebenen Vor(stellungs)-programmen – einerseits von der Verfestigung bis andererseits zur Auflösung und zum Ersatz der leserseitigen Vorprogramme reichen können. [28]

Damit wird deutlich, wie weit sich Fietz vom restriktiven Textbegriff des Strukturalismus wegbewegt hat. Weit davon entfernt, den Autor zu ampu-

---

[123] Cf. Viktor Šklovskij, "Die Kunst als Verfahren", in: Jurij Striedter ed., *Texte der russischen Formalisten* vol. 1, München (Wilhelm Fink): 1969, 2–35.

tieren [cf. 47], wirft er solchen Autonomisierungen des Textbegriffes vor, sie "impliziert[en] eine totalitäre Vorentscheidung gegen das Individuum" [17]. Der Ausgrenzung des Menschen in seiner Doppelrolle als kreativ Schreibendem und kreativ Lesendem setzt Fietz eine Definition des Textes entgegen, die gerade das Individuum in das Zentrum der Betrachtung rückt:

> Texte sind nicht zeichenhafte Konkretisierungen von überpersönlichen Strukturen, sondern Texte thematisieren das Verhältnis eines Individuums zu dem, was es als das Reale annimmt. [18][124]

Es gilt demnach, den letztlich metaphysische Strukturen suchenden Strukturalismen eine aufklärerische Beschreibung der manipulativen Strategien eines Textes entgegenzusetzen. Nicht mehr das Werk, sondern die Wirkstruktur steht im Mittelpunkt des Interesses. Auch Fietz geht mit den vertrauten Strukturbegriffen um, übernimmt dabei aber nicht deren ideologische Implikationen, sondern definiert sie im Sinne seines Modells neu:

> Der Text als strukturierter Zeichenverband ist *thematisch* reguliert. Das *Regulativ* des Textes ist der *thematische Code*. Im Verhältnis zum thematischen Code erscheinen die Zeichen als *rhetorische Mittel*, als die rhetorische Oberflächenstruktur eines Textes. Im Verhältnis zur rhetorischen Oberflächenstruktur erscheint der Code als die *thematische Tiefenstruktur* eines Textes. [...]
> Die rhetorische Oberflächenstruktur eines Textes hat einmal die Funktion, auf die thematische Tiefenstruktur und damit auf die Vorstellungsstruktur des Autors in ihrer individuellen und sozialen Bedingtheit zu verweisen; und zum andern die Funktion, diese thematische Tiefenstruktur beim Leser zur Vorstellung zu bringen, d.h. sie zu *stimulieren*. [39, cf. 49]

Um diesen Stimulierungsprozeß in Gang zu setzen, das heißt aus der Mehrdeutigkeit der Zeichen einen der thematischen Tiefenstruktur entsprechenden Vorstellungskomplex zu erzeugen, bedarf es zweier Komponenten, die wiederum über den Text hinausweisen und den Autor und den Rezipienten in ihrer historischen Bedingtheit voraussetzen. Zum einen muß der Autor Vereindeutigungsstrategien ergriffen haben, die der Polysemie Schranken setzen, und zum anderen muß der Leser Vorprogramme mitbringen, die ihn eine Bedeutung auswählen, eine andere zurückweisen lassen. Dieser Zeichenbegriff bewegt sich zwischen den Extremen des Zeichens als fester Kombination von Konzept und Chiffre, die keine

---

[124] Wenig später grenzt Fietz sein Modell noch deutlicher von Literaturtheorien ab, die eine Trennung des Textes vom Autor vornehmen: "Der funktionale Strukturalismus steht im Gegensatz zu allen Strukturalismen, in denen *überindividuellen Strukturen* (psychologischer, soziologischer, ästhetischer, etc., Art) Seinscharakter zugesprochen wird und diese Strukturen abgelöst vom Individualbewußtsein, in dem sie in Erscheinung treten, als Eigenwirklichkeit behandelt werden." [19]

Interpretabilität zuläßt, und des Zeichens als reiner Chiffre, die jede Interpretation gestattet und damit bedeutungslos wird. Monosemierungsstrategien und Vorprogramme ermöglichen nach Fietz eine Decodierung, die zwar nicht festgelegt, aber dennoch nicht beliebig ist [cf. 16f.]

Zugespitzt könnte man sagen: Ein Text hat keinen absoluten Seinsstatus, sondern von textexternen Faktoren beeinflußte Wirkungen. Diese Wirkungen und damit das autorseitige Bild vom Leser, die autorseitige Intention und die dazu ergriffenen Strategien zu beschreiben, ist Aufgabe der Literaturwissenschaft. Dazu muß zunächst eruiert werden, welche thematischen Codes in einem Text präsent sind, wie sie verschlüsselt wurden und schließlich, mit welchen Werten sie in Verbindung gebracht werden. Anhand dieser manipulativen Kopplungen, Umlenkungen und Übertragungen wird ein Text beim Leser vorhandene Vorprogramme – verkürzt gesagt – zu bestätigen, zu modifizieren oder zu beseitigen suchen.[125]

Hier wird noch eine dritte Dimension der Öffnung sichtbar, die Fietz nur andeutet [cf. 126]: Vorprogramme werden vom Autor ins Kalkül gezogen und vom Leser zur Deutung eines Textes eingesetzt, aber sie beeinflussen auch die Leseweise des Literaturwissenschaftlers, der sich von ihnen nie völlig freimachen kann. Soweit Vorprogramme als solche durchschaut werden, wird der Blick frei auf die manipulativen Strukturen eines Textes; soweit sie unreflektiert bleiben, bleiben solche Strukturen verborgen oder wenigstens unproblematisch. Damit sind die Grenzen des Fietz'schen Modells deutlich geworden: Sie sind verschiebbar, aber nicht aufhebbar, weil eine völlig "vorurteilslose" Rezeption eines Textes unmöglich ist. Das ist kein Eingeständnis des Scheiterns, sondern die Selbstbescheidung einer Literaturwissenschaft, die keinen Absolutheitsanspruch mehr stellt, sondern die,

> basierend auf einer instrumentalen Textauffassung, selbst als instrumental verstanden wird, nicht als Wissenschaft um ihrer selbst oder um des Textes willen, sondern als Wissenschaft, welche mittels der Literatur und ihrer Erschließung einen Beitrag zum Selbstverständnis des zeitgenössischen Menschen in seiner Geschichtlichkeit leisten kann. [22]

---

[125] Fietz nennt als Kategorien der Werturteilslenkung: Normbestätigung (cf. 90f.), Umwertung, Legitimierung und Tabuierung (cf. 98f.), Umstrukturierung (cf. 113f.), Infragestellung und Auflösung (cf. 117f.)

1.3.2.2 Operationalisierung

Fietz wendet sein Modell häufig, aber nur punktuell, auf das Drama an [cf. 40ff., 52f., 54ff., 89f., 90ff.]. Seine Musteranalyse widmet sich dem englischen Roman des 18. und 20. Jahrhunderts [133–154]. Eine umfassendere Operationalisierung des funktional-strukturalistischen Ansatzes für das Drama findet sich bei Heiner M. Schnelling.[126] Er geht dabei von dem vierstufigen Verfahren aus, das Fietz selbst wie folgt umreißt:

1. Erschließung und Beschreibung des Vorstellungsprogramms, des thematischen Codes, der Auswahl und Organisation der Zeichen in der rhetorischen Oberflächenstruktur eines Textes reguliert.
2. Beschreibung der rhetorischen Mittel als Repräsentamene und Wirkstimuli.
3. Beschreibung der vom Autor intendierten Wirkung des Textes.
4. Beschreibung der zur Realisation der intendierten Wirkung verwendeten Strategien als Verfahren der Vorstellungs- und Werturteilslenkung. [40][127]

Die exemplarische Anwendung dieses Verfahrens bei Fietz auf die Prologe von *Romeo and Juliet* und *Ralph Roister Doister* kritisiert Schnelling allerdings als unzureichend:

[Es] bleibt die Frage, was in einem Fall zu tun ist, wo ebenfalls ein dramatischer Text zu untersuchen ist, der nicht mit einem Prolog versehen ist. Vielleicht wäre es hier besser (da der unmittelbaren Anwendung auf andere Texte entgegenkommender) gewesen, ein Stück ohne Prolog zu wählen, um auch dort den thematischen Code zu bestimmen. Dies wäre schon deshalb ratsam gewesen, weil der Prolog ein besonderes Charakteristikum älterer Dramenformen ist, die in der dramatischen Literatur des 20. Jahrhunderts – mit Ausnahme des epischen Theaters – keine Entsprechung haben.[128]

Schnelling schlägt demgegenüber vor, dem Prolog analoge expositorische Konventionen des Dramas zu untersuchen, denn es

ist davon auszugehen, daß der Autor auf das Interesse des Rezipienten Rücksicht nehmen wird, der schnelle Orientierung darüber wünscht, wovon das betreffende Stück handelt.[129]

Dieser Kritik (und dem Alternativvorschlag) kann sich die vorliegende Studie aus mehreren Gründen nicht anschließen. Zum einen wird im folgenden gerade die Dominanz des epischen Theaters und dessen Überwindung durch ältere Dramenformen untersucht, und zum anderen greift

---

126 Heiner M. Schnelling, *Christopher Frys 'seasonal comedies': Funktional-strukturalistische Untersuchungen zur Kritik der thematischen Konzeption der 'Jahreszeiten'*, Frankfurt am Main (Lang): 1981.

127 Cf. Heiner M. Schnelling, *Christopher Frys 'seasonal comedies'*, 64f.

128 Heiner M. Schnelling, *Christopher Frys 'seasonal comedies'*, 67.

129 Heiner M. Schnelling, *Christopher Frys 'seasonal comedies'*, 68.

Schnelling zu kurz: Ein Prolog ist, wie er selbst implizit einräumt, nur eine Strategie unter anderen, um expositorische Informationsvergabe zu gewährleisten. Ob dem Publikum diese Informationen im inneren oder äußeren Kommunikationssystem,[130] akustisch oder visuell, explizit oder implizit zugänglich gemacht werden, ist prinzipiell unerheblich. Interessant ist lediglich die Frage, warum ein Autor einer Expositionsstrategie den Vorzug vor denkbaren anderen gibt; im vorliegenden Fall, warum Shakespeare einen Prolog vorschaltet, Fry hingegen nicht.[131] Darüber hinaus ist Schnellings Annahme zu widersprechen, der Schwerpunkt einer Analyse des thematischen Codes müsse auf der Exposition liegen. Die Informationsvergabe eines Dramentextes endet mit der letzten Replik oder Bühnenanweisung, die einer plurimedialen Aufführung mit dem Schlußvorhang oder dem letzten *blackout*.

Damit ist bereits ein weiterer Punkt angedeutet, an dem Schnelling widersprochen werden muß. Er extrapoliert die rein deskriptive Trennung von Haupt- und Nebentext, die auf Roman Ingarden zurückgeht[132] und von Manfred Pfister übernommen wurde,[133] und leitet daraus zwei getrennt zu verfolgende Analyseschritte ab:

> Wegen der durch den dramatischen Text besonderen Form der literarischen Kommunikation, die (erneut mit Ausnahme des epischen Theaters) durch den Ausfall der Erzählerinstanz gekennzeichnet ist, kommt der Unterscheidung zwischen denjenigen Elementen, die unmittelbar auf den Autor bezogen werden können (Nebentext) und solchen, bei denen dies nur indirekt geschehen kann (Haupttext), besondere Bedeutung zu.[134]

Schnelling berücksichtigt in seiner Kritik nicht, daß eine *lesende* Rezeption Haupt- und Nebentext gleichwertig als auf den Autor zurückgehende Informationsquellen auffaßt, während eine Rezeption der *Inszenierung* akustische und visuelle Signale auswertet, die alle von einer weiteren Instanz vermittelt werden.[135] Die Trennung von Haupt- und Nebentext

---

[130] Die hier und im folgenden verwendete Terminologie entstammt Manfred Pfisters *Das Drama: Theorie und Analyse*, München (Wilhelm Fink): ^{5}1988.

[131] Cf. Elizabeth Burns, *Theatricality: A Study of Convention in the Theatre and in Social Life*, London (Longman): 1972, 57.

[132] D.h. die Trennung zwischen dem Text, der in einer Inszenierung gesprochen werden soll, und den Regieanweisungen, Sprecherpräfixen, Aktüberschriften usw. Cf. Roman Ingarden, *Das literarische Kunstwerk*, Tübingen (Niemeyer), ^{3}1965, 220ff., 403ff.

[133] Manfred Pfister, *Das Drama*, 35ff.

[134] Heiner M. Schnelling, *Christopher Frys 'seasonal comedies'*, 69f.

[135] Genaugenommen handelt es sich um einen komplexen Instanzenweg, der von der Dramaturgie über die Regie bis zu den Ausführenden selbst reicht. Zu diesen gehören die Schauspieler, die (unter anderem) den Haupttext vermitteln, ebenso wie die Beleuchter und Tonmeister. Besonders in deren Fall wird die Unmöglichkeit einer

wird deshalb im folgenden nur insoweit berücksichtigt, als damit Rück-
schlüsse auf explizite vs. implizite Informationsvergabe gezogen werden
können. Die Analyse behandelt sie ansonsten als gleichwertige Textsorten.
Fietz spricht in diesem Sinne von "vier grundsätzliche[n] Arten der The-
menrealisierung", nämlich unverschlüsselt-direkte Bezeichnung des Themas, Substitution durch bildhafte Interpretanten, hochgradige Verschlüsse-
lung durch Metaphern usw. und wortlose Inszenesetzung [cf. 57].[136]

Es ist deutlich geworden, daß die von Schnelling geleistete Operationalisierung des funktional-strukturalistischen Modells zwar zu Recht die
Sonderstellung des Dramas innerhalb der literarischen Gattungen betont,
daraus aber eine Problematisierung des Textbegriffes ableitet.[137] Für die
vorliegende Untersuchung ist es hingegen notwendig, eine Opposition, die
sich aus dem funktional-strukturalistischen Modell ableiten läßt, zu problematisieren. Aus dem Gegensatz zwischen Modifikation bzw. Negation
von leserseitigen Vorprogrammen einerseits und deren Affirmation andererseits leitet Fietz sein Kriterium für "originale" vs. "epigonale" Literatur
ab. *Funktionale* Texte sind für ihn dadurch definiert,

> daß sie der Intention nach immer darauf ausgerichtet sind, die jeweilig gegen-
> wärtige geistige Situation zu verändern. In diesem Sinne sind sie als 'original'
> zu bezeichnen, während sich 'epigonale' Texte durch die Übernahme von nicht

---

strikten Trennung von Haupt- und Nebentextanalyse deutlich: Die *noises off*, die
Geräusche und Repliken hinter den Kulissen, können im Nebentext vorgeschrieben
und vom Band abgespielt werden, ohne daß sie deswegen weniger oder andersartige
Informationen liefern als das gesprochene Wort auf der Bühne.

[136] Letztere kann nur durch den Nebentext vermittelt werden (soweit dieser überhaupt
Inszenierungsanweisungen liefert): "Selbst wenn man von der konkreten Situation im
Theater, wo dieser Text ja von einem sinnlich wahrnehmbaren Sprecher an eine
sinnlich wahrnehmbare Zuschauerschaft gerichtet ist, abstrahiert, so wird diese Situation durch einzelne Textteile selbst zur Vorstellung gebracht." [46] In der Forderung
nach wortloser Inszenierung liegt eine Eigentümlichkeit des Dramas, auch wenn Fietz
in der Folge vom "*Modus fiktionaler oder dramatischer Inszenesetzung*" [69] spricht.

[137] Ergiebiger, wenn auch im Rahmen dieser Studie nicht zu leisten, wäre eine Untersuchung der spezifischen Rezeption des Dramas, sofern und soweit es vor Publikum
aufgeführt wird. In der theaterspezifischen kollektiven Rezeptionssituation spielen
nämlich Vorprogramme zweierlei Art eine Rolle: Da ist einmal die individuelle
Vorinformiertheit und Voreingenommenheit, die ein Zuschauer an den Text heranträgt
und die sich prinzipiell nicht von der Rezeptionshaltung gegenüber anderen literarischen Gattungen unterscheidet. Zum anderen aber reagiert ein Zuschauer nicht nur auf
den präsentierten (plurimedialen) Text, sondern auch auf die anderen Zuschauer. Die
so erzielbare (und, etwa über das laute Gelächter des Publikums in einer Komödie,
empirisch nachweisbare) Intensivierung und Normierung der Rezeption ermöglicht
andere Wirkstrategien, als sie individuell rezipierte Textsorten bieten (ähnlich ließen
sich die Textsorten Predigt und Rede, aber auch zur Aufführung bestimmte Gedichte,
Balladen und dergleichen untersuchen). Cf. Volker Klotz, *Dramaturgie des Publikums:
Wie Bühne und Publikum aufeinander eingehen, insbesondere bei Raimund, Büchner,
Wedekind, Horváth, Gatti und im politischen Agitationstheater*, München (Hanser):
1976.

mehr zeitgemäßen Intentionen und Leserbildern als entfunktionalisiert auszeichnen. [76]

Dieser Opposition liegt die Auffassung von einer sich stetig fortentwickelnden Literatur zugrunde, die "nicht mehr zeitgemäße" Elemente überwindet und neue, "originale" einführt. Ein solches unidirektionales (allerdings nicht teleologisches) Literaturbild koppelt Fietz mit der via Brecht auf Šklovskij zurückgehenden Theorie der Entautomatisierung [cf. 83]. Durch das Verfremden nicht mehr funktionaler Elemente werden eingefahrene Sichtweisen aufgebrochen und überholte Konventionen ersetzt. Weil aber der Konventionalisierungsprozeß beginnt, sobald ein bestimmter Kunstgriff zum zweiten Mal verwendet wird, erhebt sich bald die Notwendigkeit, aufs neue die Konventionalität zu überwinden, und so fort. Problematisch wird ein derart dynamisiertes Literaturmodell in dem Moment, in dem individuelle Texte oder Rezeptionsberichte die Vermutung zulassen, daß nicht mehr nur Zustände, sondern auch Prozesse entfunktionalisiert werden können. Mit anderen Worten: Wird der *Prozeß der Entautomatisierung selbst* dysfunktional, weil er von den Rezipienten erwartet und fraglos akzeptiert wird, muß dieser Prozeß selbst problematisiert werden. Die Theorie der Entautomatisierung wird damit nicht falsifiziert; sie gewinnt jedoch eine zusätzliche Dimension. Hier ist nicht der Ort, um diese Dimension losgelöst von praktischen Beispielen auszumessen; was an dieser Stelle nur angedeutet wurde, soll in Kapitel 2 im Kontext von David Rudkins *The Triumph of Death* und vor allem Christopher Hamptons *Tales from Hollywood* näher ausgeführt werden, bevor die *Konsequenzen* einer solchen Problematisierung in den Mittelpunkt rücken.[138]

Mit dem Begriff der *Rekonventionalisierung* lassen sich diese Konsequenzen am besten fassen. Dabei ist nicht an eine pejorative Definition von "Konvention" gedacht, in der das Hergebrachte, wenig Wünschenswerte und vor allem das Entbehrliche im Vordergrund steht. Aus einer solchen Definition erwüchse zwangsläufig die poetologische Forderung nach "unkonventioneller" Dichtung, nach der Überwindung von Strukturen, die ihre Funktion verloren haben, und damit wäre – gleichsam in einer Kreisbewegung – der Punkt wieder erreicht, an dem die oben skizzierten Überlegungen zur Funktionalität vs. Epigonalität einsetzten.

Benötigt wird somit eine Definition, die den Begriff der Konvention in der Literatur wertfrei faßt. Meyer H. Abrams' erste Definition erfüllt diese Anforderung:

---

[138] Cf. Kapitel 3 und 4.

In one sense of the term, conventions [...] are necessary, or at least convenient, devices, accepted by a kind of implicit agreement between author and audience, for solving the problems imposed by a particular artistic medium in representing reality.[139]

Abrams meint damit fundamentale technische Prämissen, ohne die Literatur nicht oder nur schwer auskommt: Erzähler, die noch im Alter Dialoge wörtlich erinnern, Dramenfiguren, die stets laut denken, Episoden langer Epen, deren Länge von der Aufnahmefähigkeit der Zuhörer begrenzt wird. Damit soll keineswegs gesagt werden, daß diese Konventionen ahistorisch und unwandelbar seien: Polyperspektivische Erzählungen, das Verschwinden des Beiseite oder dessen Umwandlung in das "aufgefangene Beiseite", sowie der zur individuellen und damit zeitlich frei strukturierbaren Rezeption geeignete Roman sind die jeweiligen Beispiele für das Überwinden der genannten technischen Begrenzungen. Allerdings sind gerade Konventionen der Inszenierung besonders zählebig. Jede technische Schwierigkeit, d.h. Beeinträchtigung des äußeren Kommunikationssystems, in einem gelesenen Text kann durch entsprechend ausgedehnte Rezeptionszeit behoben werden: Wenn man den Faden verloren hat oder Vorinformationen fehlen, liest man eben noch einmal, schlägt nach, fragt. Im Theater dagegen ist die zur Rezeption zur Verfügung stehende Zeit begrenzt, für jedes Mitglied der Zuschauerschaft gleich, und die Rezeption verläuft linear. Dies erfordert Zugeständnisse des Autors, die so lange gleich oder ähnlich sein werden, solange die theatertypische Rezeptionssituation sich nicht wesentlich verändert. Die Konvention der vierten Wand (oder besser, der Definition der Bühne), redundante Informationsvergabe zur Gedächtnisauffrischung, Individuation von Figuren durch visuelle oder sprachlich-idiosynkratische Attribute, das Sprechen der Figuren selbst: All diese Konventionen können zwar im Einzelfall außer Kraft gesetzt werden, aber sie sind mehr als nur die Theaterpraxis einer bestimmten Epoche und Gesellschaft.[140]

---

[139] Meyer H. Abrams, *A Glossary of Literary Terms*, New York (Holt, Rinehart and Winston): ⁵1988, 36.

[140] Einige der interessantesten Entwicklungen des Theaters der letzten fünfzig Jahre basieren auf Versuchen, gerade diese für essentiell gehaltenen Konventionen außer Kraft zu setzen. Wenn Beckett in *Breath* (1969) Sprache und Bewegung abschafft, N.F. Simpson in *A Resounding Tinkle* (1957) die Zuschauer durch Sequenzen von *non sequiturs* frappieren will oder die Straßentheatergruppen der späten 60er und frühen 70er Jahre Bühne und Auditorium vermengen, dann geschieht das immer auf der Suche nach den tatsächlichen, den letzten Grenzen des Theaters. Artauds "Theater der Grausamkeit" (cf. Kapitel 2.2) war vor allem grausam zu den Konventionen seiner Zeit. Solche Experimente, besonders wenn sie auf extremem Reduktionismus basieren, markieren jedoch Endpunkte. Von dort geht es nicht weiter; die Alternative heißt aufhören oder zurückgehen.

50

Wenn der Begriff der Rekonventionalisierung historisch verstanden werden, mithin von sich verändernden Konventionen ausgehen soll,[141] dann bleibt für eine Definition nur Abrams' zweite Fassung des Begriffes:

> In a second sense of the term, conventions are conspicuous features of subject matter, form, or technique which recur repeatedly in works of literature. Conventions in this sense may be recurrent types of character, turns of plot, forms of versification, or kinds of diction and style.[142]

Als "conspicuous features" sind all jene Elemente zu verstehen, die nicht unmittelbar von der Rezeptionssituation diktiert werden, seien es Blankvers, Verwechslungshandlungen, Prologe oder Außenseiterfiguren, und die in mehreren literarischen Texten nachweisbar sind. Im Kontext dieser Studie liegt der Schwerpunkt auf solchen Konventionen, die im englischen Drama zwischen 1956 und 1980 nicht mehr verwendet wurden.[143]

Abschließend bleibt zu bemerken, daß es im empirischen Einzelfall immer Zuschauer geben wird, deren Mangel an Vorinformiertheit die vom Autor intendierte Rezeption behindert oder sogar unmöglich macht. Wenn im folgenden von "dem Zuschauer" oder "den Zuschauern" die Rede ist und keine ausdrücklich durch Quellen belegten Zuschauer- und Kritikerreaktionen angeführt werden, ist der "ideale Zuschauer" gemeint. Darunter ist ein Rezipient zu verstehen, dem die im jeweils untersuchten Text benutzten Konventionen und die dramengeschichtlichen Vorstufen des modernen Dramas geläufig sind.

---

[141] Der Begriff "Konvention" eignet sich auch deswegen für eine funktional-strukturalistische Untersuchung, weil ihm im Gegensatz zu "Struktur" keinesfalls das Attribut "ewig seiend" oder "vom Menschen vorgefunden" beigemessen werden kann. "Konvention" impliziert immer "Übereinkunft". Zur philosophischen Grundlegung eines (nicht literarischen, sondern soziologischen) Konventionsmodells cf. die auf der Spieltheorie Morgensterns und von Neumanns basierende Studie von David K. Lewis, *Convention: A Philosophical Study*, Oxford (Blackwell): 1986. Zu Theaterkonventionen und ihrer Herleitung aus extraliterarischen Verhaltensweisen cf. Elizabeth Burns, *Theatricality*. Burns sagt beispielsweise zu den verschiedenen Expositionsverfahren, diese seien "not peculiar to the theatrical occasion (they would hardly fulfil their purpose if they were) but are conventionalized renderings of rhetorical procedures familiar enough in real life." (Ibid., 62) In diesem Zusammenhang sei noch einmal darauf verwiesen, daß eine Untsuchung innerliterarischer Vererbungsprozesse wie die folgende nicht in der Immanenz der Intertextualität befangen bleiben muß, wenn die immer präsente Offenheit des Textes zu Autor und Rezipient hin nicht aus den Augen verloren wird (cf. Lothar Fietz, *Funktionaler Strukturalismus*, 82).

[142] Meyer H. Abrams, *A Glossary*, 36. – Ähnlich die Definition von Paul Goetsch: "Von Konventionen wird gesprochen, wenn die Funktionsweise und Aussage bestimmter Bauelemente – trotz ihrer spezifischen Ausformung im einzelnen Drama – einander in verschiedenen Stücken gleichen." (*Bauformen des modernen englischen und amerikanischen Dramas*, Darmstadt (Wissenschaftliche Buchgesellschaft): ²1992, 2.)

[143] Hier ist eine Einschränkung vonnöten: Bei der Vielzahl und Vielfalt von Stücken, die in diesem Zeitraum entstanden sind, läßt sich immer ein Gegenbeispiel finden.

1.4   Forschungsbericht

Während die Forschungsliteratur zum englischen Drama seit 1956 vielfältig und umfangreich ist, nehmen die Arbeiten zum Drama der 80er Jahre darin verhältnismäßig wenig Raum ein. Es handelt sich überwiegend um Einzelartikel, die sich meist mit individuellen Stücken oder Dramatikern beschäftigen.[144] Die wenigen vorliegenden Monographien sind entweder ebenfalls individuellen Dramatikern gewidmet, oder es sind Darstellungen von Einzelaspekten des modernen englischen Dramas, die größere Zeiträume als die Dekade 1980–1990 abdecken. Eine Gesamtdarstellung des Dramas seit 1980 bleibt ein Desiderat.

Ein Grund dafür ist die zeitliche Nähe, in der eine solche Darstellung zum Darstellungsgegenstand stünde. Dies allein reicht zur Erklärung allerdings nicht aus; die wichtigsten Monographien zu früheren Perioden des englischen Nachkriegsdramas erschienen nicht in großer zeitlicher Distanz zu ihrem Thema, sondern konnten dem interessierten Theaterbesucher noch als Wegweiser dienen.[145] Ein weiterer Grund für das Fehlen einer Gesamtdarstellung des englischen Dramas seit 1980 ist der Mangel an brauchbaren chronologischen Abgrenzungskriterien und an griffigen Daten. 1979, das Jahr, in dem die Konservativen an die Regierung kamen, war zwar ein politisch bedeutsames Datum, aber der Beginn der Thatcher-Ära wurde von der Literaturkritik nicht zum Anlaß genommen, eine analoge Zäsur in der literarischen Entwicklung zu sehen.[146]

Vor allem aber gibt es bis jetzt keine eigenständige Untersuchung des englischen Dramas nach 1980, weil die Forschung keinen klar konturierten Untersuchungsgegenstand erkannte. Im Gegenteil besteht weitgehende

---

[144]   Cf. dazu den Überblick in Kapitel 1.1.1.3 sowie die Verweise in den Kapiteln 2, 3 und 4.

[145]   Zu nennen sind vor allem: John Russell Taylor, *Anger and After: A Guide to the New British Drama*, London (Methuen): 1962; Peter Ansorge, *Disrupting the Spectacle: Five Years of Experimental and Fringe Theatre in Britain*, London (Pitman): 1975; Oleg Kerensky, *The New British Drama: Fourteen Playwrights Since Osborne and Pinter*, London (Hamish Hamilton): 1977; Catherine Itzin, *Stages in the Revolution: Political Theatre in Britain Since 1968*, London (Eyre Methuen): 1980.

[146]   In Arbeiten zur ökonomischen Situation der Theater ist die Bezugnahme auf die Thatcher-Regierung häufig (cf. die Literaturangaben in Kapitel 1.1.2.2), aber literaturwissenschaftliche Untersuchungen begnügen sich im allgemeinen mit verhaltenen Hinweisen auf die gegenüber den 70er Jahren veränderte Gesellschaftslage. Ausnahmen bilden lediglich die seltenen Polemiken, die das Drama in direkter Abhängigkeit von den politischen Kräfteverhältnissen sehen: "But where today's theatre *does* express today's society – as in Howard Barker's plays, or *Les Misérables*, or *Equus* – then it tends to express loss of direction, confusion, fear, impotence, passivity, sentimentality, or cynicism – an endless string of negatives." (Vera Gottlieb, "Thatcher's Theatre – or, After *Equus*", in: *New Theatre Quarterly* no.14 (1988), 99–104, 104.)

Einigkeit darüber, daß die 80er Jahre keine Zäsur in der Dramenproduktion erlebten und deshalb das für die 70er bereits Gesagte weiterhin gilt. Zwar geht kein anderer Kommentator so weit wie John Orr, der auch *vor 1980* nichts Neues im modernen Drama erkennen kann,[147] aber die Kontinuität der Entwicklung wird immer wieder betont: "Many of the experiments entered the mainstream, gradually ushering in a time of consolidation, the hallmark of the 1980s."[148] Die Assimilation des experimentellen Theaters in den "mainstream", die Tatsache, daß avantgardistische Verfahren zum Ende der 70er Jahre mehrheitsfähig geworden waren, wurde von Howard Kissel sogar als Verarmung und nicht als Bereicherung gesehen:

At times our theatre seems in a state of exhaustion because no one can agree on any conventions, because so much energy has gone into rejecting old conventions or trying to build what invariably seem unconvincing cases for the new.[149]

Während die Kritik der 70er Jahre immer auf das Neue, Überraschende in den Dramen jener Zeit hingewiesen hatte, deutet sich bei Susan Rusinko eine Umwertung auch der vor 1980 entstandenen Stücke an:

Resisting the experimentation of their times, and incurring the criticism, sometimes contempt, of the New Critics, a number of dramatists have continued the conventions of the traditional farce or of the well-made play. [...] Michael Frayn, Christopher Hampton, [...] Peter Shaffer, and John Whiting [...] not only write in established forms but have avoided, some deliberately, characteristics of what have come to be designated as the theaters of anger, absurdity, and cruelty; kitchen-sink drama; antitheater; the comedy of menace; and other trends.[150]

Die Einbeziehung von Hampton und insbesondere von Shaffer mag überraschen, schrieben sie doch in den 60er und 70er Jahren Stücke, die sich nicht in den "established forms" bewegten, aber sie wird durch einen nachträglichen Perspektivenwechsel Rusinkos erklärlich, die Shaffers und Hamptons Stücke der 80er Jahre in eine Kontinuität stellen will, die in dieser Eindeutigkeit nicht existiert. Hier wird ein Problem vieler Arbeiten

---

[147] "The modern period of English Drama [...] is notable for two things – an insular neglect of theatrical innovation and the absence of tragedy." (John Orr, *Tragic Drama and Modern Society: A Sociology of Dramatic Form from 1880 to the Present*, Basingstoke (Macmillan): ²1989, 253.)

[148] Susan Rusinko, *British Drama*, 10. Cf. Hubert Zapf, "Plays of the Cultural Imagination: On British Drama of the Nineteen-Eighties", in: B. Reitz und H. Zapf eds., *British Drama in the 1980s*, 37–48, 37.

[149] Howard Kissel, "The Wise Counselor? The Critic's Role in Contemporary Theatre", in: *Theatre Studies* 31/32 (1984/85, 1985/86), 41–48, 42.

[150] Susan Rusinko, *British Drama*, 173.

zum Drama der letzten Jahre sichtbar: Will man eine ungebrochene Linie von den 70ern durch die 80er Jahre ziehen, so müssen Stücke aus der Untersuchung ausgeschlossen werden, die sich einem solchen Argumentationsgang widersetzen. Exemplarisch deutlich wird das an einer der wichtigsten Arbeiten, die in den letzten Jahren zum modernen englischen Drama erschienen sind. Hubert Zapf schlägt in *Das Drama in der abstrakten Gesellschaft* einen weiten Bogen, der von Osborne bis Shaffer reicht, um ein Interpretationsmodell zu erproben, das die Vielfalt des *New English Drama* in *einen* Blickwinkel faßt.[151] Für die Interpretation der bis Anfang der 70er Jahre entstandenen Texte, die Zapf in den Mittelpunkt seiner Untersuchung stellt, ist sein von Anton C. Zijderveld übernommenes "Konzept der abstrakten Gesellschaft"[152] schlüssig:

> Es gibt in diesen Stücken keinen echten dramatischen Konflikt mehr, denn was sich in ihnen gegenübersteht, sind nicht konkrete, miteinander interagierende Individuen, sondern der einzelne und die abstrakte Gesellschaft als solche, oder anders gesagt ein anthropozentrisches und ein anthropofugales Handlungsmodell.[153]

> Die Werke beziehen zwar ihre Dynamik aus dem Impuls, den letztlich humanistisch begründeten Geltungsanspruch der konkreten, 'anthropozentrischen' Dimension menschlicher Existenz aufrechtzuerhalten; doch bricht sich diese Dynamik an den 'anthropofugalen' Kräften der abstrakten Gesellschaft, die in verschiedenen Gestalten in den Werken auftreten und, indem sie zunehmend selbst zur handlungsbestimmenden Instanz werden, jenen Geltungsanspruch immer wieder desavouieren.[154]

Von den sieben Texten, die Zapf ausführlich interpretiert, ist *Equus* (1973) der neueste. Er führt zwar in den seine Einzelkapitel beschließenden Werkschauen sowie in dem abschließenden Überblickskapitel noch eine Vielzahl anderer Stücke bis 1986 an, blendet aber bezeichnenderweise gerade die in dieser Studie im Mittelpunkt stehenden Texte bzw. Autoren aus.[155] Damit soll Zapfs Studie nicht abgewertet werden; sie erweist nur beispielhaft die Schwierigkeit, die jedem monoperspektivischen Inter-

---

[151] Hubert Zapf, *Das Drama in der abstrakten Gesellschaft: Zur Theorie und Struktur des modernen englischen Dramas*, Tübingen (Niemeyer): 1988.

[152] Ibid., 7.

[153] Ibid., 28f.

[154] Ibid., 8.

[155] Peter Shaffers *Lettice and Lovage* erschien zu spät, um von Zapf noch berücksichtigt werden zu können, Peter Flannery wurde erst mit *Singer* einer breiteren Öffentlichkeit bekannt und Kenneth Branagh veröffentlichte seinen Erstling *Public Enemy* 1988. Auffällig ist dagegen, daß David Rudkin, Tony Harrison und vor allem Howard Barker keine Erwähnung finden, sowie die Auslassung von Edward Bonds *Restoration* und Christopher Hamptons *Tales from Hollywood* in den diesen Autoren gewidmeten Werkübersichten, die gleichwohl spätere Stücke verzeichnen.

54

pretationsmodell angesichts der notwendig selektiven Vorgehensweise erwächst.

Auch Arbeiten, die nicht von vorneherein Kontinuität nachzuweisen suchen, machen auf die Rückgriffe vieler Dramatiker auf ältere Theaterformen aufmerksam. Zapf spricht an anderer Stelle von einer

> tendency towards what can be called a *reliterarisation* of drama, towards a breaking up of cultural clichés from within the potentials of language and dialogue themselves. There is in this way a new affirmation of the aesthetic, the imaginative and indeed the poetic dimensions of dramas and of their characters as literary works of art. This is shown in the frequent use of literary sources from the past; in the dramatic exploration of the role of the artist in society; and in an at least partial, if often highly self-ironical, revival of forms of verse and poetic drama.[156]

Ruby Cohn sieht die Anfänge dieser Rückgriffe sogar schon 1956, also das ganze *New English Drama* umfassend:

> I understand realism as the mimetic representation of contemporary middle-class reality. Until the mid-twentieth century, the English proscenium usually framed a drawing-room, whose very name abbreviated withdrawing-room, with its acceptance of sexism and class privilege. Although Noel Coward, D.H. Lawrence, and George Bernard Shaw in their very different ways tried to freshen the air in the room on the stage, the whole edifice trembled only after 1956. With increasing frequency, playwrights deviated from realism by relying on older English dramatic traditions.[157]

Die Untersuchungsabsicht, die Cohn an diese Beobachtungen anschließt ("I hope to show how these traditional devices become instruments of exploration in some contemporary plays."[158]), wird allerdings durch ihre Definition der "traditional devices" erschwert. Dadurch, daß sie dazu alle Verfahren zählt, die nicht im "realistischen" Drama, d.h. der "mimetic representation of contemporary middle-class reality" vor 1956 Einsatz fanden, müssen das epische Theater, das "Theater der Grausamkeit" und das absurde Theater, kurz: alle Neuentwicklungen seit den Tagen Cowards und Rattigans als "older English dramatic traditions" subsumiert werden. Damit verlieren diese Begriffe ihre kritische Schärfe; Cohn schreibt letzt-

---

[156]   Hubert Zapf, "Plays of the Cultural Imagination", 45. – Er betont allerdings auch hier die Kontinuität in den 80er Jahren (cf. 37) und schließt mit der Beobachtung, daß das Drama in diesem Zeitraum den Widerstand gegen die abstrakte Gesellschaft fortsetzt, wobei er Shaffers *Lettice and Lovage* als herausragendes Beispiel zitiert. Es wird unten zu zeigen sein, daß Shaffer den *erfolgreichen* Widerstand gegen eine als feindlich empfundene Umwelt dramatisiert und damit über das von Zapf in Shaffers früherem Werk gesehene Welt- und Menschenbild hinausgeht.

[157]   Ruby Cohn, *Retreats from Realism*, 1.

[158]   Ibid.

lich eine Geschichte des englischen Dramas seit 1956 unter dem Aspekt der Reaktion auf das *well-made play*. Als solche ist *Retreats from Realism* die beste bislang zu diesem Thema vorliegende Studie, deckt aber nicht das Phänomen der Rekonventionalisierung *als Reaktion auf das Drama der 60er und 70er Jahre* ab, sondern ist mit einem solchen Untersuchungsansatz geradezu unvereinbar.

Es ist deutlich geworden, daß die Kritik vermerkt hat, wie das englische Drama in den 80er Jahren verstärkt auf traditionelle Elemente zurückgriff. Im Zusammenhang mit einer Schwerpunktverlagerung vieler Inszenierungen vom didaktischen, problemorientierten zum unverbindlichen und nicht final orientierten Theater[159] kann es daher nicht sehr überraschen, wenn nach einer integrierenden Bezeichnung für diese Entwicklungen gesucht wurde. Noch weniger kann es überraschen, daß dabei die Wahl mancher Kommentatoren auf den Begriff des "postmodernen" Dramas bzw. Theaters fiel.

Patrice Pavis geht dabei (im Zusammenhang mit Inszenierungen klassischer Texte) aus von

the paradox that postmodern theatre recuperates by reworking the classical heritage and needs classical norms to establish its own identity.[160]

Sein Argumentationsgang lautet kurz gefaßt und in ein griffiges Bild überführt: Texte setzen im Laufe ihrer Existenz Staub an; "Staubwischen", die mehr oder weniger behutsame moderne Kontextualisierung eines nicht zeitgenössischen Dramentextes in der Inszenierung, ist unaufrichtig, weil damit dem Publikum suggeriert wird, das Stück sei aktuell und damit neu; um dies zu verhindern, muß man gleichsam den Staub mitinszenieren. Das Ergebnis, so Pavis, ist postmodernes Theater, das sich seiner eigenen Historizität und Überholbarkeit bewußt ist.

Hier ist nicht der Ort, um die theoretische Stringenz (und die praktischen Konsequenzen) der "postmodernen" Performanztheorien zu überprüfen.[161] Es bleibt aber festzuhalten, daß sich der Begriff des "post-

---

[159] "Die Publikumserwartungen werden nämlich provoziert, schockiert, bis ins Extrem ridikülisiert, und die Aufführung scheint oft mehr auf Verwirrungsstiftung hinzustreben als auf eine Problemlösung." (Dieter A. Berger, "Ästhetik des Spiels im zeitgenössischen britischen Drama", in: *Forum Modernes Theater* 3 (1988), 17–30, 19.)

[160] Patrice Pavis, "The Classical Heritage of Modern Drama: The Case of Postmodern Theatre", in: *Modern Drama* 29, (1986), 1–22, 2.

[161] Vor allem Herbert Blau versucht in seinen Schriften und seiner praktischen Arbeit, dekonstruktionistische Ansätze für das Theater fruchtbar zu machen. Cf. "Comedy Since the Absurd", in: *Modern Drama* 25, (1982), 545–568; "The Remission of Play", in: Ihab und Sally Hassan eds., *Innovation/Renovation: New Perspectives on the Humanities*, Madison (Wisconsin University Press): 1983, 161–188; "Odd, Anony-

modernen Dramas" nicht dauerhaft etablierte. Konnte Rodney Simard 1984 noch die wichtigsten zeitgenössischen britischen und amerikanischen Dramatiker, bei Beckett angefangen, als "postmodern" bezeichnen (ohne jedoch eine eindeutige Definition des Begriffes zu leisten),[162] so formuliert John L. DiGaetani den Titel seiner umfangreichen Interviewsammlung vorsichtiger, nämlich als *Suche* nach dem "Postmodernen".[163] Enoch Brater und Ruby Cohn schließlich bieten keine nähere Erklärung für den Untertitel der von ihnen herausgegebenen Aufsatzsammlung zum zeitgenössischen absurden Drama.[164]

Dieter A. Berger schlägt dagegen als Kategorie, in die die Entwicklungen des englischen Gegenwartsdramas eingeordnet werden können, die Formel von der "Ästhetik des Spiels" vor:

> Zwar konkretisiert sich die Ästhetik des Spiels in überaus unterschiedlichen Erscheinungsformen. Dennoch charakterisiert sie jüngste Entwicklungstendenzen treffender als der vielgebrauchte, aber unscharfe Begriff der Postmoderne, läßt sich doch der Spielaspekt konkret festmachen an Handlung, Figuren, Dialog, Gattung oder Aufführungsweise. Auffallend sind dabei die Dekonstruktion der Einzelelemente in widersprüchliche Spannungsmomente, die Infragestellung von Sinnzusammenhängen, die Betonung des Fiktiven und Künstlichen, die Thematisierung des Zeichens anstelle des Inhalts. Daß diese typisch britische Form des Metatheaters im Gegensatz zu anderen tiefernsten Avantgardestücken dennoch vergnüglich bleibt, verdankt sie dem Wagnis, traditionelle Kulturwerte, überlieferte Theaterkonventionen und nicht zuletzt auch Formen des Boulevard mit in das Spiel einzubeziehen.[165]

Berger sieht darin den Gegensatz zum engagierten Theater,[166] während Hubert Zapf die Opposition zwischen "political drama" und "postmodern drama" in den 80er Jahren aufgehoben sieht.[167]

Parallel zu den Verweisen auf "überlieferte Theaterkonventionen" im zeitgenössischen englischen Drama, aber ohne damit in Bezug gesetzt zu

---

mous Needs: The Audience in a Dramatized Society", in: *Performing Arts Journal* 26/27 (1985), 199–212; *The Eye of Prey: Subversions of the Postmodern*, Bloomington (Indiana University Press): 1987; sowie, zu Blaus Theaterpraxis, *Take up the Bodies: Theatre at the Vanishing Point*, Urbana (University of Illinois Press): 1982.

162 Cf. Rodney Simard, *Postmodern Drama: Contemporary Playwrights in America and Britain*, Lanham, NY (University Press of America): 1984.

163 Cf. John L. DiGaetani, *A Search for a Postmodern Theater: Interviews With Contemporary Playwrights*, New York (Greenwood): 1991.

164 Enoch Brater und Ruby Cohn eds., *Around the Absurd: Essays on Modern and Postmodern Drama*, Ann Arbor (University of Michigan Press): 1990.

165 Dieter A. Berger, "Ästhetik des Spiels", 28.

166 Cf. ibid., 29.

167 Cf. Hubert Zapf, "Plays of the Cultural Imagination", 39. Cf. aber *Das Drama in der abstrakten Gesellschaft*, 225ff., wo Zapf unter ausdrücklicher Bezugnahme auf Berger dessen Einteilung folgt.

werden, tauchen in der Forschungsliteratur Indizien dafür auf, daß die dramentheoretischen Grundlagen selbst in den 80er Jahren problematisch zu werden begannen. Das englische Drama der 60er und 70er Jahre wurde von Dramaturgien dominiert, die letztlich alle auf den theoretischen Überlegungen Bertolt Brechts und Antonin Artauds fußten.[168] So unterschiedlich die Verfahren des epischen Theaters und des "Theaters der Grausamkeit" sind, so unvereinbar scheinen auch die jeweiligen Wirkintentionen zu sein. Brecht wollte durch die Distanzierung der Zuschauer vom Bühnengeschehen deren Kritikfähigkeit schulen, während Artaud durch extreme Distanzverringerung das Publikum emotional zu involvieren suchte. Beiden Vorgehensweisen ist jedoch der Ausgangspunkt gemein: Sie reagieren auf das aristotelische, von starren Kompositionsregeln eingegrenzte Drama, das die Zuschauer durch übergroße Vertrautheit und Gewöhnung daran hinderte, ihre Wahrnehmungsmuster zu verändern. Die Lösung, die Brecht und Artaud anboten, war die Verfremdung der Theatererfahrung, die Wahrnehmungserschwerung, die die Zuschauer "wachrütteln" sollte.

Die Entautomatisierung eingefahrener Sichtweisen wurde somit zum kleinsten gemeinsamen Nenner des englischen Dramas seit den späten 50er Jahren. Diese Prämisse wurde in der Kritik so uneingeschränkt übernommen, daß sie in den meisten Arbeiten zur Dramatik der 60er und 70er Jahre nicht problematisiert, sondern vorausgesetzt oder lediglich impliziert wird.[169] Auch in den 80er Jahren sehen viele Kritiker die Tendenzen der vorangegangenen Jahrzehnte fortgesetzt; allerdings ist eine Zunahme der Stimmen zu verzeichnen, die dies explizit konstatieren. So schreibt Dieter A. Berger:

> Auch in der gegenwärtigen Theaterlandschaft sind Artaud, Brecht und Grotowski noch solch autoritative Wegweiser und Orientierungsmodelle, daß die [...] Frage, welche neuen Ansätze in der Dramen- und Theaterästhetik heute zu beobachten sind, nur schwer zu beantworten ist. Die Verfremdungseffekte des epischen Theaters sind weiterhin überall anzutreffen, der Schock des "Theaters der Grausamkeit" und die Provokation eines ritualisierten "heiligen Theaters" prägen immer noch Textvorlagen und deren dramaturgische Umsetzungen.[170]

---

[168] Cf. die ausführlicheren Darlegungen in Kapitel 2.1.1 zu Brecht und in Kapitel 2.2.1 zu Artaud.

[169] Eine Ausnahme machen naturgemäß diejenigen Untersuchungen, die sich explizit mit dem Einfluß Brechts oder Artauds auseinandersetzen. Cf. die in Kapitel 2 angeführten Arbeiten, insbesondere Christian W. Thomsen, *Das englische Theater der Gegenwart*, Düsseldorf (August Bagel): 1980.

[170] Dieter A. Berger, "Künstlerdethronisierung als dramatisches Prinzip: Zur Ästhetik des Gegenwartstheaters in Großbritannien", in: Christian W. Thomsen ed., *Studien zur Ästhetik des Gegenwartstheaters*, Heidelberg (Winter): 1985, 209–224, 209.

Diese Aussage stammt aus dem Jahr 1985, wäre aber auch 1975 oder sogar 1965 zutreffend gewesen. "Die Verfremdungseffekte", "der Schock" und "die Provokation", von denen Berger spricht, blieben über Jahrzehnte ein so integraler Bestandteil jeder Ästhetik des Theaters, daß die Versuchung nahelag, diesen Verfahren mehr als nur historische Existenz zuzubilligen. Darauf deutet eine weitere Aussage Bergers hin, in der er vom "theater-gemäße[n] Schockprinzip, das ja nicht erst auf Brecht, sondern auf die Verfremdungstheorien der russischen Formalisten zurückgeht,"[171] spricht. "Theatergemäß" impliziert ein Wesensmerkmal des Theaters schlechthin, das aber im zweiten Schritt auf den Kreis um Viktor Šklovskij zurückgeführt wird. Man kann einwenden, daß den Formalisten nur die *Beschreibung* eines Phänomens angerechnet wird, das schon immer existiert hat,[172] aber noch 1991 konstatiert John Orr:

Each new dramatic form struggles to find a true rhetoric and this can be any-thing but conventional. The century-old 'scandals' of *A Doll's House* or *Miss Julie* have lately been matched by the 'scandals' of *Waiting for Godot, Saved*, and *The Romans in Britain*. If convention becomes complacency, then in the end it must be dismantled. The theatre must constantly surprise us. At times it must shock us too. The thrust of modernism in our own century goes even further. It quickens this process of struggle and change. It suggests that perfor-mance should *never* be conventional. It must surprise, dislocate, fragment and disorient, forcing the spectator to uncomfortable judgement. No convention can ever be taken for granted in such bold un-conventions of performance.[173]

Orr argumentiert, daß der Prozeß der Überraschung und der Desorientie-rung des Publikums, der Entautomatisierung der zuschauerseitigen Sicht-weisen, unabschließbar ist. Er expliziert damit eine Sichtweise, die sich implizit in fast allen einschlägigen Untersuchungen findet und unwider-sprochen bleibt. Dabei ist es problematisch, einem historisch fixierbaren literarischen bzw. inszenatorischen Verfahren Seinscharakter zuzusprechen. Die Verfremdung war nicht immer höchstes Ziel der Theaterschaffenden; man kann sogar soweit gehen zu behaupten, daß erst mit dem Entstehen des subventionierten Theaters die Bedingungen für ein echtes Theater der Verfremdung geschaffen wurden – wer davor sein Publikum zu sehr verstörte, machte bankrott. Damit soll nicht das innovative Potential des Dramas vor Brecht und Artaud bestritten werden; die von Orr vollzogene Ontologisierung der Provokation allerdings ist unhaltbar.

---

[171] Dieter A. Berger, "Künstlerdethronisierung", 211.

[172] Berger geht differenzierter vor, als dies hier den Anschein haben mag; cf. unten.

[173] John Orr, *Tragicomedy and Contemporary Culture: Play and Performance from Beckett to Shepard*, Basingstoke (Macmillan): 1991, 10f.

In diesem Zusammenhang ist es bezeichnend, daß der neueste Theaterskandal, den Orr zur Untermauerung seiner These anführt, elf Jahre zu-
rückliegt. Seit Howard Brentons *The Romans in Britain* gelang es keinem
Autor oder Regisseur mehr, eine ähnliche Diskussion auszulösen. Berger
deutet die Schwierigkeiten an, einem mehr und mehr abgehärteten Publikum immer aufs neue die Sichtweisen zu verfremden, wenn er sagt:

> Der Publikumsschock, oder besser die an allerseits geschätzten und verehrten
> Idolen vollzogene Erwartungsumkehr – *denn so leicht läßt sich ein heutiges
> Publikum nicht mehr schockieren* – wird somit zur kalkulierten Grundlage der
> dramatischen Vermittlung; sie ist die strukturelle Innovation, die den Zuschauer
> packt und in Spannung hält.[174]

Noch eindeutiger ist die Position Ewald Mengels, der 1990 im Hinblick
auf "strukturelle Gewalt" im englischen Theater schrieb:

> People soon become inured to shock effects, however, if they are employed too
> often. A possible reaction to this on the part of the playwrights is to become
> even more radical, and I think this is exactly what has happened on the English
> stage since the end of the sixties.[175]

Auch hier wird wie bei Berger noch das Bestreben deutlich, nicht am
Prinzip des Schocks als Innovation und damit als Essenz des Dramatischen zu rütteln. Es bleibt festzuhalten, daß in der anglistischen Kritik die
in einem weiteren Kontext gemachte Beobachtung Peter Keltings nicht
geteilt wird:

> Das Ende der Skandalfähigkeit des Theaters ist allerdings in einem Moment
> erreicht, in dem das Publikum den Skandal als Bestandteil seiner Erwartungs-
> haltung antizipiert hat.[176]

Dieter A. Berger hat jedoch im Zusammenhang mit modernen Klassi-
kerinszenierungen bereits erkannt, daß die Verweigerung des Entautomatisierungsprinzips inzwischen mehr "Verwunderung" auslösen kann als
dessen weiterer Einsatz:

---

[174] Dieter A. Berger, "Künstlerdethronisierung", 219. – Hervorhebung von P.P.S. –
Ähnlich äußern sich Roger Cornish und Violet Ketels: "[S]exually explicit dialogue in
plays by a Churchill or a Brenton no longer appears to shock audiences, a sign of how
difficult it is for an artist to keep ahead of the times." ("General Introduction", xxiii.)

[175] Ewald Mengel, "The 'Closed Society': Structural Violence in the English Drama of
the Present", in: *Forum Modernes Theater* 5 no.1 (1990), 34–47, 45.

[176] Peter Kelting, "Theaterskandal", in: Manfred Brauneck und Gérard Schneilin eds.,
Theaterlexikon: Begriffe und Epochen, Bühnen und Ensembles, Reinbek bei Hamburg
(Rowohlt Taschenbuch): ³1992, 998–1000, 999.

Man hat sich inzwischen so daran gewöhnt, die tradierten Klassiker verfremdet aufbereitet zu bekommen, daß man – umgekehrt – über eine konventionelle Inszenierung weitaus mehr verwundert ist.[177]

Berger geht auf die Implikationen dieser Beobachtung nicht ein und verzichtet auf eine Anwendung auf zeitgenössische Stücke und deren Inszenierungen. Auch C.J. Gianakaris berichtet im Zusammenhang mit Peter Shaffers *Lettice and Lovage* von der Überraschung, die das Bekannte auszulösen vermag, ohne daß sie den sich daraus ergebenden Konsequenzen nachgeht.[178]

Zusammenfassend läßt sich sagen, daß neuere Untersuchungen zum englischen Drama in den 80er Jahren übereinstimmend eine Tendenz zur Wiederaufnahme älterer Dramenkonventionen sehen. Diese Tendenz wird zwar als Teil einer "reliterarisation" (Zapf), "Ästhetik des Spiels" (Berger) oder der "retreats from realism" (Cohn) namhaft gemacht, jedoch nicht mit den Befunden in Beziehung gesetzt, die auf ein Problematischwerden traditioneller Dramen- und Theatertheorien hindeuten. Der im Wortsinn radikale, weil an die Wurzeln des Verfremdungstheaters selbst gehende Umbruch, der sich in einigen Stücken der 80er Jahre abzuzeichnen begann, nämlich der Einsatz konventioneller Formen zur Wahrnehmungserschwerung, blieb auch von jenen noch unkommentiert, die seine Auswirkungen bereits gespürt hatten.

---

[177] Dieter A. Berger, "Künstlerdethronisierung", 211.

[178] Cf. C.J. Gianakaris, "Placing Shaffer's *Lettice and Lovage* in Perspective", in: *Comparative Drama* 22 (1988), 145–161, sowie die ausführlichere Diskussion in Kapitel 4.3. Stellvertretend für andere Äußerungen dieser Art sei noch Renate Klett, "Autorenportrait: Caryl Churchill – 'Auf der Bühne ist möglich, was man will'", in: *Theater Heute* 25 no.1 (1984), 22, 25–27, angeführt. Klett beschreibt den ersten Akt von Churchills *Top Girls* und fährt fort: "Danach dann – das ist die Überraschung – geht es ganz anders weiter; was folgt, ist konventionelles Drama" (Ibid., 25). Wie Berger und Gianakaris verfolgt auch sie das Phänomen, vom Konventionellen überrascht worden zu sein, nicht weiter.

2 Metadrama: Die Auseinandersetzung mit den dominanten Theorien des Nachkriegsdramas

2.1 Reaktionen auf das Epische Theater

2.1.1 Brechtrezeption in England

England hat nie einen Theatertheoretiker von internationaler Statur hervorgebracht.[1] Selbst George Bernard Shaw, übrigens der Herkunft nach ein Ire, nahm in seinen zahlreichen Schriften zum Theater lediglich die von Ibsen inspirierte Reaktion auf das Melodrama des 19. Jahrhunderts auf und paßte sie englischen Sehgepflogenheiten an. Ein Grund für diese Theoriefeindlichkeit der englischen Dramatiker mag die traumatisierende Erfahrung des Jahres 1642 gewesen sein. Die damals die Macht usurpierenden Puritaner um Cromwell hatten eine probate Lösung für den alten Zwist um die Legitimität der Bühne: Sie schlossen die Theater, ließen sie abreißen[2] und betrachteten das Problem als erledigt. Die Theater entstanden zwar nach der Restauration wieder, und die *restoration comedies* zahlten es den Theaterstürmern mit freizügigen Sujets heim, aber der Schock saß tief. Vor dem Hintergrund einer solchen Fundamentalopposition gegen die darstellende Kunst ging es in England immer darum, die Unterhaltungsfunktion des Theaters zu betonen und seine Berechtigung durch den Zuschauerzuspruch zu beweisen. Weit davon entfernt, sich als "moralische Anstalt" zu begreifen, ging es den Bühnen Englands immer um Popularität statt ideologischer Rechtfertigung.[3] Das Drama der Shakespearezeit mit seiner klassenübergreifenden Anziehungskraft war dabei selbst in den elitärsten Perioden des englischen Dramas, etwa im 18. Jahrhundert, das unangefochtene Vorbild.

---

[1] Cf. dazu Paul Goetsch ed., *English Dramatic Theories IV: 20th Century*, Tübingen (Niemeyer): 1972. Auch der Regisseur Peter Brook verfolgte in seiner sehr einflußreichen Studie *The Empty Space*, Harmondsworth (Pelican): 1972, keinen präskriptiven Ansatz wie Brecht, Artaud oder Grotowski, sondern ging deskriptiv vor.

[2] Shakespeares Globe Theatre etwa wurde "pulled downe to the ground [...] to make tennements." ("Continuation of Stowe's Survey of London", Folger MS. V.b.275, zitiert in Gary Taylor, *Reinventing Shakespeare: A Cultural History from the Restoration to the Present*, London (The Hogarth Press): 1990, 7.)

[3] Es ist bezeichnend, daß es keine mit Sidneys *Apologie for Poetrie* (1580/95) und Shelleys *Defence of Poetry* (1821) vergleichbare "Apologie des Theaters" gibt.

So dauerte es (immer von Shaws Appropriation Ibsens abgesehen) bis in die 50er und 60er Jahre unseres Jahrhunderts, bis kontinentaleuropäische Theoretiker einen nennenswerten Einfluß auf das Theaterschaffen Englands haben konnten. Den Entwürfen Bertolt Brechts kam dabei seit 1956 besondere Bedeutung zu. Die Gründe für die erst posthum einsetzende Rezeption Brechts in Großbritannien sind nicht leicht zu bestimmen.[4] Der Traditionalismus des Publikums und der von ihm abhängigen Autoren mag eine Rolle gespielt haben, vermutlich auch das Fehlen einer vermittelnden Instanz, die Brechts Absichten den englischen Theaterleuten hätte demonstrieren können. Dafür spricht, daß das "Unverständnis und Nicht-zur-Kenntnis-Nehmen"[5] mit dem Besuch des Berliner Ensembles in London im Jahre 1956 schlagartig aufhörte. Allerdings wurde dabei der entscheidende Aspekt des Brechtschen Inszenierungsverfahrens, die politische Funktionalisierung, nicht gesehen. Die Sprachbarriere bewirkte, daß die argumentativen Strukturen des epischen Theaters nicht wahrgenommen wurden,

dafür sich aber in ungewohntem Maße die Aufmerksamkeit auf Regie, Spielweise, Bühnenbild und Bühnenmusik konzentrierte.[6]

Hier fanden die englischen Dramatiker und Regisseure Anknüpfungspunkte, denn vieles von dem, was das Berliner Ensemble zeigte, war bereits in der einheimischen Tradition der *music hall*, der volkstümlichen Bühnenunterhaltung, vorgeprägt.[7] Die illusionsdurchbrechenden Methoden

---

[4] Brecht war vor 1956 in England nicht völlig unbekannt. Die ersten, allerdings wenig beachteten Inszenierungen seiner Stücke fanden bereits 1933 (*Die sieben Todsünden der Kleinbürger* unter dem englischen Titel *Anna, Anna*) und 1938 (*Senora Carrar's Rifles*) statt. Cf. Christopher Innes, *Modern British Drama: 1890–1990*, Cambridge (Cambridge University Press): 1992, 121.

[5] Christian W. Thomsen, *Das englische Theater der Gegenwart*, Düsseldorf (August Bagel): 1980, 228. Cf. auch Wolf-Dietrich Weise, *Die 'Neuen englischen Dramatiker' in ihrem Verhältnis zu Brecht*, Bad Homburg v.d.H. (Gehlen): 1969; Margrit Hahnloser-Ingold, *Das englische Theater und Bert Brecht: Die Dramen von W.H. Auden, John Osborne, John Arden in ihrer Beziehung zum epischen Theater von Bert Brecht und den gemeinsamen elisabethanischen Quellen*, Bern (Francke): 1970.

[6] Christian W. Thomsen, *Das englische Theater*, 229. – Zu Brechts Dramaturgie cf. Bertolt Brecht, "Das epische Theater", in: *Gesammelte Werke* vol. 15 [Schriften zum Theater 1], Frankfurt am Main (Suhrkamp): 1967, 262–316.

[7] Cf. Peter Davison, *Contemporary Drama and the Popular Dramatic Tradition in England*, London (Macmillan): 1982, 67ff.; Manfred Pfister, "Music Hall und Modernes Drama: Populäre Komik als Medium und Thema im zeitgenössischen englischen Theater", in: Herbert Grabes ed., *Anglistentag 1980 Gießen: Tagungsbeiträge und Berichte*, Grossen-Linden (Hoffmann): 1981, 117–138, 121. Zur *music hall* und ihrer Bedeutung für das moderne englische Drama und Theater cf. auch Michael Raab, *'The music hall is dying.' Die Thematisierung der Unterhaltungsindustrie im englischen Gegenwartsdrama*, Tübingen (Niemeyer): 1989.

des epischen Theaters, die direkte Zuschaueransprache etwa, der Verzicht auf illusionsstiftenden Prunk, die Kontrapunktierung der Handlung mit Songs usw. konnten somit als revitalisierte Variante des britischen Populärtheaters aufgefaßt werden.[8]

Zuerst äußerte sich diese Übernahme der technischen Mittel des Brecht-Theaters bei gleichzeitiger Veränderung der Funktion in den Stücken der *kitchen sink dramatists* der späten 50er Jahre.[9] Obgleich sie in vielem Brecht nahestanden, setzten sie die offene Struktur[10] des epischen Theaters weniger zur Gesellschaftsveränderung als zur Abgrenzung von den *drawing-room comedies* ihrer Vorläufer ein. Es dauerte bis zum Ende der 60er Jahre, bevor die politischen Wirkmöglichkeiten der Verfremdung und Distanzierung auf dem Theater in England wirklich erkannt wurden. Nun setzte eine Rezeptionswelle ein, die Christian W. Thomsen unter dem Schlagwort "British Brecht" faßt:

> In ihr ist einerseits der allmähliche Durchbruch Brechts zu größerer Breitenwirkung beim Publikum, zu werkgerechteren Inszenierungen seiner Stücke wie auch andererseits zur Etablierung eines eigenständigen politischen Theaters zu verzeichnen, das Brechts Methoden und Stileigentümlichkeiten amalgamiert und weiterentwickelt hat.[11]

> Somit markiert "British Brecht" in den siebziger Jahren im Vergleich zu den sechziger Jahren einen deutlichen Zuwachs an politischem Bewußtsein.[12]

Am deutlichsten wird diese Amalgamierung in David Hares *Fanshen* (1976), einer aus *Der kaukasische Kreidekreis* und *Der gute Mensch von Sezuan* teleskopierten Dramatisierung der Landreform im China der Jahre 1946–49.[13] Aber auch Autoren wie Edward Bond,[14] Trevor Griffiths und der frühe Howard Barker sind Brecht in vielfältiger, sowohl technischer als

---

[8] Peter Brook subsumiert folgerichtig das epische Theater Brechts, die *music hall* und sogar die Prosateile der Shakespeare-Dramen unter dem Begriff des *rough theatre* bzw. des *theatre of noise* (*The Empty Space*, 76).

[9] John Ardens *Live Like Pigs: Seventeen Scenes* (1958) sei als Beispiel genannt. John Osbornes zwei Jahre vorher entstandenes *Look Back in Anger* wirkt – vom transportierten Frauenbild einmal abgesehen – heute so antiquiert und unaufregend, weil Osborne noch ganz in der Tradition Cowards und Rattigans stand. Er wechselte lediglich das Personal teilweise aus und reduzierte den sozialen Rahmen der Handlung auf ein kleinbürgerliches Milieu.

[10] Cf. Volker Klotz, *Geschlossene und offene Form im Drama*, München (Hanser): [11]1985.

[11] Christian W. Thomsen, *Das englische Theater*, 231.

[12] Ibid., 241.

[13] Wie kanonisch Brecht zu diesem Zeitpunkt in England bereits geworden war, zeigt eine Äußerung David Hares: "I tried in *Fanshen* to write a classical play about revolution [...]". ("Introduction", in: *The Asian Plays*, London (Faber & Faber): 1986, vii–xiv, ix.)

[14] Zu Bond cf. Kapitel 4.2.

auch wirkästhetisch-politischer Hinsicht verpflichtet. Selbst Howard Brenton, der sich wie kein anderer gegen die Vereinnahmung als Brechtianer zu wehren schien,[15] schrieb seit Beginn seiner Karriere episch-verfremdende Stücke, übersetzte und adaptierte 1980 Brechts *Leben des Galilei* für das National Theatre, verfaßte mit *The Genius* (1983) eine Art Fortsetzung des *Galilei* und blieb mit seinen weiteren Arbeiten in den 80er Jahren näher am Vorbild Brecht als die meisten seiner Kolleginnen und Kollegen.[16]

Wenn die Attraktivität des epischen Theaters im Verlauf der 80er Jahre nachließ und im folgenden die Abkehr von der Verbindlichkeit der Brechtschen Verfahren aufgezeigt werden soll, so heißt dies nicht, daß nicht auch nach 1980 einige Dramatiker in seinen Mitteln und Methoden ein brauchbares Rezept für ihre eigene Theaterpraxis sahen.[17] Viele der neuen Dramatikerinnen wie auch schwarze Autorinnen und Autoren benutzten ein dramatisches Format, das gewissermaßen zur Norm geworden war und auf halbem Wege zwischen den illusionsstiftenden Konventionen der *drawing-room comedy* und den episierenden Szenenfolgen des Brechtmodells lag, gewissermaßen eine Reihung von einzelnen kurzen *well-made plays*, die aber durch Songs, Sprecherfiguren oder Monologe *ad spectatores* synkopiert wurden. Hier schien der aufklärerische Impuls, der dem epischen Theater Brechtscher Prägung zugrunde liegt, noch ungebrochen einsetzbar zu sein.[18] Gleichzeitig galt aber für das *mainstream*-Theater:

> So sind Versatzstücke Brechtschen Theaters heute auch weit außerhalb seines 'natürlichen' Einflußbereiches vorzufinden. Sie sind allgemein verfügbarer Bestandteil zeitgenössischer Theatersprache geworden.[19]

Durch die universelle Verfügbarkeit der Mittel, unabhängig von der transportierten Weltsicht, war die britische Brechtrezeption am Ende der 70er Jahre wieder da angelangt, wo sie bereits Ende der 50er stand. Die Ver-

---

[15] "I'm an anti-Brechtian, a Left anti-Brechtian. I think his plays are museum pieces now and are messing up a lot of young theatre workers. Brecht's plays don't work, and are about the thirties and not about the seventies, and are now cocooned and unperformable. [...] I think Brecht's influence is wholly to the bad. I've never found it attractive. I've never found it coherent." Howard Brenton, Catherine Itzin und Simon Trussler, "Petrol Bombs Through the Proscenium Arch", in: *Theatre Quarterly* 5 no. 17 (1975), 4–20, 14.

[16] Cf. Kapitel 1.1.2.3; zu Brechts Einfluß auf Brenton cf. Ben Cameron, "Howard Brenton: The Privilege of Revolt", in: *Theater* 12 (1981), 28–33; Janelle Reinelt, "Bertolt Brecht and Howard Brenton: The Common Task", in: *Pacific Coast Philology* 20 (1985), 46–52.

[17] Ein Beispiel dafür ist Nick Darkes *The Body* (1983), wo sich zudem Elemente des Volksstückes, der *music hall* und des *community play* nachweisen lassen.

[18] Cf. etwa Michael Ellis, *Chameleon* (1987). Cf. Kapitel 3.2. zu Edward Bonds Verwendung epischer Elemente in *Restoration* und Kapitel 3.4 zu Peter Flannerys *Singer*.

[19] Christian W. Thomsen, *Das englische Theater*, 242.

fahren des epischen Theaters waren politisch wieder uneindeutig geworden. "[T]he degeneration of Brecht's techniques to the condition of theatrical cliché"[20] ließ viele engagierte Dramatiker wie den oben zitierten Howard Brenton ausdrücklich auf Distanz zu Brechts Modell gehen. Oft konnte diese Distanz im Werk nicht durchgehalten werden, wie das Beispiel Brentons beweist, es sei denn, man griff auf dramatische Muster zurück, die bereits vor Brecht existierten.[21] Eine weitere Möglichkeit, sich mit Brechts Einfluß auf das Gegenwartstheater auseinanderzusetzen, die metadramatische Kritik am epischen Theater mit dessen eigenen Mitteln, strukturiert Christopher Hamptons *Tales from Hollywood*.[22]

2.1.2   Christopher Hamptons *Tales from Hollywood*

Christopher Hampton nimmt unter den britischen Dramatikern der 70er und 80er Jahre eine Sonderstellung ein. Während Autoren wie Brenton, Hare, Griffiths oder Pinter immer häufiger für den Film oder das Fernsehen arbeiteten, beschritt Hampton, der schon in den 70er Jahren in Hollywood tätig war, in den frühen 80ern den entgegengesetzten Weg. Im Vorwort zu *Tales from Hollywood* (1983) schreibt er:

> At the beginning of 1980, I decided to stop concentrating on writing for the cinema, an enjoyable but in my case apparently fruitless pastime, and return to the theatre, where, for various reasons, I had not worked for some years.[23]

---

[20] David Edgar, "Ten Years of Political Theatre, 1968–78", in: *Theatre Quarterly* 8 no.32 (1979), 25–33, 31.

[21] Diese Rückgriffe werden den Untersuchungsgegenstand der Kapitel 3 und 4 bilden.

[22] Seit Lionel Abels grundlegender Monographie (*Metatheatre: A New View of Dramatic Form*, New York (Hill & Wang): 1963) ist die Diskussion um das Metatheater bzw. das Metadrama nicht mehr abgerissen. Den vollständigsten Überblick über den Stand der Forschung und die möglichen Ausprägungen des Metadramas bietet Richard Hornby, *Drama, Metadrama, and Perception*, Lewisburg, PA (Bucknell University Press): 1986, der so unterschiedliche dramatische Phänomene wie Rahmenhandlungen, Krönungsfeiern, Rollenspiele, literarische Parodien und Autoreflexivität unter dem Oberbegriff des Metadramatischen faßt. Zum zeitgenössischen englischen Metadrama cf. Karin Vieweg-Marks, *Metadrama und englisches Gegenwartsdrama*. Frankfurt am Main (Lang): 1989; June Schlueter, *Metafictional Characters in Modern Drama*, New York (Columbia University Press): ²1979; N.M. Rao, "The Self-Commenting Drama of Our Times", in: *Aligarh Journal of English Studies* 9 (1984), 215–226; Ruby Cohn, "Theater in Recent English Theater", in: *Modern Drama* 30 (1987), 1–13; dies., *Retreats from Realism in Recent English Drama*, Cambridge (Cambridge University Press): 1991, 95–127. Zu älteren Monographien zum Metadrama cf. ibid., 95f.

[23] Christopher Hampton, *Tales from Hollywood*, London (Faber & Faber): 1983, 7. Die Rückkehr zum Kino Ende der 80er Jahre war für Hampton fruchtbarer: Für *Dangerous Liaisons* (1988), die Drehbuchversion seiner Bühnenfassung von Choderlos de Laclos' *Les Liaisons Dangereuses*, erhielt er einen "Oscar".

Christopher Hampton gehört zu der Generation von Dramatikern, die seit Beginn der 70er Jahre für die großen Bühnen schrieben und mit "British Brecht" groß wurden.[24] *Savages* (1974) ist sein Brecht am meisten verpflichtetes Stück, das indianische Legenden, die Entführung und Ermordung eines britischen Diplomaten und die andauernden Massaker an den Indios Südamerikas teleskopiert und dabei die anonyme Allianz aus Menschenverachtung, Profitgier und Ignoranz anprangert, gegen die anzukämpfen den Protagonisten so schwer fällt.[25]

Hamptons Rückkehr zum Theater war keine Abkehr vom Film: *Tales from Hollywood* signalisiert bereits im Titel, daß die Welt des Films thematisiert werden wird. Darüber hinaus ist *Tales from Hollywood* ein Dokumentarstück, soweit das Schicksal der deutschen Exilautoren in den U.S.A. zur Sprache kommt, und es ist gleichzeitig eine mit einer Vielzahl von Textsorten spielende Komödie. Es kann hier nicht darum gehen, die historische Authentizität der Äußerungen und Handlungen der Mann-Brüder oder Bertolt Brechts in Hollywood zu überprüfen[26] oder den

---

[24] Zu Hamptons dramatischen Arbeiten vor *Tales from Hollywood* cf. Robert Gross ed., *Christopher Hampton: A Casebook*, New York (Garland): 1990; B.A. Young, "The Plays of Christopher Hampton", in: *Drama: The Quarterly Theatre Review* (1983), 21–23; Sebastian Black, "Makers of Real Shapes: Christopher Hampton and His Story-Tellers", in: *Modern Drama* 25 no.2 (1982), 207–221; Oleg Kerensky, *The New British Drama: Fourteen Playwrights Since Osborne and Pinter*, London (Hamish Hamilton): 1977, 90–111.

[25] Hampton war nie ganz auf die Methoden des epischen Theaters festgelegt. Selbst *George Steiner's The Portage to San Cristobal of A.H.* (1982), ein mit ständig wechselnden Perspektiven arbeitendes Stück, ist eher filmischer Schnittechnik als epischen Realitätsdurchbrechungen verpflichtet. *The Philanthropist* (1970) ist eine Gesellschaftskomödie in der Form des in Großbritannien so beliebten *campus play*. Neuere Beispiele für dieses von der Kritik wenig beachtete Genre stammen von Simon Gray (*Butley*, 1971; *Otherwise Engaged*, 1975; *Quartermaine's Terms*, 1981); Tom Stoppard (*Jumpers*, 1972); Michael Frayn (*Donkey's Years*, 1976) und Willy Russell (*Educating Rita*, 1985). Auch Howard Brentons *The Genius* (1983) spielt im Universitätsmilieu, dramatisiert aber andere Themen. Cf. Franz Wieselhuber, "Contemporary British Comedy and the Groves of Academe", in: *anglistik & englischunterricht* 20 (1983), 37–48.

[26] Die deutschsprachige Kritik stand den *Tales from Hollywood* wegen des manchmal als oberflächlich empfundenen Umgangs mit den historischen Fakten ambivalent gegenüber. Während Hamptons Absicht zu unterhalten (cf. seine Äußerungen in John L. DiGaetani, *A Search For A Postmodern Theater: Interviews With Contemporary Playwrights*, New York (Greenwood): 1991, 128ff.), durchweg anerkannt wurde, stieß seine Brechtkritik auf Unverständnis und sogar feindselige Ablehnung: "Die Gegenüberstellung Brecht – Horváth [...] gelingt brillant, sieht man einmal ab von den Parolen, die Brecht in den Mund gelegt werden, und seinem albernen Hantieren mit Transparenten." (Leonhard M. Fiedler, "Geschichten aus Hollywood", in: *Theater Heute* 23 no.9 (1982), 15–17, 16f. Cf. auch George Tabori, "Statt des Urschreis das Urkichern", in: *Theater Heute* 24 no.5 (1983), 30.) – Es sei darauf hingewiesen, daß Hampton sich mit "British Brecht" auseinandersetzt, nicht mit dem historischen Brecht, wie manche deutschsprachigen Kritiker meinten. Cf. die differenzierte Kritik in Siegfried Mews, "Von der Ohnmacht der Intellektuellen: Christopher Hamptons *Tales from Hollywood*", in: Thomas Koebner, Wulf

---

vielen Zitaten aus Film, Drama und Prosa nachzuspüren. Im folgenden sollen die *Tales from Hollywood* nur unter einem Gesichtspunkt diskutiert werden: der Wertung des epischen Theaters Brechtscher Prägung und den Konsequenzen seiner Infragestellung im Kontext des englischen Theaters. Die Handlung des Stückes ist schnell skizziert: Ödön von Horváth entgeht 1938 in Paris nur knapp dem Tod durch einen herabstürzenden Ast, der statt dessen einen Passanten neben ihm erschlägt. Horváth emigriert in die U.S.A., findet dort im Zirkel um Thomas und Heinrich Mann Aufnahme und schlägt sich als unterbezahlter, ignorierter Drehbuchautor durch. Er hat Liebesaffären, lernt passabel Englisch, entzweit sich wegen seiner politischen Passivität mit Bertolt Brecht, muß die Kommunistenverfolgungen unter McCarthy miterleben und ertrinkt schließlich 1950 in einem Swimming-Pool. Der Chauffeur, der ihn von dort abholen sollte und tot vorfindet, ist derselbe junge Mann, der 1938 in Paris statt seiner das Leben ließ.

Durch dieses Verfahren, dem tatsächlich 1938 umgekommenen Horváth im Theater noch zwölf Jahre zuzubilligen, schafft sich Hampton einen Protagonisten, der gleichsam legitimiert genug ist, um mit den Exilautoren ins Gespräch kommen zu können, dem aber andererseits nicht durch dokumentarische Evidenz bestimmte Handlungen oder Argumente verbaut sind.[27]

Auf den ersten Blick ist *Tales from Hollywood* ein lupenreines Beispiel epischen Theaters. Bereits der Titel läßt den Leser oder Zuschauer keinen aristotelisch-einheitlichen Mythos, sondern eine Mehrzahl von "tales", von Geschichten, erwarten. Auch die Einheit der Zeit scheint aufgegeben: Die Aktüberschriften legen den Zeitraum, in dem das Stück spielt, explizit fest: "Act One: 1938–41" [11] und "Act Two: 1942–50" [55]. Die Einheit

---

Köpke und Joachim Radkau eds., *Gedanken an Deutschland im Exil und andere Themen* [Exilforschung: Ein internationales Jahrbuch, Bd. 3], München (edition text + kritik): 1985, 270–285; ders., "The Exiles on Stage: Christopher Hampton's *Tales from Hollywood*", in: Helmut F. Pfanner ed., *Kulturelle Wechselbeziehungen im Exil – Exile Across Cultures*, Bonn (Bouvier): 1986, 249–258; Gerhard Stadelmaier, "Ödön aus dem Hollywald...", in: *Theater Heute* 24 no.5 (1983), 24–27.

[27] Diese Konstellation erinnert stark an die von Tom Stoppard in *Travesties* (1974) angewandte Strategie, drei Revolutionäre aus Politik, Kunst und Literatur (Lenin, Tristan Tzara und James Joyce) um die zwar historisch verbürgte, aber völlig insignifikante Figur des Konsulatsbeamten Carr zu gruppieren. Auch sonst weisen die beiden Stücke einige Parallelen auf, etwa die einmontierten Zitate und die Thematisierung des Konfliktes zwischen Ästhetik und Politik, den in *Tales from Hollywood* Horváth und Brecht, in *Travesties* James Joyce und Tristan Tzara austragen. Hamptons Stoppardrezeption ist in der Forschung noch nicht ausreichend berücksichtigt worden; neben *Travesties* muß auch *The Real Thing* (1982) zu den Vorläuferstücken der *Tales from Hollywood* gezählt werden.

des Ortes schließlich wird bereits innerhalb der ersten Szene durchbrochen, als der Ort des Geschehens von Paris nach Los Angeles wechselt. Diese vom Film inspirierte Schnittechnik strukturiert das gesamte Stück. Hinzu kommt, daß *Tales from Hollywood* einen epischen Erzähler aufweist, der vom ersten Moment an den Kontakt zum Publikum sucht, es zum direkten Gesprächspartner macht und sich damit im äußeren Kommunikationssystem etabliert:

> {He pauses a moment, assessing the audience.}
> HORVÁTH: Hello. My name is Ödön von Horváth. {Pause.} Ödön. {Pause.} No, Ödön. {Pause.} Oh, never mind, call me Ed.
> {Silence. He listens.}
> No, that's all right, don't apologize. There's no reason you should ever have heard of me. [11]

Hampton bündelt mehrere rezeptionssteuernde Signale auf engstem Raum: Horváth wird als Hauptfigur eingeführt, seine Verständigungsschwierigkeiten als Fremder werden deutlich, und schließlich macht er sich zum Vertrauten des Publikums, der keine Ansprüche stellt, keine Vorinformiertheit erwartet, sondern *ab ovo* zu erzählen bereit ist. Diese Kameraderie mit dem Publikum wird von Hampton gezielt eingesetzt, um Horváth für die kommenden Konflikte als Sympathieträger zu etablieren.

Zunächst gilt es jedoch etwas anderes festzuhalten. Noch bevor Horváth die Bühne betritt, fordert die erste Regieanweisung des Stückes "{A curious rippling submarine light.}" [11]. Das eigenartige Licht, das Horváth nicht wahrzunehmen scheint, wird auch von Hampton nicht erklärt. "{The underwater effect vanishes}" [11] nach wenigen Augenblicken und erscheint im Verlauf des Stückes nicht mehr. Erst ganz am Ende, nachdem die letzte "erzählte" Figur, Art Nicely, den Erzähler Horváth verlassen hat, wird der rätselhafte Effekt wiederholt:

> {The light begins to change to the underwater effect from the beginning of the play and to concentrate in a spot on HORVÁTH.} [95]

Horváth erzählt daraufhin seinen eigenen Unfalltod beim Schwimmen. Sein letzter Monolog nimmt die Signale der Eingangsreplik wieder auf:

> HORVÁTH: [...] I was lying, comfortable as could be, on the bottom. The sun blazed down on us and on this Biblical city. As for me, dear friends, as for me, I was dead at last. [95]

Noch einmal unterstreicht Hampton die Unaufdringlichkeit der Hauptfigur, noch einmal findet die direkte Wendung an das Publikum und die Trennung vom inneren Kommunikationssystem statt (der Tote spricht), und auch das Rätsel des Lichteffektes ist nun gelöst. Die Situation des Anfangs wird damit fortgesetzt, was dazwischen geschah, dauerte nur einen Moment. Vom Ende her betrachtet gelten plötzlich alle drei aristotelischen Einheiten im strengen Sinn: im inneren Kommunikationssystem eine kurze Agonie auf dem Boden eines Schwimmbeckens, im äußeren die Lebenserinnerungen eines Mannes, zwei Stunden lang, immer auf der gleichen Bühne.[28]

Diese Reaffirmation des aristotelischen Prinzips durch die Mittel des epischen, anti-aristotelischen Theaters inszeniert einen Konflikt, der vom Protagonisten auch direkt und unverschlüsselt thematisiert wird. Für die in den 40er Jahren lebenden Figuren des Stückes ist dies der Konflikt zwischen den konventionellen Methoden des Theaters und dem revolutionären, auf Entautomatisierung abzielenden Verfahren Bertolt Brechts, für den Leser oder Zuschauer der 80er dagegen dessen genaue Umkehrung: das Spannungsverhältnis nämlich zwischen den nunmehr als traditionell begriffenen Brechtschen Methoden und den Versuchen, diese wiederum zu verfremden und aus ihrer Erstarrung zu befreien. Wie Hampton mit den komplexen Vorprogrammen des idealen Rezipienten spielt, soll im folgenden deutlich gemacht werden.

Tales From Hollywood setzt beim Leser oder Zuschauer elementare Kenntnisse der anti-aristotelischen Dramenkonzeption Brechts voraus; nicht vorausgesetzt wird allerdings die Kenntnis Ödön von Horváths und seiner Werke. Horváth betont bereits zu Beginn der ersten Szene:

> I had a certain reputation about ten years ago. You know, in the theatre. In Germany. I was considered, you know that word, when they don't really like you but think you might not go away, promising. I had a play in rehearsal when the Nazis came in. It never opened. [11]

So wird seine Berechtigung, über das Theater zu sprechen, von Anfang an etabliert. Dieser Eindruck wird noch durch seine Bereitschaft verstärkt, politische Umwälzungen und damit verbundene persönliche Schicksalsschläge mit den Begriffen des Theaters zu beschreiben:

> And as the decade, which appeared to have been constructed by a dramatist of the kind many of my more progressive contemporaries were denouncing as hopelessly old-fashioned, as it moved by way of smoothly plotted climaxes and neatly engineered last-minute reversals towards its inevitable conclusion, a good many of us, us German writers, I mean, had very narrow escapes. [12]

---

[28] Zur Dramatisierung von Träumen, Gedanken, Geistererscheinungen usw. in *Tales from Hollywood* und anderen zeitgenössischen englischen Stücken cf. Ruby Cohn, *Retreats from Realism*, 129–160.

Zwei Dinge sind hier festzuhalten: Horváth selbst gehört nicht zu den "progressiveren" Dramatikern, und mit diesem Standpunkt muß sich der Rezipient abfinden, da er ja alles von und durch Horváth vermittelt bekommt. Außerdem impliziert diese Aussage die Unangemessenheit einer progressiven Theatertheorie im Angesicht einer reaktionären Wirklichkeit. Aber auch die unmittelbar folgenden, dem Film entlehnten Szenen mit Johnny Weissmuller, zwei Marx Brothers und Greta Garbo, emblematischen Figuren von Hollywoods *action*, Komik und Sex, akzeptiert Horváth nicht kritiklos: "I need hardly say the reality was very different" [16]. Daß die Welt, in die er "geworfen" wurde, nicht an der historischen Wahrheit interessiert ist, lernt er in Hollywood, wo er sein erstes Drehbuch, in dem er Eduard den Zweiten von England als Homosexuellen darstellt, verteidigen muß:

HORVÁTH: Ah. But this is historic true.
MONEY: Are you crazy? So what? Listen, for all I know Robin Hood liked to
do it with sheep, you think anyone wants to see that? [25]

Diese expositorischen Szenen zusammenfassend läßt sich festhalten, daß der Ödön von Horváth des Stückes ein nicht allzu progressiver Theaterpraktiker ist, der historischer Präzision eine wichtige Rolle zuweist, darüber Fragen der Ästhetik aber nicht vernachlässigt. Dabei ist er allerdings weniger apodiktisch als Thomas Mann, der – ebenfalls auf *Eduard der Zweite* anspielend – die orthodox-konservative Gegenposition zu Brechts Verfremdungstechniken vertritt:

THOMAS: Did you ever see Brecht's version?
[...]
Everything so relentlessly ugly. Costumes made out of old sacks. They kept
complaining about the king's extravagance, and then on he'd come wearing
something they'd just shaken the potatoes out of. Even the king's boyfriend
was the most unattractive lump in the company. And quite deliberately so. I
don't begin to understand that Brecht, do you? [21]

Hampton beläßt es aber nicht bei Manns oberflächlichem Tadel,[29] sondern inszeniert die Kritik an den mimetischen Defiziten des epischen Theaters als Konflikt zwischen Horváth und Bertolt Brecht, der selbst als Dramenfigur auftaucht.[30]

---

[29] Hampton läßt im Gegenteil keine Gelegenheit aus, um Thomas Mann als Gernredner und politisch ungefestigten Ehrgeizling zu desavouieren, um so die von ihm vertretenen Positionen auf dem Wege der Werturteilskopplung abwerten zu können [cf. 23f., 33f., 77].

[30] Zur Tradition dieser Antagonisierung cf. Beatrice Wehrli, "Horváth statt Brecht: Eine Fallstudie", in: *Schweizer Monatshefte* 63 (1983), 505–518.

Brechts erster Auftritt ist ein brillanter *coup de théâtre*: Horváth will sich gerade von Helen verführen lassen,

{when all of a sudden the house lights snap on, startling him considerably. He moves downstage, peering into the auditorium.
Advancing through the auditorium at a leisurely pace, inspecting the audience suspiciously [...]: BERTOLT BRECHT.} [39f.]

Brecht bringt den V-Effekt gewissermaßen persönlich mit, irritiert damit aber den Protagonisten Horváth, nicht das Publikum, das er ungenannter Dinge verdächtigt. Horváth kommentiert diesen Auftritt so:

Brecht always liked people to be aware that they were in a theatre. I said to him more than once, but Brecht, what makes you think they think they're anywhere else? But he had a way of not answering questions he didn't approve of. [40]

Damit hat er die Lacher auf seiner Seite. Hamptons Methode der Sympathielenkung beruht auf der Solidarisierung des bei einer Aufführung tatsächlich anwesenden Publikums mit der Figur, die ihm die größere Reife zubilligt: Brecht wird mit den eigenen Mitteln lächerlich gemacht.[31] Dies wird noch deutlicher bei seinem Auftritt in Szene 10, wo er ein grünes Stoffquadrat und ein Schild mit der Aufschrift "brecht's garden" [sic; 47] mitbringt, sowie in Szene 17, wo die Bühnenanweisung lautet:

{BRECHT enters. Without saying anything, he advances into the room, unfurling a large banner, which he displays prominently and which stays in place throughout the scene. It says: TWO FELLOW DRAMATISTS REACH THE PARTING OF THE WAYS. HORVÁTH considers the banner dubiously for a moment, then turns to look questioningly at BRECHT.} [77]

Was hier geschieht, ist trotz der plakativen Komik recht komplex: Klassische Verfremdungstechniken werden wie von Brecht gefordert eingesetzt,[32] aber der V-Effekt hat nun eine weitere Dimension gewonnen. Zwar wird das Publikum in diesem Moment nicht vergessen, daß es im Theater ist, und damit ist Brechts Forderung bereits eingelöst, aber gleichzeitig findet eine Entautomatisierung des Entautomatisierungsprozesses

---

[31] Dies gilt für das Verfahren Brechts, nicht für seine Wirkintention. Die Gegenposition wird von Christopher Innes vertreten: "As a ghost, Horváth is literally incapable of intervening in the historical events; and this ironically undercuts the belief in a dramatist's ability to influence society, a belief which is typified by Brecht." (*Modern British Drama*, 135.)

[32] Cf. Bertolt Brecht, "Kleines Organon für das Theater", in: *Gesammelte Werke* vol. 16 [Schriften zum Theater 2], 659–700, 680f., sowie ibid. vol. 15 [Schriften zum Theater 1], 358–379.

statt, die eine Transzendierung der Methoden des epischen Theaters impliziert. Sie sind immer noch wirkungsvoll – der epische Erzähler Horváth ist ja selbst ein Beispiel –, aber ohne ironische Brechung nicht mehr einsetzbar. Diese Position ist weit entfernt von der Kritik des epischen Theaters aus mimetisch-ästhetischen Motiven, wie sie der Thomas Mann des Stückes formulierte. Allerdings ist Brecht selbst inkonsequent:

> {[BRECHT] approaches the set and inspects it, reaching up and rattling one of the flats, shaking his head in dismay. [...] BRECHT has found an apple in a fruit bowl on the set. He rubs it perfunctorily on his trousers and sinks his teeth into it.}
> [...]
> BRECHT: Look at this thing. Big and red and shiny and seductive and when you bite it tastes like an old sponge. Capitalist apples. [40f.]

Selbst Bertolt Brecht, der weiß, daß er sich im Theater befindet und an den Kulissen rüttelt, fällt auf einen Requisitenapfel herein. Die illusionsstiftende Kraft der Bühne triumphiert in dieser Szene über die Versuche, die Theatererfahrung unbegrenzt zu entautomatisieren. Am deutlichsten zeigt Hampton die Grenzen des Verfremdungsprozesses an einem Auftritt Brechts, der *in nuce* die unterschiedlichen Positionen zum epischen Theater demonstriert:

> {Brecht appears and spends a moment peering irritatedly round the dimly lit bar. Then he gestures up at the lighting box. Immediately the stage is saturated in hard white light. HORVÁTH looks up, blinking crossly.}
> [HORVÁTH:] There's no need for all that, you know.
> BRECHT: Force of habit.
> {HORVÁTH waves to the lighting box and the lighting returns to normal.}
> [56][33]

"Force of habit", die Macht der Gewohnheit: Damit ist die Entautomatisierung automatisch geworden. Hampton wirft ein Problem auf, das sich dem englischen Theater seit Ende der 70er Jahre in zunehmendem Maße zu stellen begann.[34] Die Lernfähigkeit des Publikums erforderte schon immer neue Techniken der Wahrnehmungserschwerung, weil die Überraschung von gestern unweigerlich zum Repertoire von heute zählt. Die-

---

[33] Brechts Behandlung des Bühnenlichtes wurde schon zwei Jahrzehnte vor Hampton von Günter Grass verspottet. "Der Chef" in *Die Plebejer proben den Aufstand: Ein deutsches Trauerspiel* (1966) fordert beständig besseres Licht von einem Beleuchter namens Kowalski.

[34] In einem am 25.2.1991 in London geführten Gespräch mit dem Verfasser nannte Hampton diesen Auftritt "a sort of formal joke almost", betonte aber, daß damit seine eigenen Überlegungen und die Diskussion der Techniken Brechts im England der frühen 80er Jahre genau widergespiegelt seien. Damals sei es notwendig gewesen, den enormen Einfluß Brechts neu zu bewerten.

sem Absorptionsprozeß kann mit neuen Verfremdungen begegnet werden, *solange die Entautomatisierung nicht selbst zum Gegenstand der Zuschauererwartungen wird.* Ist dieser Punkt erreicht, wie Hampton insinuiert, bleibt Dramatikern, die nicht verstummen wollen, nur noch die Abkehr vom Entautomatisierungsprozeß selbst, um somit noch einmal überraschen zu können.

2.2 Reaktionen auf das "Theater der Grausamkeit"

2.2.1 Artaudrezeption in England

Bertolt Brecht war der kontinentale Theatertheoretiker, dessen Schriften und Inszenierungen den größten Einfluß auf das englische Theater seit 1956 hatten. Jerzy Grotowskis "Armes Theater" etwa, das weit über Polen hinaus wirksam wurde, hat in England praktisch keine Resonanz gefunden.[35] Selbst der scheinbar programmatische Titel von Howard Brentons früher Stückesammlung *Plays for the Poor Theatre* (1980) bedeutet lediglich, daß die darin enthaltenen Stücke für die *fringe* geschrieben und deshalb mit geringem Aufwand spielbar sind. Grotowskis Kernbegriff der "Armut", der Konzentration auf das Wesentliche (nämlich exzellente Schauspieler und ein aufmerksames Publikum), wird von Brenton auf die chronische Finanzschwäche des experimentellen Theaters verkürzt.

Nur die radikalen theatertheoretischen (und zu einem geringen Grad auch die theaterpraktischen) Entwürfe des Franzosen Antonin Artaud wurden in England in ähnlichem Maße rezipiert wie die Ideen Brechts. Artaud entwickelte in den frühen 30er Jahren seine Vision eines "Theaters der Grausamkeit", eines Theaters, das mit den Konventionen des *pièce bien faite* noch radikaler aufräumte als Brecht. Wo Brecht Verfremdung und Distanz wollte, setzte Artaud auf Befremdung und Involvierung:

> Bei dem Grad von Mißbrauch, an dem unsre Sensibilität angelangt ist, besteht kein Zweifel darüber, daß wir vor allem ein Theater brauchen, das uns wachrüttelt: Herz und Nerven.[36]

---

[35] Cf. Jerzy Grotowski et al., *Towards a Poor Theatre*, New York (Touchstone): 1968; Richard Fowler, "The Four Theatres of Jerzy Grotowski: An Introductory Assessment", in: *New Theatre Quarterly* 1 (1985), 173–178.

[36] Antonin Artaud, "Das Theater und die Grausamkeit", in: *Das Theater und sein Double* tr. Gerd Henninger, Frankfurt (Fischer Taschenbuch), 1979, 89–93, 89.

"Wachrütteln" bedeutet bei Artaud den Verzicht auf konventionelle Theaterformen, die gleichsam im Schlaf rezipiert werden können, weil sie
keine Anforderungen an die Aufmerksamkeit und Kritikfähigkeit des
Publikums stellen. Zentral wird dabei die Absage an die Dominanz des
rezitierten Textes:

> Anstatt auf Texte zurückzugreifen, die als endgültig, als geheiligt angesehen
> werden, kommt es vor allem darauf an, die Unterwerfung des Theaters unter
> den Text zu durchbrechen und den Begriff einer Art von Sprache zwischen
> Gebärde und Denken wiederzufinden.[37]

So unscharf-hieratisch Artauds Terminologie manchmal ist, so deutlich
wird doch sein Anliegen, dem Theater mit allen Mitteln zu größerer
Wirkmächtigkeit zu verhelfen:

> Ohne ein Element von Grausamkeit, das jedem Schauspiel zugrunde liegt, ist
> Theater nicht möglich. Bei dem Degenerationszustand, in dem wir uns befinden,
> wird man die Metaphysik via Haut wieder in die Gemüter einziehen lassen
> müssen.[38]

Artaud ist immer wieder mißverstanden worden; zu Lebzeiten mußte er
sich gegen den naheliegenden, in dieser Verkürzung aber unberechtigten
Vorwurf wehren, mit seinem "Theater der Grausamkeit" lediglich die
Salonfähigkeit des Grand Guignol zu fordern.[39] Ihm ging es nicht, oder
nicht nur, um blutige Metzeleien auf der Bühne, sondern um die Totalität
möglicher Schockeffekte, die beim Zuschauer eine Theatererfahrung
jenseits des Sprechtheaters und seiner Derivate bewirken sollten:

> Es handelt sich bei dieser Grausamkeit weder um Sadismus noch um Blut,
> wenigstens nicht ausschließlich.
> Ich kultiviere nicht etwa systematisch das Grauen. Das Wort Grausamkeit
> muß in einem weiten Sinn verstanden werden, nicht in dem stofflichen, räube-
> rischen Sinn, der ihm gewöhnlich beigelegt wird.[40]

Artaud ist in dieser Hinsicht viel radikaler als Brecht; es geht ihm nicht
um eine Umwidmung des traditionellen Theaters zu politisch-erzieheri-
schen Zwecken, sondern um dessen Abschaffung. Das hat seinem "Theater
der Grausamkeit" den Vorwurf eingetragen, im Grunde genauso reaktionär

---

[37] Antonin Artaud, "Das Theater der Grausamkeit (Erstes Manifest)", in: *Das Theater und
sein Double*, 95–107, 95.

[38] Ibid., 106.

[39] Zur Geschichte des Grand Guignol cf. Mel Gordon, *The Grand Guignol: Theatre of Fear
and Terror*, New York (Amok Press): 1988. – Anhand dieser kenntnisreichen Monographie läßt sich der gegen Artaud erhobene Vorwurf rasch entkräften.

[40] Antonin Artaud, "An J.P.", 13. September 1932, Brief 1 der "Briefe über die Grausamkeit", in: *Das Theater und sein Double*, 109–112, 109.

zu sein wie die Formen, gegen die es sich wandte. Herbert Blau kommentiert dies so:

> [T]he radical impulse of performance is inherently reactionary – dancing back the tribal morn or, like Artaud's actor, signalling through the flames [...][41]

Der Beginn der Artaudrezeption in England fällt in die Jahre um 1960. Dabei gilt Ann Jellicoes *The Sport of My Mad Mother* (1958) als erster Versuch, die kohärenten, diskursiven Strukturen aufzubrechen, die selbst in den Stücken der *angry young men* intakt geblieben waren.[42] Jellicoe bezieht sich nicht explizit auf Artaud, paraphrasiert aber seine Wirkintentionen:

> It is an anti-intellect play not only because it is about irrational forces and urges but because one hopes it will reach the audience directly through rhythm, noise and music and their reaction to basic stimuli.[43]

The Sport of My Mad Mother hat einen erkennbaren *plot* (es geht um eine gelangweilte Jugendbande), verweigert den Zuschauern aber sonst konsequent das gewohnte Sprechtheater. An einigen Stellen wird die Phatisierung der Sprache, die schon bei Beckett angelegt war, bis zum Nullpunkt weiterentwickelt:

> FAK: ...Dolly.
> CONE: Dolly?
> FAK: Dolly!
> CONE: *Dolly*?
> FAK: Dolly.
> {CONE turns to PATTY again. FAK goes to her other side and by his desperation draws CONE's attention beyond her.}
>   Dolly! Dolly!
> CONE: Dolly?
> FAK: Dolly!
> CONE: Dolly!
> FAK: Dolly.
> CONE: Dolly. [usw.; 24f.]

Nicht immer sind dabei sinnvolle Wörter erkennbar:

> PATTY: {losing control, a howl from the depths.}
>   Yawooerl.

---

[41] Herbert Blau, "The Remission of Play", in: Ihab und Sally Hassan eds., *Innovation/Renovation: New Perspectives on the Humanities*, Madison (Wisconsin University Press): 1983, 161–188, 161.

[42] Cf. John Russell Brown, *A Short Guide to Modern British Drama*, London (Heinemann Educational): 1982, 72.

[43] Ann Jellicoe, "Preface to the New Version", in: *The Sport of My Mad Mother*, London (Faber & Faber): rev. ed. 1964, 5–6, 5.

76

CONE: Yoweeoch. Yoweeoch.
PATTY: Yawooerl. Yawooerl. Ugh! Ugh!
FAK: Whaow. Aherooigh. Aherooigh. [57]

Jellicoe beschränkt sich nicht auf die Entsemantisierung der Sprache. Der antirealistische Anspruch des Stückes äußert sich auch in der Verwendung von Masken[44] [cf. 50], Trommeln, lebensgroßen Puppen, kurz: dem ganzen Arsenal des rituellen Theaters Artauds, das im Verlauf der 60er und in den frühen 70er Jahren zum Phänomen des *happenings* führte.[45] Vom *happening*, das sich vor allem durch Improvisation, Entprofessionalisierung und ungewohnte Aufführungsstätten definierte, ist *The Sport of My Mad Mother* zwar noch weit entfernt, aber die Wirkintention des Stückes, das Problematisieren von gesellschaftlichen Konventionen und die positive Bewertung der Anarchie, ähnelt bereits der des Straßentheaters der späteren 60er Jahre. Diese Intention wird vor allem am Schluß deutlich, wenn die "Mad Mother" Greta gegenüber dem Vertreter traditioneller Werte wie Mitmenschlichkeit, *social contract* usw. die Oberhand behält und die Zuschauer zur Zustimmung einlädt:

GRETA: Rails, rules, laws, guides, promises, terms, guarantees, conventions, traditions: into the pot with the whole bloody lot. Birth! Birth! That's the thing! Oh, I shall have hundreds of children, millions of hundreds and hundreds of millions. [86f., cf. 66f., 81ff.]

Auch in David Rudkins *Afore Night Come* (1963) wird der Zusammenbruch der Normen menschlichen Zusammenlebens dramatisiert, aber bei Rudkin dienen die von Artaud übernommenen Elemente nicht der vitalistischen Verherrlichung der Anarchie. Der *plot* ist deutlicher konturiert als bei Jellicoe: Plantagenarbeiter ermorden in einem gemeinsamen Anfall der Barbarei den Tramp Roche unter dem Dröhnen eines über ihnen schwebenden, quasi-göttlichen Hubschraubers, der Pflanzenschutzmittel versprüht. Hier wird die Außenseiterfigur, die auch noch Züge eines Propheten hat ("You'll see..." [passim]), der Gemeinschaft geopfert, die kollekti-

---

[44] Zur Signifikanz von Masken im modernen Drama (Bond, Shaffer u.a.) cf. Susan Harris Smith, *Masks in Modern Drama*, Berkeley (University of California Press): 1984.

[45] Cf. Michael Anderson, "Word and Image: Aspects of Mimesis in Contemporary British Theatre", in: James Redmond ed., *Drama and Mimesis*, Cambridge (Cambridge University Press): 1980, 139–153. Schon früh wies Jacques Derrida allerdings auf die unzureichende Artaud-Rezeption der *happening*-Veranstalter hin: "Im Vergleich zu diesem von Artaud geforderten Fest und dieser Bedrohung durch das "Grund-lose" muß man über das "Happening" schmunzeln: es ist im Verhältnis zur Erfahrung der Grausamkeit das, was der Nizzaer Karneval zu den eleusinischen Mysterien sein kann." ("Das Theater der Grausamkeit und die Geschlossenheit der Repräsentation", in: *Die Schrift und die Differenz* tr. Rodolphe Gasché, Frankfurt am Main (Suhrkamp Taschenbuch): 1976, 351–379, 371.)

ve Ekstase führt zum Verbrechen am Individuum. Bereits mit *Afore Night Come* klingt bei Rudkin, allerdings noch sehr verhalten, die Kritik an Artaud mit den Mitteln des Artaudschen Theaters an.[46]

Endgültig etabliert wurden Artauds Theorien in Großbritannien 1964, als Peter Brook und Charles Marowitz eine Reihe von Produktionen präsentierten, die unter dem Titel *Theatre of Cruelty* zusammengefaßt waren.[47] Brook hat die Bedeutung dieses Ereignisses später heruntergespielt,[48] aber damit und mit seiner Modellinszenierung von Peter Weiss' *Die Verfolgung und Ermordung des Jean Paul Marat dargestellt durch die Schauspielgruppe des Hospizes zu Charenton unter Anleitung des Herrn de Sade* im Jahr 1965 waren Artauds Name und das "Theater der Grausamkeit" in das Bewußtsein englischer Theaterleute gedrungen.

Es folgten mehr oder weniger deutliche Versuche, Artauds Rezeptur zu folgen: So unterschiedliche Dramatiker wie Peter Shaffer (*The Royal Hunt of the Sun*, 1964),[49] Edward Bond (*Early Morning*, 1968) und Heathcote Williams (*AC/DC*, 1970) sind Artaud verpflichtet.[50] Besonders einflußreich waren Artauds Theorien indessen bei den unabhängigen Theatergruppen der *fringe*, aus denen Dramatiker wie David Hare und Howard Brenton hervorgingen. In *happenings* und Experimentalaufführungen setzten sie das, was sie für Artauds Theorie hielten, um:

> Sich-Freimachen vom geschriebenen und gesprochenen Text, ekstatische Einführung in das Rollenspiel bis zu mitunter missionarischem Bewußtsein religiösen oder politischen Anstrichs, Nachdruck auf Mimik und Gestik, auf einem vorrangig physischen Schauspielstil, Betonung von Tanz, Rhythmik und rituel-

---

[46] Zu Artauds Einfluß auf *Afore Night Come* cf. Christian W. Thomsen, *Das englische Theater*, 254f.

[47] Die Angaben in der Literatur sind widersprüchlich; Bernhard Reitz nennt 1962 als Aufführungsjahr ("English Drama and Theatre on the Threshold of the 1980s", in: Hans-Jürgen Diller et al. eds., *Modern Drama and Society* (anglistik & englischunterricht 20), Heidelberg (Winter): 1983, 7–36, 11), ebenso Christopher Innes, *Modern British Drama*, xviii. Christian W. Thomsen nennt 1963/4 (*Das englische Theater*, 255), Della Couling 1964 ("Fringe Forever", in: *Theater Heute* 28 no.9 (1987), 28–31, 29). Brook und Marowitz selbst sprechen 1964 von ihrer gegenwärtigen Arbeit (cf. Peter Brook, Charles Marowitz und Simon Trussler, "Private Experiment – In Public" [repr. of interview in *Plays and Players*, February 1964], in: David Williams comp., *Peter Brook: A Theatrical Casebook*, London (Methuen): 1988, 30).

[48] Cf. Peter Brook, "Foreword", in: Charles Marowitz, *Prospero's Staff: Acting and Directing in the Contemporary Theatre*, Bloomington (Indiana University Press): 1986, ix–xiii, xi. Cf. auch Charles Marowitz, "Notes on the Theatre of Cruelty" [repr. of article in *Tulane Drama Review* 2 no.2, 1966], in: David Williams comp., *Peter Brook*, 34–48.

[49] Cf. Kapitel 4.3.

[50] Zu AC/DC cf. Ronald Hayman, *British Theatre Since 1955: A Reassessment*, Oxford (Oxford University Press): 1979, 73–76. Cf. auch Christian W. Thomsen, *Das englische Theater*, 263f.; Ingeborg Watschke, *Erscheinungsformen der Grausamkeit im zeitgenössischen englischen Drama*, Bern/Frankfurt am Main (Herbert Lang/Peter Lang): 1976.

lem Spiel, gesteigerter Einsatz von Musik und Beleuchtung, die Miteinbeziehung des Zuschauers und psychotherapeutische Effekte, sind alles Momente, bei denen man sich auf Artaud berufen kann. Inhaltlich gilt dies für das wütende Anrennen gegen Konventionen und Tabus der bürgerlichen Gesellschaft auf fast jeglichem Gebiet, so daß sich weite Bereiche des experimentellen Gruppentheaters theoretisch von Artaud her rechtfertigen und mit dem Glanz inzwischen erlangter Autorität absegnen lassen.[51]

In dem Maße, in dem Artauds Mittel von den vielfältigsten Gruppen und einzelnen Dramatikern nutzbar gemacht wurden, liefen sie allerdings Gefahr, ihr Schockpotential zu verlieren. Artauds "Wachrütteln" wurde zum festen Bestandteil vieler *shows*, die Entautomatisierung stand im Begriff, kulinarisch zu werden.[52] In den 80er Jahren ist dieser Abstumpfungsprozeß weiter fortgeschritten;[53] bei David Rudkin wird er selbst zum Thema.[54]

2.2.2   Exkurs: Artaud und das moderne englische Musical

Artauds Dramaturgie läßt sich an einem Beispiel zeigen, das auf den ersten Blick alles andere als avantgardistisch ist. Selbst wenn man sich von dem Vorurteil freimachen kann, das "Theater der Grausamkeit" sei nur die moderne Variante des jakobäischen Rachedramas, in dem Herzögen die Zunge auf die Bühne genagelt wird,[55] neigt man doch dazu, Artauds Einfluß ausschließlich im Sprechtheater zu suchen. Das ist zwar erklärlich – schließlich ist dies das ureigenste Feld der Literaturwissenschaft –, aber Artauds Forderung nach dem Primat der nichtsprachlichen Mittel weist ausdrücklich über das Sprechtheater hinaus. Die Rede ist vom kommerziell produzierten modernen englischen Musical,[56] für das An-

---

[51] Christian W. Thomsen, *Das englische Theater*, 272.

[52] Dies zeigt sich in der *Abwesenheit* von schockierten Reaktionen zeitgenössischer Rezensenten.

[53] Cf. dazu das folgende Kapitel 2.2.2.

[54] Zu Artaud cf. auch Martin Esslin, *Artaud*, London (John Calder): 1976; Ronald Hayman, *Artaud and After*, Oxford (Oxford University Press): 1977.

[55] Cf. Cyril Tourneur, *The Revenger's Tragedy* ed. Brian Gibbons, London (Ernest Benn): 1967, III,v,192.

[56] Das Musical war schon seit Ende des 19. Jahrhunderts ein wichtiger Bestandteil angelsächsischer Spielpläne. Dabei dominierten die nordamerikanischen Produktionen, nicht zuletzt dank der Multiplikatorenfunktion Hollywoods und der unangefochtenen Position des Broadway als Erstaufführungsort. Von Zeit zu Zeit gelang es Engländern, international zu reüssieren – P.G. Wodehouse / Guy Bolton, Ivor Novello und Noel Coward hatten in London und New York Erfolg –, aber meistens gelang Londoner Produktionen der Sprung über den Atlantik nicht. Erst seit den späten 70er Jahren wirkten englische Musicals – und das heißt vor allem: die Musicals Andrew Lloyd Webbers – weltweit

drew Lloyd Webbers und Richard Stilgoes *Starlight Express* als Beispiel dienen soll.[57]

Auf die ökonomischen Rahmenbedingungen, die derartige *shows* ermöglichten, wurde bereits eingegangen.[58] Hier geht es primär um das Wirkkalkül der Inszenierung von *Starlight Express* auf dem Hintergrund von Artaudschen Intentionen.[59] In seinem *Ersten Manifest* nennt Artaud für das Theater der Zukunft eine Reihe von Charakteristika:

> Jedes Schauspiel wird ein körperliches, objektives Element enthalten, das für alle wahrnehmbar ist. Schreie, Klagen, Erscheinungen, Überraschungen, allerlei Knalleffekte, nach bestimmten rituellen Modellen zugeschnittene magische Schönheit der Kostüme, Glanz des Lichtes, zauberhafte Schönheit der Stimmen, Charme der Harmonie, seltene Musiknoten, Farben der Gegenstände, körperlicher Rhythmus der Bewegungen, dessen Crescendo und Decrescendo das Pulsieren von Bewegungen annehmen wird, die allen vertraut sind, konkrete Erscheinungen neuer, überraschender Gegenstände, mehrere Meter hohe Puppen, unvorhergesehene Lichtwechsel, körperliche Wirkung des Lichtes, das einen heiß und kalt überläuft usw.[60]

Die Handlung, aber auch die Inszenierung von *Starlight Express* stellen keinen Anspruch auf mimetisch treue Abbildung der Wirklichkeit: Mehrere nach Nationen sortierte Lokomotiven liefern sich einen Wettstreit. Rasch wechselnde Rhythmen, bis über die Schmerzgrenze vieler Zuschauer verstärkte Musik, Nebelmaschinen und bewegliche Gerüste produzieren Effekte, die Artaud bestenfalls geahnt haben mag. Akrobatischer Tanz, von Schreien durchsetzter Gesang, Monitore, die Handlungssequenzen hinter der Bühne zeigen: All dies entspricht dem von Artaud geforderten Primat der synästhetischen Erfahrung, die den Text in den Hintergrund treten läßt. Zuweilen wirkt die Inszenierung wie die detailgetreue Umsetzung seiner Vorschläge, etwa dem, es müsse

---

stilbildend. Nicht nur in englischsprachigen Ländern, sondern auch in Deutschland und Österreich wurden Lloyd Webber-Werke wie *Cats* oder *The Phantom of the Opera* in Inszenierungen herausgebracht, die den Londoner Vorbildern bis ins Detail folgten und damit eine entsprechend enthusiastische Zuschauerresonanz fanden. Cf. Sheridan Morley, *Spread a Little Happiness: The First Hundred Years of the British Musical*, London (Thames and Hudson): 1987; ders., "The British Musical – Rise or Decline?", in: *Plays & Players* (October 1985), 14–18; Armin Geraths, "Bemerkungen zum britischen Musical der achtziger Jahre mit einem skeptischen Seitenblick auf *Blood Brothers* und Marilyn Monroe", in: B. Reitz und H. Zapf eds., *British Drama in the 1980s: New Perspectives*, Heidelberg (Winter): 1990, 93–106.

[57] Andrew Lloyd Webber und Richard Stilgoe, *Starlight Express*, dir. Trevor Nunn, des. John Napier, chor. Arlene Phillips, Apollo Victoria, London, 22.3.1984ff.

[58] Cf. Kapitel 1.1.2.2.

[59] Eine Analyse und Interpretation des Textsubstrates ist ohnehin wenig erfolgversprechend ("Nobody does it like a steam train").

[60] Antonin Artaud, "Das Theater der Grausamkeit (Erstes Manifest)", 99f.

nach Schwingungseffekten des Lichtes gesucht werden, nach neuen Arten und Weisen, wie die Beleuchtung wellenförmig oder flächig oder wie ein Gewehrfeuer von Lichtpfeilen zur Anwendung gelangen kann.[61]

Der Einsatz von Lichtscheiben ist eine der spektakulärsten theatralischen Neuerungen in *Starlight Express*: Laserstrahlen, die in einer Ebene hochfrequent hin- und herbewegt werden, vermitteln die Illusion einer leuchtenden Fläche. Diese Fläche schneidende transparente Objekte, Trockeneisnebel etwa oder Gaze, werden dabei wie in einem Tomographen zweidimensional zerlegt. Artauds wirkungsästhetische Forderungen werden von Trevor Nunn und seinem Lichtdesigner auf den Buchstaben befolgt. Die Akteure des Musicals sind mit bizarren Masken ausgestattet und bewegen sich mit hoher Geschwindigkeit auf Rollschuhen um und durch das Auditorium:

> Zwischen Zuschauer und Schauspiel, zwischen Schauspieler und Zuschauer wird wieder eine direkte Verbindung geschaffen werden, denn der im Zentrum der Handlung befindliche Zuschauer wird von ihr umhüllt und durchzogen.[62]

Formal bedeutet all dies eine kaum zu überbietende Annäherung an Artauds Ideal, aber die Funktion ist eine andere. Artaud wollte verfestigte Rezeptionsmechanismen aufbrechen; seine "Überraschungen" zielen auf Verstörung und Schock. Diese Wirkästhetik setzt zunächst voraus, daß dem Zuschauer die verwendeten Mittel unbekannt sind. *Starlight Express* erfüllt diese Bedingung. Der Zuschauer wird mit nie erlebten Effekten konfrontiert, die durch die Fortschritte der Licht- und Verstärkertechnik noch greller und lauter ausfallen, als dies zu Artauds Zeit möglich gewesen wäre. Artauds Wirkkalkül hat aber noch eine zweite Bedingung: Der Zuschauer muß bereit sein, sich von solchen Mitteln verstören und schockieren zu lassen. In einer Zeit, die Kinospektakel wie George Lucas' *Star Wars* (1977) und Steven Spielbergs *Raiders of the Lost Ark* (1979) hervorgebracht hat und in der *special effects*-Entwickler wie *Industrial Light and Magic* den Kassenerfolg entscheidend beeinflussen, kann diese Bereitschaft nicht mehr ohne weiteres vorausgesetzt werden. Das Publikum *erwartet*, überrascht zu werden. Seine im Kino erworbenen Vorprogramme können selbst von den aufsehenerregendsten Theateraufführungen nicht mehr erschüttert werden. In den 70er Jahren konnte im Zusammenhang mit Schockeffekten im Musiktheater noch von Psychedelisierung

---

[61] Ibid., 102.
[62] Ibid., 103.

und Entgrenzung der Wirklichkeitserfahrung die Rede sein,[63] der "New Brutalism"[64] der 80er Jahre jedoch wird zum Selbstzweck, die Entautomatisierung zur lustvoll erfahrenen Bestätigung.

Starlight Express wurde von der Kritik verdammt wie selten ein Musical zuvor.[65] Dabei fiel auf, daß gerade das innovative Element, die beispiellose Technisierung des Theaters, ablehnende Kommentare hervorrief. Sheridan Morley, der profilierteste Musicalkritiker Englands, ließ es dabei noch mit Spott bewenden:

> *Cats* is certainly a superlative celebration of the poems of T.S. Eliot and *Starlight Express* a hugely commercial roller disco, but neither has a plot which would occupy more than the back of a matchbook. That is why they work so well: they ask nothing of their audience beyond attendance at a certain theatre on a certain night. No language problems for foreign tourists, no demands of a shared heritage or education, no cultural barriers to be stormed. [...]
> All we need now is a set which can write songs and applaud itself and the cycle will be complete.[66]

David Edgar faßte den gleichen Sachverhalt schärfer:

> *Starlight Express* is the quintessential musical of the 1980s, with a cast consisting entirely of inanimate objects, computer programmed not to roller-skate into each other, the first genuine artefact of the post-human age.[67]

Diese Stimmen artikulieren das Unbehagen, das die konsequente Anwendung von Artauds technischen Vorgaben hervorrief. Nach Jahrzehnten der eskalierenden Effekte im Kino ist es das textferne Spektakel, das als Normalfall angesehen wird; aus dem "Theater der Grausamkeit" wird so das "Deadly Theatre" im Sinne Peter Brooks.[68] Die Theorien Artauds, die vom Grand Guignol entscheidend beeinflußt wurden, werden von Webber, Stilgoe und Nunn im Wortsinn wieder an ihren Ursprung zurückgeführt. Musicals wie *Starlight Express* sind große Investitionsobjekte, große Zuschauermagneten, große *shows*, kurz, Grand Guignol, großes Kasperletheater. Das Sprechtheater muß sich mit Artaud nicht mehr als Herausforderung, sondern als Defizit auseinandersetzen.

---

[63] Cf. Christian W. Thomsen, *Das englische Theater*, 258.

[64] Ned Sherrin, "Starlight Express", in: *Plays & Players* (5/1984), 22–23, 22.

[65] Trotzdem läuft *Starlight Express* zur Zeit der Schlußredaktion dieser Studie (Frühjahr 1993) immer noch vor vollen Häusern. Es ist ein Kassenschlager wegen, nicht trotz der "grausamen" Elemente.

[66] Sheridan Morley, *Spread a Little Happiness*, 11f.

[67] David Edgar, "Festival of the Oppressed", in: *The Second Time as Farce: Reflections on the Drama of Mean Times*, London (Lawrence & Wishart): 1988, 226–246, 232.

[68] Mit "Deadly Theatre" meint Brook das vorhersehbare, risikoscheue Theater, das die Phantasie der Zuschauer abtötet. Cf. Peter Brook, *The Empty Space*, 11ff.

2.2.3 David Rudkins *The Triumph of Death*

Vor diesem Hintergrund kann es nicht überraschen, daß auch Artaud, wie Brecht, in den 80er Jahren der metadramatischen Kritik ausgesetzt wurde. David Rudkin, ein gebürtiger Ire, der in England lebt und für das englische Theater schreibt, hatte bereits im Jahr 1963 in *Afore Night Come* Elemente des "Theaters der Grausamkeit" mit dem Außenseiterdrama der *angry young men* vermischt. *Ashes* (1974), das die Probleme eines zeugungsunfähigen Ehepaars dramatisiert, schockierte das Publikum nicht durch "grausame" Elemente, sondern wegen der Thematik, die im bis 1968 von der Zensur kontrollierten Theater Englands unerhört war. Davon abgesehen ist *Ashes* ein wenig spektakuläres Stück mit psychologisch durchgeformten, glaubwürdigen und sympathischen Protagonisten, "darauf beschränkt, uns Zugang zum Innenleben von ein paar Hampelmännern zu verschaffen"[69] und somit noch weit von Artauds Wunschtheater entfernt.

In dem Fernsehspiel *Penda's Fen* (1975) setzte Rudkin erstmals antirealistische Verfahren ein. Dazu zählt die im Theater nicht adäquat zu realisierende Traumsequenz mit ihrem kauernden Dämon[70] und die Schlußbildung mit der Antwort des toten Königs Penda auf das Gebet des jungen Protagonisten Stephen:

> KING PENDA: [...] But the flame still flickers in the fen. [...] The flame is in your hands, we trust it you: our sacred demon of ungovernableness.[71]

Stephen, der neue König, soll den "geheiligten Dämon der Unregierbarkeit" bewahren. Der Verweis auf "Anarchy in the time of King Stephen", einer Passage aus der Peterborough-Chronik des Jahres 1137, unterstreicht die Gegenüberstellung von historisch gewachsenen Autoritätsstrukturen und dem nach Rudkin ahistorischen, immer präsenten Streben nach Freiheit. Dieses Konfliktthema beherrscht auch seine weiteren Arbeiten.

Seit den späten 70er Jahren sind es die atavistischen, dunklen Elemente, die in seinen Werken dominieren. Das zwischen 1965 und 1974 entstandene,[72] aber erst 1981 veröffentlichte *The Sons of Light* ist seine bis dahin radikalste Umsetzung von Artauds Theorien in die Praxis.[73] Dabei fehlt es – gemäß der oben zitierten Aussage Artauds, unter "Grausamkeit" sei

---

[69] Antonin Artaud, "Das Theater und die Grausamkeit", 89.

[70] Cf. David Rudkin, *Penda's Fen*, London (Davis Poynter): 1975, 31–33.

[71] Ibid., 83.

[72] Cf. Paul Lawley, "RUDKIN, (James) David", in: D.L. Kirkpatrick und James Vinson eds., *Contemporary Dramatists*, Chicago und London (St. James): ⁴1988, 457–458, 458.

[73] David Rudkin, *The Sons of Light*, London (Eyre Methuen): 1981.

nicht ausschließlich Sadismus zu verstehen – nicht an Szenen äußerster Gräßlichkeit.

Rudkin zeigt keine Folterungen; das liegt an der prinzipiellen Nichtdarstellbarkeit der von ihm implizierten und in ihren Resultaten physischer und psychischer Art durchaus gezeigten Greueltaten. Ein Beispiel dafür ist der Monolog Gowers am Ende des dritten Aktes. Die Bühnenanweisung fordert "{An illegible human charnel, smoking still.}" [57]; kurz darauf spricht die "primal essence" dieser rauchenden Überreste:

> GOWER {songless, stunned}: They have divided me. They clamped me to a wheel, my face to Heaven, arms out, legs wide. Brought whitehot blades: to ease between my hides: along my arms, calves, sides, to slit me, long and parallel and deep. Here, here, here; here, here; here, here, here...'Search more', Holst said. With the redhot piercing tips of hooks, the wall of my belly, the flesh of my breast: deeper; deeper...the flesh ripped out of me. 'Look!' they said, 'we can see his beating heart!' And the King said: 'That? An heart? Is that what breaks in a man?' 'Caress him more,' Holst said; 'search more.' Everywhere that I was rent and gouged, with seething oil and spitting pitch and wax they larded me. So...So...So...My legs raised up before me, up, over my face, to bend me like a hoop: there into me...with a searing implement, opening me and pumping into me such scalding shocks – How could I endure this? I was fixed...Why am I in so many pieces? To each of them that worked upon me, each an arm or leg of me: to jerk, wrench, strain, each toward his own crossquarter with each his part of me. But I would not undo, they could not even split my fork. At last Holst said, 'we must ease him with saws.' Holst hagged me, most careful; and while he sawed me through my armpits and my groin, I uttered not one cry. Why was that? I came apart quite easy then. [58]

Mit solchen Szenen narrativ und visuell vermittelter physischer Grausamkeiten überschreitet Rudkin Artauds Forderungen noch, weil er die Brutalität selbst zum Thema macht. Wenn er dabei auch weiter geht als seine Zeitgenossen (und dies in *The Triumph of Death* noch steigert), bewegt er sich dennoch in einer dramatischen Tradition, die in England seit den Seneca-Imitationen des späten 16. Jahrhunderts etabliert ist und auch im Drama seit 1956 immer wieder fruchtbar wurde.[74] Zudem ist das Schockpotential eines Textes unmittelbar determiniert von der Vorinformiertheit des Publikums. Rudkins Folteropfer erschrecken ein an Horrorfilme und *video nasties* gewöhntes Publikum der 80er Jahre nicht mehr als Edward Bonds Säuglingssteinigung (in *Saved*, 1965) die weniger abgehärteten Theaterbesucher der 60er Jahre. Selbst eines der – im engeren Sinne –

---

[74] Auch Antonin Artaud bezieht sich explizit auf Seneca als Urvater seines Theaters, wenn er sagt: "One cannot find a better *written* example of what is meant by cruelty in the theatre than *all* the Tragedies of Seneca, but above all *Atreus and Thyestes.*" (Antonin Artaud, "States of Mind: 1921–1945" tr. Ruby Cohn, *Tulane Drama Review* 8 no.2 (Winter 1963), 30–73, 68.)

grausamsten Stücke der 80er, Howard Barkers *The Possibilities* (1987), dessen zehn Szenen ein Panoptikum der Unmenschlichkeit bilden, löste bei den Theaterkritikern keine Entrüstung mehr aus.[75]

Um mehr als nur eine solche leichte Irritation zu erzielen, setzt Rudkin eine ganze Reihe von visuellen und akustischen Mitteln ein, die in der für das "Theater der Grausamkeit" charakteristischen Weise einmal illusionsdurchbrechend, zum anderen aber illusionsstiftend sind. Damit sind Mittel gemeint, die zwar den Bühnenrealismus verfremden, aber nicht auf Distanz und Kritikfähigkeit der Zuschauer zielen, sondern eine Gegenwelt etablieren, die das Publikum überwältigen soll. In *The Sons of Light* zählen dazu etwa ungewohnte Akzente, die ständige Verwendung von Nebel und Rauch auf der Bühne und die eigenartigen, normalem menschlichen Verhalten fremden Reaktionen der Figuren auf Verlust der Kinder, harmlose Gespräche usw. ebenso wie die Dramatisierung von Schizophrenie und Deformation (Child Manatond). Am deutlichsten wird Rudkins Annäherung an Artauds Vorgaben in seinen Bühnenanweisungen zur Realisierung des Höhlensystems, in dem ein Gutteil der Handlung spielt [cf. 35ff.] und in einem Geräuscheffekt, der kurz nach Beginn des zweiten Aktes einsetzt:

{A dark detonative stroke soon audible from now, at grim uninflecting 10.4 second interval, as from some distant subterranean depth.} [24]

Dies ist der Taktgeber, dessen Dröhnen die unterirdische Sklavenkolonie beherrscht. Je weiter die Protagonisten in die Unterwelt hinabsteigen, desto lauter wird das Geräusch [cf. 35]. Die Funktion ist dabei eine zweifache: Anfangs wirkt der Ton, der von den Zuschauern keiner Quelle zugeordnet werden kann, bedrohlich. Durch die monotone Wiederholung über einen extremen Zeitraum jedoch (bis zum Ende des vierten Aktes, fast drei Viertel der Spieldauer des Stückes) und die Frequenz, die etwa der der Atemzüge eines schlafenden Menschen entspricht, wirkt er einschläfernd und damit auf die Zuschauer im äußeren Kommunikationssystem genauso wie auf die Sklaven im inneren.[76]

---

[75] Vielmehr bedauerte man, *sich nicht gut unterhalten zu haben*: "[...] an evening to be endured rather than enjoyed. But then that is Barker's intention." (Sheila Johnston, "The Possibilities", in: *Plays & Players* (April 1988), 26–27, 26.) "Howard Barker is not exactly the first playwright you turn to in search of a cheerful evening out [...] you feel by the end of a none too extended evening that it might have been more fun to spend a weekend with the Macbeths." (Sheridan Morley, *Our Theatres in the Eighties*, London (Hodder & Stoughton): 1990, 190f.)

[76] Es ist verlockend, aber nicht zu rechtfertigen, hier praktische Kritik an Artauds Konzept des "Wachrüttelns" sehen zu wollen.

All das resultiert in einer dramatischen Situation, die nur schwer vom Rezipienten identifiziert und deshalb nicht mit seiner eigenen Lebenswirklichkeit in Verbindung gebracht werden kann. Weil die Grausamkeit in einer Alptraumwelt stattfindet, die anonym und bereits vergangen ist, ist sie nicht zur Gesellschaftskritik funktionalisierbar. Sie bleibt unverbindlich und distanziert. Rudkin war damit an einem Endpunkt angelangt, der ihn zur Kritik an seinen eigenen Mitteln zwang. In *The Triumph of Death* (1981)[77] setzt er sich mit dem "Theater der Grausamkeit" in ähnlicher Weise auseinander wie Hampton dies in *Tales from Hollywood* mit dem epischen Theater tat.

Die sich über mehrere Jahrhunderte erstreckende Handlung des Stückes setzt mit der Vision ein, die der Bauernjunge Stephen of Cloyes vom auferstandenen Christus hat. Mother Manus, die Vertraute des Papstes, deutet dies als Aufforderung an Stephen, Jerusalem von den Sarazenen zu befreien. Stephens Kinderkreuzzug endet katastrophal; nur zwei verstümmelte Jungen und ein wahnsinniges Mädchen finden den Weg zurück in die Heimat. Diese drei gründen im Wald unter dem Schutz des Renaissancefürsten Enester eine Familie und Religionsgemeinschaft, die keine Außenwelt und keine christliche Orthodoxie kennt. Der Papst erahnt die Existenz ihrer Nachkommen; sein Gesandter, der fanatische Mönch Artaud, fällt mit Feuer und Schwert über die Waldbewohner her, während diese mit Pan Zwiesprache halten. Die Überlebenden des Überfalls werden dem weltlichen Arm der Kirche übergeben, selbst die schwangere Jehan wird nur bis zur Geburt ihres Kindes verschont. Ihr Bruder Gil, der Vater des Kindes, entkommt; wahnsinnig und blind schreit er seine Gewaltphantasien in den Sturm. In der letzten Szene, die ebenfalls den Titel "The Triumph of Death" trägt, zeigt sich Mother Manus im Gespräch mit Martin Luther zufrieden über den Lauf der Welt.

Der Auftakt von *The Triumph of Death* ist ein Beleg für Rudkins langjährige Bühnenpraxis:[78]

{Within the throbbing vibrance, stroke impending, of a massive bell. Human whisperings gather like flocks of birds. Gibbering choral fragments; harsh organ-chords. Bell-vibrance loudening, painful on the ear. Human babel towe-

---

[77] David Rudkin, *The Triumph of Death*, London (Eyre Methuen): 1981.

[78] Zu Rudkins genauer Kenntnis der Kommunikationssituation im Theater und der Belastbarkeit des Publikums cf. seine Regieanweisungen in *Ashes*, London (Samuel French): 1974, passim, und seine Ausführungen in "How I Translated Peer", in: *Plays & Players* (June 1983), 16–19, wo er von "Material unwelcome so late in the evening" spricht [18]. Vor diesem Hintergrund sind die scheinbar abstrusen Bühnenanweisungen, auf die in der Folge eingegangen wird, zu sehen.

ring to a shrieking ecstasy of need: cries of "Papa! Papa! Pater Sanctus! Pastor Nobis! Father!". Vast bell-stroke crushes all.} [1]

Mit diesem klimaktischen Beginn ist die Aufmerksamkeit des Publikums sichergestellt. Gleichzeitig enthalten diese wenigen Zeilen Bühnenanweisung bereits eine Fülle von Signalen, die sich direkt von Artauds Theater herleiten lassen. Die Klangeffekte sollen ungewohnt ("throbbing", "gibbering"), schmerzhaft ("harsh", "painful"), gewaltig und gewalttätig ("Vast bell-stroke crushes all") sein. Zudem wird über die lateinischen Invokationen und die Klangquellen (Glocke, Choral, Orgel) eine sakrale Atmosphäre etabliert.[79] Die bis hier rein akustisch stimulierten Vorstellungen der Zuschauer stehen im Spannungsfeld zwischen religiöser Feierlichkeit und chaotischem Getümmel ("flocks", "fragments", "babel"). Auf der visuellen Ebene wird dieser Eindruck verstärkt:

> From filthy golden gloom, a dark form, monstrous, slowly materialises to the sight: PAPATRIX, throned. Face a farded skull of cancerous death. Crown a Triple Tower, from which diminished human figures imprisoned scream and reach. Throne (the Hedra) a carved wooden Gothic city in like idiom – scream, strain and prison everywhere. Robe a burden of silver, gold. Skeleton hands bulbous with jewels. [1]

Das im Titel bereits angelegte Todesmotiv wird hier visuell etabliert, dazu der erste Hinweis auf die Zeit im inneren Kommunikationssystem gegeben.[80] Dabei bleibt es den Bühnenbildnern, Requisiteuren, Tonmeistern und Lichtdesignern überlassen, die Vorgaben Rudkins wenigstens annähernd der Bühne anzupassen. Wenn auch die technischen Möglichkeiten des zeitgenössischen Theaters die Grenzen zwischen Lesedrama und Spielvorlage deutlich zugunsten der letzteren verschoben haben, sind die Schwierigkeiten des Textes doch enorm. Besonders die schreienden Miniaturmenschen, die der Tiara der Papstfigur entfliehen wollen, erfordern eine ähnlich hypothetische Inszenierung wie die exemplarischen Texte Artauds

---

[79] "Das Theater der Grausamkeit ist ein hieratisches Theater." (Jacques Derrida, "Das Theater der Grausamkeit", 367f.)

[80] "Gothic" ist hier wohl streng architektonisch aufzufassen, nicht als "schauderhaft" im Sinne der *gothic novel* bzw. des *gothic drama*, wie Ayckbourn den Terminus benutzt (cf. Alan Ayckbourn, *Henceforward...*, London (Faber & Faber): 1988, 1; Bertrand Evans, *Gothic Drama from Walpole to Shelley*, Berkeley (University of California Press): 1947). Die Definition MaryBeth Inversos eignet sich für *The Triumph of Death* als Ganzes: "Gothic literature absolutely pulverizes any sense of a morally operative universe, instead substituting a radically amoral one in which the innocent perish alongside the wicked – or instead of them. [...] Translated into political terms, what the Gothic 'celebrates' is riot; what it chronicles is tyranny." (MaryBeth Inverso, *The Gothic Impulse in Contemporary Drama*, Ann Arbor (U.M.I. Research Press): 1990, 2.)

selbst[81] – es sei denn, man griffe auf Projektionen und dergleichen zurück oder interpretierte die Vorgaben des Nebentextes als Anregung, nicht als Anleitung.[82]

Der dritte Teil der einleitenden Bühnenanweisung bricht das etablierte Tableau auf:

> {In silence PAPATRIX focussing on us. Up through him suddenly a rectal spasm. His skeleton fingers clasp in anguish a carved dome, a spire; his skull-mouth gasps, fixed in an excretal rictus like the pit of Hell. [...] Rectal parody of birth. Suddenly silent, still, hung breathlessly on the apex of his anal travail. Then slow relief.} [1]

Dies ist die erste von vielen skatologischen Szenen, die teils inszeniert, teils verbal vermittelt werden. Das Skatologische, besonders der Akt des Stuhlgangs und ganz besonders dessen In-Szene-Setzung hat selbst heute noch ein gewisses Schockpotential.[83] Rudkin maximiert diesen Effekt einmal durch die variierende Wiederholung und zum anderen durch den Kontrast zwischen skatologischem Vorgang und den involvierten Personen bzw. dem Ort der Handlung. In der zitierten Szene ist es "{a monstrous pope-like figure}" [n.p.], die auf dem päpstlichen Thron ihre Notdurft verrichtet, wenig später überrascht Christus Stephen of Cloyes auf der Latrine, setzt sich neben ihn und katechetisiert ihn.

Das irritierende Potential der Blasphemie ist bereits bei Artaud angelegt,[84] ebenso das der abstoßenden Nacktheit. Wenn die Mother-Manus-Figur sich vor Stephen entblößt und dabei einen von Pestbeulen übersäten Körper vorzeigt [cf. 6], dann ist dies ein deutliches Echo der entsprechenden Stelle aus dem *Blutstrahl*:

---

[81] "{Man hört so etwas wie den Lärm eines unermeßlich großen Rades, das sich dreht und Wind erzeugt. Ein Orkan bringt sie auseinander. In diesem Augenblick sieht man zwei Sterne, die zusammenstoßen und eine Reihe von Beinen aus lebendigem Fleisch, die herabstürzen mit Füßen, Händen, Haaren, Masken, Säulenreihen, Säulenhallen, Tempeln, Retorten [...]}" (Antonin Artaud, *Der Blutstrahl*, in: *Frühe Schriften; Korrespondenz mit Jacques Rivière* ed. und tr. Bernd Mattheus, München (Matthes und Seitz): 1983, 69–75, 70.)

[82] Obwohl Rudkins Stücke tatsächlich aufgeführt wurden, beeindrucken die Schwierigkeiten einer adäquaten Inszenierung: "*The Triumph of Death* demands spectacular design and performing virtuosity. [...] Anachronistic and apocalyptic, he dazzles by the brilliance of his stage images, the density of his language, and the shifting ground of his characters. Like Barnes, his dramatic intensity needs subvention and climactic direction. In the meantime, we can read him." (Ruby Cohn, *Retreats from Realism*, 178f.)

[83] Cf. dazu Sidney Shrager, *Scatology in Modern Drama*, New York (Irvington): 1982.

[84] "DIE KUPPLERIN: Laß mich in Ruhe, Gott. {Sie beißt Gott ins Handgelenk. Ein immenser Blutstrahl zerfetzt die Bühne [...].}" (Antonin Artaud, *Der Blutstrahl*, 74.)

{Der Körper der Kupplerin erscheint völlig nackt und häßlich unter dem Mieder und dem Rock, die wie aus Glas werden.}[85]

Artauds Licht "von ätherischer Zartheit, von Dichte, von Undurchdring-lichkeit"[86] findet seine Entsprechung in Rudkins Stipulation "{Light has quality of methane gas.} [18]".

Es ist deutlich geworden, daß Rudkin nicht nur Artauds Ästhetik des Schocks sorgfältig umsetzt, sondern mitunter sogar einzelne Bilder aus dessen Werk in seinen Text montiert. Wenn *The Triumph of Death* den-noch keine Hommage an Artaud ist, so liegt das an der Kontextualisierung der im engeren Sinne "grausamen" Elemente und der bereits erwähnten Artaud-Figur.

Die Funktion des Dramenauftaktes erschöpft sich nicht in der Erwek-kung von Aufmerksamkeit und dem Schockieren des Publikums. Rudkin demonstriert damit gleichzeitig seine Beherrschung des Artaudschen Repertoires und vermeidet so den Vorwurf, Artaud *nur* als Verfechter von Metzeleien und Torturen zu sehen. Die virtuose Zusammenschau dessen, was Artaud als dem "Theater der Grausamkeit" wesentlich ansah, legiti-miert Rudkin in der Folge, die Verengung auf die blutige Dimension dieses Theaters vorzunehmen.

Kaum hat Stephen die Bühne verlassen, erläutert Papatrix das weitere Schicksal der kindlichen Kreuzfahrer:

PAPATRIX: [...] Thousands drowned. Those saved, not for Jerusalem at all. But into Barbary. Sold for slaves. For catamites. For torture, crucifixion, death of the hooks. Flayed. Impaled. {Mallets' quiet systematic tapping. Golden armour hangs: upon a boy skeleton, anally impaled.} This was Stephen of Cloyes. You'll shite no more. The Saracen has stopped you up. Or Arab, Berber, Riff, all one. Mallet and shaft. Tap tap. Tap tap. Some long while this must take, and skill. Drive this sharp iron tip way up in you till out again between your shoulderblades and yet not puncture any vital organ. Liver, lung, heart. Here's a guard must live on his post three days. No lad this is not Jerusalem. Algiers. Tap tap. Tap tap. [7][87]

---

[85] Ibid., 74. Auch die in *The Triumph of Death* unmittelbar folgende Entdeckung der für Stephen bestimmten goldenen Rüstung hat ihre ungefähre Entsprechung bei Artaud, selbst wenn die Chronologie dort umgekehrt ist: "{Und ein Ritter aus dem Mittelalter mit einer riesengroßen Rüstung tritt ein [...].}" (Ibid., 70.)

[86] Antonin Artaud, "Das Theater der Grausamkeit (Erstes Manifest)", 102. Den Hinweis auf diese Parallele verdankt der Verfasser Uwe Bihr.

[87] "Jerusalem", meistens als "New Jerusalem", als utopischer Zukunftsentwurf verstanden, und der Gegenort "Babylon" tauchen in vielen englischen Stücken seit 1956 auf. Arnold Weskers *I'm Talking About Jerusalem* (1960) machte dabei den Anfang. In den 80er Jahren wird die Utopie immer, wie hier bei Rudkin, desavouiert und als Instrument der Beherrschung entlarvt. Cf. dazu Alfred Fagon, *Lonely Cowboy*, in: Yvonne Brewster sel. und intr. *Black Plays*, London (Methuen): 1987, 31–67, sowie Kapitel 3.2 zu Edward Bonds *Restoration* (und John Fletchers *Babylon Has Fallen*).

Der Vorgang des Pfählens wird hier gleich auf drei Ebenen dramatisiert und damit in seiner Relevanz unterstrichen: einmal durch die Explikation der Papstfigur, dann durch das gleichzeitige, hörbare Ablaufen in den Kulissen, und schließlich durch das Zeigen des Resultates, nämlich des aufgespießten Skelettes. Gräßlicheres ist schwer vorstellbar; selbst die tatsächliche In-Szene-Setzung wäre erträglicher, weil vom Zuschauer sofort als Bühnenfiktion erkennbar. Hier wird nur *erzählt*; aber gerade dieser Verstoß gegen die Bühnenästhetik des "Theaters der Grausamkeit" soll der Szene ihren Impuls verleihen. Die Erzählung weist über das Bühnengeschehen hinaus auf das historische Desaster des Kinderkreuzzuges, dessen Konsequenzen nun distanziert und detailfreudig geschildert werden.[88] Stephen of Cloyes wurde geopfert, weil er bereit war, Autoritätsfiguren zu folgen, die der Grausamkeit der Welt zustimmend, zumindest aber gleichgültig gegenüberstehen:

> PAPATRIX: [...] Well, let this be Jerusalem. And hoist you high toward your heaven as it can. [7]

Während dieser verachtungsvollen Worte und den Lobgesängen Mother Manus' läßt Rudkin die Schreie der Kinder in einen dem Publikum bereits bekannten Geräuscheffekt übergehen:

> {Children's hideous screaming; crackle, spit of burning flesh. Painful vibrance of colossal bell.} [7]

Die Wiederaufnahme des Glockentones vom Beginn des Stückes beendet den Bericht vom Untergang der Kreuzfahrer. Das Artaudsche Theater gewinnt wieder die Oberhand, der Todeskampf der Kinder wird im Auditorium zum unangenehmen Dröhnen aus der Schallanlage. Durch diese Gegenüberstellung von narrativ vermittelten authentischen Grausamkeiten und der unzulänglichen inszenatorischen "Grausamkeit" im Sinne Artauds wird diese in Frage gestellt. Dies ist der Unterschied zu *The Sons of Light*, wo die von Anfang an "unmögliche" Welt dieses Spannungsverhältnis nicht zuläßt. Die äußersten Scheußlichkeiten, so wird dem Zuschauer in *The Triumph of Death* suggeriert, sind auf dem Theater nicht darstellbar. Rudkin läßt Artauds Forderungen fragwürdig erscheinen: Die historisch

---

[88] Es tut der Effektivität dieses Vorgehens keinen Abbruch, daß die neuere Forschung zumindest den von Stephan von Cloyes initiierten Teil des Kinderkreuzzuges in seinen katastrophalen Folgen relativiert hat. Während fast alle rheinischen Kreuzfahrer die von Papatrix geschilderten Schicksale erlitten, kehrten viele der französischen Teilnehmer auf Befehl Philipps II. um. Cf. Frederick H. Russell, "Crusade, Children's", in: Joseph R. Strayer ed., *Dictionary of the Middle Ages* vol. 4, New York (Charles Scribner's Sons): 1984, 14f.

(schon *vor* Artaud) verbürgte und reproduzierbare Grausamkeit wirkt keineswegs stimulierend oder befreiend, wie von Artaud gewünscht, sondern abstoßend und deprimierend.

Rudkin geht aber noch einen Schritt weiter. Ihm ist es nicht vorrangig darum zu tun, zu zeigen, daß Artaud zu kurz greift oder das Leben dem Theater, so "grausam" es auch sein möge, immer einen Schritt voraus ist. Rudkin will vielmehr die Rolle deutlich machen, die Artauds Ästhetik in der Wechselbeziehung zwischen Bühne und Realität innehat. Dazu läßt er Artaud selbst auftreten. Die Artaudfigur ist zwar ihrem Original nicht so detailgetreu nachgebildet wie Christopher Hamptons Brecht; dazu fehlt Rudkin der dokumentarische Anspruch, den die *Tales from Hollywood* erheben. Allerdings besitzt die Figur genügend Charakteristika, um über den Namen hinaus auf den historischen Antonin Artaud zu verweisen.[89]

Der Artaud des Stückes evolviert aus der Stephen-Figur, und wie Stephen macht er sich zum Erfüllungsgehilfen der Kirche in ihrem Versuch, sich mit blutiger Verfolgung ihrer Widersacher zu entledigen. Seine Truppen zerstören die pastorale Existenz der im Wald lebenden Anhänger Pans:[90]

{A sudden flash. Beginning of screams. A shattering explosion. Smoke. Gradual flamelight. Moaning: amid trees heard burning, falling, bodies lie quivering, meat that had been people, rendered into heaps we cannot read. MOVINS uncomprehending, feeling at something alien lodged in his flesh. ULLIN: why her baby has no head?} [34]

War das Massaker an den Kinderkreuzfahrern noch durch den Kontrast zwischen narrativer Vermittlung und den Verfahren Artauds geprägt, so wird hier mit inszenatorischen Mitteln gearbeitet, die neben dem Theater Artauds auch dem Kino Francis Ford Coppolas (*Apocalypse Now*, 1979) verpflichtet sind. Artaud ist in seiner Bühneninkarnation präsent. Er trägt die goldene Rüstung Stephens, steht allerdings, "{scholar-monk, maturer}" [19], auf der Seite der Sieger:

---

[89] In der Aufzählung der *dramatis personae* beschreibt Rudkin ihn als "compassionate fanatic monk" [n.p.]. Artaud selbst versuchte 1937, in Irland in ein Kloster einzutreten, wurde aber "mit Schwierigkeiten, sich sprachlich verständlich zu machen und mit Ausbrüchen von Gewaltsamkeit [...] zwangsweise repatriiert und in Frankreich in eine Nervenklinik gesteckt" (Christian W. Thomsen, *Das englische Theater*, 247). Cf. Eric Sellin, *The Dramatic Concepts of Antonin Artaud*, Chicago und London (University of Chicago Press): 1968, 5f. – Ruby Cohn ergänzt "[...] Artaud (who played the compassionate monk in the Joan of Arc film of Carl Dreyer, to whom Rudkin dedicates his drama)." (*Retreats from Realism*, 178.) – Jeanne d'Arc (Jehan/Joan) wiederum ist eine der Figuren in *The Triumph of Death*.

[90] Diese Szene hat auffällige Parallelen zur Vernichtung der letzten Zuflucht Lears in Edward Bonds *Lear*, wie auch der Monolog des wahnsinnig gewordenen Gil im Sturm [47ff.] Shakespeares *King Lear* nachgebildet ist. David Rudkin hat die Lear-Thematik in *The Saxon Shore* (1986) wieder aufgenommen.

{These creatures experience themselves as gold; the only holes they acknowledge in their bodies are their mouths, for utterance of the Truth vouchsafed to them alone. One bears aloft a proud device, a branding-iron in shape of a dislocated crucifix, hands and ankles swastified.} [35]

Rudkins Bildersprache läßt hier keinen Deutungsspielraum mehr zu: Die Artaudfigur, die sich und die gleichartig Uniformierten als alleinige Träger der Wahrheit versteht, hält ein zum Hakenkreuz verfremdetes Kruzifix. Damit ist die Brücke zwischen der Artaudschen Grausamkeit, den historischen Exzessen der Ketzerverfolgung und dem Terror des 20. Jahrhunderts geschlagen. Rudkin verstärkt diese Aussage noch, wenn er daraufhin Artaud seinen Helm abnehmen läßt und ihm die letzte Replik des ersten Teils gibt:

ARTAUD: [...] {Takes up with joy the baby's head.} Here's one at least, was spared the tyranny of darkness! {Riven with love for the carnage around him.} Rejoice! Rejoice! The Sons of Truth are now the masters of the earth! [35]

Der zweite – viel kürzere – Teil des Stückes verzichtet auf spektakuläre Effekte und Szenen der Grausamkeit, mit der signifikanten Ausnahme der Hinrichtung Jehans. Sie stirbt auf dem Scheiterhaufen, vor dem sie noch ein Kind zur Welt gebracht hat, getröstet von Artaud, der sich bis zum Ende als Vertreter der Wahrheit und des Rechts sieht –

ARTAUD: Oh Joan. Our toil for you was none of it in vain. I feel more gladness in you than in all were never lost. [45]

und dem Leben immer noch weniger abgewinnen kann als dem Tod:

LADY ENESTER: A lovely little son. Clean him.
{She thrusts the child into the arms of ARTAUD. Nauseated by mucus and slime, he stumbles away.} [46]

Die Scheiterhaufenszene will Rudkin nicht spektakulär, aber eindringlich realisiert sehen:

{A sound of sudden flame. No simulation, rather, moral presence of JEHAN's dying. Her struggling body, thrusting Adam-apple, working face and starting eyes, sear into us her agony. [...] She twists her face to one then another of us, to rivet into us the meaning of her extermination as a living soul.} [46f.]

Diese Konzentration auf die Zuschauer, denen so die Ungeheuerlichkeit der Vernichtung eines individuellen Lebens nahegebracht werden soll, ist eine letzte Absage an Artaud, der "die menschliche Individualität beiseite feg[en]"[91] wollte. Das oft zitierte Bild aus dem Vorwort zu *Das Theater und sein Double*,

> Wenn es überhaupt etwas Infernalisches, wirklich Verruchtes in dieser Zeit gibt, so ist es das künstlerische Haften an Formen, statt zu sein wie Verurteilte, die man verbrennt und die von ihrem Scheiterhaufen herab Zeichen machen.[92]

wird damit in seinen Konsequenzen bloßgestellt. Auf dem Scheiterhaufen, dem archetypischen Bild menschlichen Leidens und menschlicher Grausamkeit, endet die illusionsstiftende Kraft des Theaters.

Rudkins Regieanweisung zur zeitlichen Einordnung des Stückes lautet:

> {The action of the play takes place ostensibly in the 'middle ages', for this purpose a telescoping of thirteenth fourteenth and fifteenth centuries.} [n.p.]

Hier wird seine Absicht deutlich, eine Verankerung der Handlung an einem einzigen historischen Datum zu vermeiden.[93] Rudkin will, gemäß den Worten seines Luther,

> The past is another country. The past is not another country. There is no escape from history. [51]

die auch – ohne den letzten Satz – als Motto des Stückes dienen, verhindern, daß *The Triumph of Death* als Episode aus dem dunklen Mittelalter rezipiert wird, als Schauerstück ohne gegenwärtige Relevanz. Mother Manus, die einzige Figur, die das ganze Stück über präsent ist und keine Transformation durchmacht, sagt in diesem Sinne zu Luther: "Most people are living on that slope now. This is the twentieth century." [52] Die letzte Replik des Stückes lautet:

> MOTHER MANUS: [...] Heaven. Hell. All that antique delirium. We're humanists now. We've got it right.
> {She fixes on us a friendly smile; that stays fixed, a rictus of the skull. Click. Rub. Silence. Out.} [54]

Die Figur, die die ersten Worte des Stückes gesprochen hat, beschließt es auch, mit dem erstarrten Grinsen, das am Anfang die Papstfigur trug. Geändert hat sich nichts, aber das zyklische Geschichtsbild, das hinter der Stasis des Stückes sichtbar wird, ist nicht das Rudkins, sondern wird von

---

[91] Antonin Artaud, "An J.P.", 9. November 1932, Brief 3 der "Briefe über die Sprache", in: *Das Theater und sein Double* tr. Gerd Henninger, Frankfurt am Main (Fischer Taschenbuch): 1979, 113–130, 125.

[92] Antonin Artaud, "Vorwort: Das Theater und die Kultur", in: *Das Theater und sein Double*, 9–15, 15.

[93] Der Kinderkreuzzug unter Stephan von Cloyes fand 1212 statt, 300 Jahre vor Luther und viele Jahrhunderte nach den "{Iron Age men}" [9], die in der Waldenklave hausen.

diesem Artaud zur Last gelegt. Die Diskrepanz zwischen den optimistisch-affirmativen Worten Mother Manus' und der grausamen Wirklichkeit, die den Zuschauern bekannt ist, fordert zum Kommentar und zum Widerstand heraus. Das Theater, das mit den Mitteln Artauds arbeitet (und hier Artaud zum innerdramatischen Handlanger der grausamen Autoritäten werden läßt), kann nicht mehr hingenommen werden. Seine Mechanismen funktionieren noch, aber es ist zum Herrschaftsinstrument geworden, zum Unterhaltungstheater, das den Blick auf reale Grausamkeiten verstellt, ob sie sich nun in den Kinderkreuzzügen manifestieren, in den Hexenverbrennungen oder in den Scheußlichkeiten unseres Jahrhunderts.

Man mag Artaud unrecht tun, wenn man ihn zum Faschisten stempelt.[94] Eine solch radikale Kritik, noch dazu von einem Autor wie Rudkin, der vielen bis dahin als unpolitisch, obskur, geradezu solipsistisch galt,[95] spiegelt aber das Unbehagen wider, das in den 80er Jahren den bis dahin dominanten Einflüssen auf die englische Dramatik entgegengebracht wurde.

---

[94] Christian W. Thomsen bemerkt dazu: "Vor allem an manchen Formen des Gruppentheaters lassen sich jedoch auch die Gefahren der Artaudschen Theaterkonzeption orten. Sie liegen einmal in einer weitgehenden Ausschaltung der Ratio, die zu einer chaotischen Gefühlsekstase und zur Verdrängung geistiger Gehalte führen kann und zum anderen in mangelnder gesellschaftlicher Reflexion bzw. in einem von der Emotion getragenen Ansatz, der mitunter dort, wo sich ganz links und ganz rechts einander Molotow-Cocktails zureichen, nahezu faschistische Züge trägt und beim 'miteinbezogenen' Zuschauer den Spielraum für eigene, verantwortungsbewußte Entscheidungen einschränkt." (*Das englische Theater*, 274.) Allerdings relativiert er im Anschluß daran zu Recht seine Kritik an einem Theatertheoretiker, der in seinen historischen Bezügen gesehen werden muß: "Dennoch war Artaud kein Faschist. Sein Konzept spiegelt auf der einen Seite die romantische Versöhnung von Kunst und Leben, auf der anderen aber die emotionale Verführbarkeit, die im Gefolge Nietzsches, der mit de Sade, Poe, Baudelaire, Gerard de Nerval und Jarry zu seinen geistigen Ziehvätern gehörte, die Epoche dominierte." (Ibid., 275.)

[95] Cf. John Wyver, "Rudkin's Mythic Trail", in *Listener* 109 (2 June 1983), 32.

3 Rekonventionalisierung I: Kritik der Konvention

3.1 Passionsspiel I: Howard Barkers A Passion in Six Days

Im vorigen Kapitel sind literarische Entwicklungen als Dramatisierungen eines Defizits beschrieben worden: Hampton und Rudkin üben Kritik an theoretischen Entwürfen und deren Umsetzung bis in die 70er Jahre, lassen aber noch nicht erkennen, welche praktischen Konsequenzen eine solche Kritik haben kann. Ihre explizite Auseinandersetzung mit Brecht und Artaud stellt, so groß ihre Bedeutung ist, eine Ausnahme im zeitgenössischen englischen Drama dar. Die Dramaturgien der 60er und 70er Jahre wurden zwar anderen Dramatikern nicht weniger problematisch, aber diese Problematisierung führte nicht zur metadramatischen oder theoretischen Reflexion, sondern zu einer "stillschweigend" geänderten Praxis. Dabei dominierten zunächst die Versuche, durch die Deformierung literaturhistorisch vor Brecht und Artaud angesiedelter dramatischer Formen das Verfremdungsprinzip noch einmal zu verteidigen.

Howard Barker kommt in diesem Zusammenhang eine Schlüsselstellung zu. Er war bereits in den 70er Jahren mit Stücken wie *Stripwell* (1977) in Erscheinung getreten, die noch ganz in der Tradition von "British Brecht" standen und ihre sozialistische Wirkintention deutlich machten. Die Schlußreplik der Hauptfigur in *Claw: An Odyssey* (1977) ist dafür ein Beispiel:[1]

> NOEL: [...] our little squabbles and our playground fights and little murders in the entrances of flats are hardly crimes compared to that crime they are working on us, all of us driven mad by their brutality and no coppers to protect us against their claws! Their great claw, slashing us, splitting our people up, their great claw ripping our faces and tearing up our streets, their jaguars feeding on our lazy herds! {Pause} And we have nothing except each other. Our common nothingness. And our caring for each other. And our refusal to do each other down. Like a class of schoolboys we won't tell who is the thief.[2]

---

[1] Cf. dazu Tony Dunn, "Howard Barker: Socialist Playwright for Our Times", in: *Gambit: International Theatre Review* 11 no.41 (1984), 59–91, 59ff.

[2] Howard Barker, *Claw: An Odyssey*, in: *Collected Plays Vol. 1*, London (John Calder): 1990, 9–72, 71.

Eine solche die herrschenden, aber anonymen "they" anklagende Aussage könnte so auch in einem Stück Howard Brentons oder David Hares aus den späten 70er Jahren stehen. Erst in den 80ern entwickelte Barker ein eigenes Idiom, das ihn so stark von seinen ehemaligen Weggenossen absetzte, daß Günter Klotz am Ende des Jahrzehnts vom "Ein-Mann-Trend Howard Barker"[3] sprechen konnte. Barkers spätere Stücke zeigen eine weniger deutliche ideologische Festlegung; manchmal wird dies von ihm ausdrücklich deutlich gemacht,[4] häufiger aber verbietet allein die hohe Komplexität seiner Texte eine Reduktion auf einfache Botschaften. Besonders die neueren Stücke wie *The Bite of the Night* (1988) oder *The Europeans* (1990) zeichnen sich durch eine so weit gefaßte Polyperspektivität aus, daß dem Publikum (bzw. den Lesern; Barker hat unter seinen Zeitgenossen die wohl größten Schwierigkeiten, produziert zu werden)[5] die üblichen Decodierungsverfahren unmöglich gemacht werden.[6] Barker ist sich dieser Schwierigkeit bewußt. Schon 1981 sagte er:

> I dislike a play in which the dramatist overstates his intentions, making matters easy for his audience. It produces this rather unhealthy expectation that we should all know what it's about by the interval. To continually undermine the expected is the only way to really alter people's perceptions.[7]

---

[3] Günther Klotz, "Zwischen Erfolgszwang und Engagement: Tendenzen im englischen Drama der achtziger Jahre", in: B. Reitz und H. Zapf eds., *British Drama in the 1980s: New Perspectives*, Heidelberg (Winter): 1990, 49–61, 55.

[4] Cf. Kapitel 4.1.

[5] Insbesondere die BBC hat immer wieder Stücke bei Barker in Auftrag gegeben und produziert, ohne sie zu senden: "The terrible scandal of the [BBC] drama department is not known to the public. There is good work there, in the bottom of steel cabinets." (Howard Barker, Malcolm Hay und Simon Trussler, "Energy – And the Small Discovery of Dignity", in: *Theatre Quarterly* 10 no.40 (1981), 3–14, 6; zu seinem *The Loud Boy's Life* (1982) meinte er ein Jahr später: "[T]hose curious to examine the original text will find it, like an unclaimed suicide, in a steel drawer at the BBC." ("A Note on the Text", in: *Two Plays for the Right*, London (John Calder): 1982, 9.) – Das Fernsehspiel *Pity in History* (1984) bildet dazu eine Ausnahme. Es problematisiert auf ähnliche Weise wie Arnold Weskers *Caritas* (1981) die Schutzfunktion der Kirche und macht wie dieses Anleihen beim liturgischen Drama. Die Geschichte des Steinmetzen Gaukroger, der auf dem Höhepunkt des englischen Bürgerkrieges unverdrossen an der Innenausstattung einer Kathedrale arbeitet, während gleichzeitig eine Gruppe Soldaten der *New Model Army* seine Werke zerstört, sobald sie fertiggestellt sind, nimmt unter Barkers Texten der 80er Jahre allerdings aufgrund seiner verhältnismäßig deutlichen Interpretationsangebote eine Sonderstellung ein.

[6] Der Hinweis auf die an Unverständlichkeit grenzende Polyperspektivität in Barkers Texten ist in den bis jetzt vorliegenden Untersuchungen bereits zu einem Klischee geronnen. Sheila Johnstons Kritik steht stellvertretend für viele andere: "It is all very fine for Barker to dispense smug aphorisms on what people ought to want to see: the writer who writes for himself, he believes, will create his own audience. In these dark days, though, the audience might be a long time in the coming." ("The Possibilities", in: *Plays & Players* (April 1988), 26–27, 27.)

[7] Howard Barker et al., "Energy", 7.

Damit stellt er seine Hermetisierungsverfahren in die Tradition der Erwartungsenttäuschung bzw. der Entautomatisierung zur Wahrnehmungsveränderung. In dieser Tradition ist auch ein Stück wie *The Castle* (1985) zu sehen, das einerseits durch Verweise auf Kafkas *Schloß* (dessen englischer Titel ebenfalls *The Castle* lautet), Edward Bonds *Lear* und *Lysistrata* eine hohe literarische Vorinformiertheit der Zuschauer voraussetzt, außerdem aber durch die übersteigert unflätige Sprache eben diese Zuschauer schockieren soll. Ähnliches gilt für *The Possibilities* (1987), wo der Schockeffekt durch exzessive Grausamkeiten herbeigeführt werden soll.[8]

Auch wenn im folgenden mehrere Stücke Barkers untersucht werden, ist hier dennoch nicht der Ort, sein Gesamtwerk zu würdigen.[9] Im Mittelpunkt werden vielmehr die Anleihen stehen, die Barker vor allem bei mittelalterlichen und elisabethanischen Dramenformen gemacht hat, und die Wirkstrategien, die sich mit diesen Anleihen verbinden.[10] Daß dabei die Chronologie der Entstehung nicht gewahrt bleiben muß, sondern *Seven Lears* (1990), dem Gang der Argumentation folgend, vor *The Last Supper* (1988) behandelt werden kann, liegt wiederum an der Polyperspektivität der Barkerschen Texte, die sich auch stückübergreifend äußert. Barker kann nicht so leicht wie etwa Howard Brenton oder Peter Shaffer[11] auf eine sein Werk dominierende Position festgelegt werden; die im folgenden untersuchten Texte markieren keine folgerichtige, chronologische Entwicklung, sondern sind Ausprägungen des fortgesetzten Experimentierens mit den unterschiedlichsten Aussagen.

Barker hat in den 80er Jahren immer wieder auf Elemente des mittelalterlichen Dramas zurückgegriffen.[12] Dreimal, in *A Passion in Six Days*

---

[8] Zu den tatsächlichen Reaktionen der Kritik auf *The Possibilities* cf. Kapitel 2.2.3.

[9] Barker hat in der Kritik bislang nicht die Resonanz gefunden, die Dramatikern wie Edward Bond oder Howard Brenton zuteil geworden ist. Einen Gesamtüberblick bietet David Ian Rabey, *Howard Barker: Politics and Desire. An Expository Study of His Drama and Poetry, 1969–87*, Basingstoke (Macmillan): 1989, sowie die Barker gewidmete Nummer von *Gambit: International Theatre Review* 41 (1984). Cf. Kapitel 3.3. und 4.1.

[10] Dies bedeutet, daß auch jene Stücke Barkers unberücksichtigt bleiben müssen, die lediglich im Mittelalter oder der frühen Neuzeit spielen. Die wichtigsten unter ihnen sind *Victory: Choices in Reaction* (1983), dessen Handlung unmittelbar nach Beendigung des englischen Bürgerkrieges einsetzt, und *Scenes From an Execution* (1984), das im Venedig nach der Galeerenschlacht von Lepanto (1571) angesiedelt ist.

[11] Cf. jedoch Kapitel 4.3.

[12] Wie die Dramatiker des Mittelalters neigt auch Barker dazu, Episoden des Alten und Neuen Testaments zu dramatisieren. Neben den Stücken, die die Passionsthematik ausfalten, sind seine Bearbeitungen des Judith-Stoffes zu nennen. Cf. *The Possibilities* (1987), Szene 8: "The Unforeseen Consequences of a Patriotic Act", sowie *Judith*

(1983), *The Last Supper: A New Testament* (1988) und *Golgo: Sermons on Pain and Privilege* (1989), verwendete er dabei das Muster des Passionsspieles. Im folgenden soll das früheste dieser Stücke näher untersucht werden.[13]

Die Mysterienspiele, deren theologisches und dramatisches Zentrum die Darstellung der Passion Christi war, sind die älteste vernakulare Dramenform Englands.[14] Ein Rückgriff auf gerade diese Form signalisiert deswegen deutlicher als die Wiederaufnahme neuerer Muster eine Abkehr von modernen Dramaturgien. Unterstrichen wird dies durch die Tatsache, daß bis in unsere Zeit die Mysterien praktisch vergessen waren. Die vier überlieferten Zyklen (Chester, York, Towneley und N-Town) erlebten nach der endgültigen Unterdrückung dieser "katholischen" Dramatik im Zuge der englischen Reformation zwar im 20. Jahrhundert gelegentliche museale Wiederaufnahmen, aber davon abgesehen war die Tradition der Mysterien in England – im Gegensatz etwa zu Oberammergau – längst in den Studierstuben der Mediävisten erstarrt.[15] In jüngster Zeit jedoch begannen plötzlich Dramatiker unterschiedlichster Provenienz, diese Tradition neu zu rezipieren und mehr oder weniger unmittelbar für die eigene Produktion dienstbar zu machen. Den Anfang machte dabei Edward Bond mit *Passion* (1971)[16], gefolgt von Snoo Wilson, David Hare,

---

(1990). – *Judith* ist trotz der aus anderen Stücken Barkers vertrauten Thematik (*pity* vs. *desire*, Gewalt vs. Apathie, Todessehnsucht der Protagonisten) untypisch für seine neueren Werke. Der *plot*, die Dialoge, die Motivation und Charakterisierung der Figuren und damit deren Identifikationspotential sind deutlicher und widerspruchsfreier konturiert.

[13] *The Last Supper* bildet den Untersuchungsgegenstand von Kapitel 4.1; dort stehen weitere Informationen und Verweise zum Passionsspiel.

[14] Als Fronleichnamszyklus aufgeführte Mysterien sind für England erstmals 1377 in Beverley nachgewiesen. Bei dem zeitlich noch früher (ab dem 10. Jahrhundert) anzusiedelnden liturgischen Drama handelte es sich um lateinische Elaborationen der *quem queritis*-Trope, deren Funktion im Gottesdienst noch nicht die exoterische, auf weltliche Zuschauer zielende Wirkintention der Mysterien hatte.

[15] Neben den in diesem und dem nächsten Kapitel diskutierten Wiederaufnahmen der Thematik und mancher Aufführungskonventionen des Passionsspieles in England gab es anderswo immer wieder Versuche, die kirchliche Spieltradition neu zu begründen. Diese konnten wie das Passionsspiel von Eureka Springs (seit 1968) zu Zwecken der antisemitischen Agitation mißbraucht werden, aber auch, wie ein Beispiel von den Philippinen zeigt, dem politischen Widerstand gegen die Diktatur dienen. Cf. Dana Sue McDermott, "Ritual and Reification: The Passion Plays at Oberammergau and Eureka Springs, Arkansas", in: James Redmond ed., *Drama and Religion* [Themes in Drama vol. 5], Cambridge (Cambridge University Press): 1983, 255–271; Karl Gaspar, "Passion Play, Philippines, 1984", in: *New Theatre Quarterly* 2 (1986), 12–15.

[16] Die Uraufführung am 11.4.1971, dem Ostersonntag, macht dies zum einzigen dem Verfasser bekannten Stück der letzten Jahrzehnte, das in Anlehnung an den religiösen Kalender geschrieben und zur Aufführung gebracht wurde. Der Marxist Bond denunziert dabei die Christusfigur keineswegs, sondern läßt sie sagen: "I am too late. I can't be crucified for men because they've already crucified themselves, wasted their lives in

Howard Brenton, David Edgar et al. mit dem 1972 entstandenen, heute verschollenen *England's Ireland*.[17] In den 80er Jahren setzten (abgesehen von den unten diskutierten Autoren) Peter Nichols mit *Passion Play* (1981)[18] und Howard Brenton mit *Greenland* (1988)[19] diese Tendenz fort.[20]

---

misery, destroyed their homes and run mad over the fields stamping on the animals and plants and everything that lived. They've lost their hope, destroyed their happiness, forgotten mercy and kindness and turned love into suspicion and hate. Their cleverness has become cunning, their skill has become jugglery, their risks have become reckless gambles, they are mad. What are my sufferings compared to theirs? How can one innocent die for the guilty when so many innocents are corrupted and killed? This is a hell worse than anything my father imagined." (Edward Bond, *Passion*, in: *Plays: Two*, London (Eyre Methuen): 1978, 237–253, 250.) Im Zusammenhang mit dem Kommentar des ebenfalls auftretenden Buddha ("They have no pity. They can't pity each other, so how could they ever listen to us?" [Ibid., 251]) wird deutlich, wie gut sich das Personal der traditionellen religiösen Dramatik (hier weltökumenisch ergänzt) zum Transport der säkularen Inhalte des Bondschen Aufklärungstheaters nutzen läßt.

[17] *England's Ireland* ist ein für das späte 20. Jahrhundert ungewöhnliches Beispiel eines Textes, der als verloren gelten muß. Trotz der renommierten Autoren und der vorhandenen Inhalts- und Publikationsangaben (cf. Simon Trussler, "Snoo Wilson", in: *New Theatre Quarterly* 17 (1989), 86–96, 93) ist das Stück nicht greifbar. Recherchen Eberhard Borts und des Verfassers dieser Studie in britischen und amerikanischen Bibliotheken, bei dem von Trussler genannten Verlag (Pluto Press), der Agentur, die die Aufführungsrechte besitzt (Margaret Ramsay) und den Autoren selbst (die ebenfalls auf der Suche sind) blieben ohne Ergebnis. Die Diskussion des Stückes in Werner Bleike, *Prods, Taigs and Brits: Die Ulster-Krise als Thema im nordirischen und britischen Gegenwartsdrama*, Frankfurt am Main (Peter Lang): 1990, 223–235, basiert auf einem von David Edgar zur Verfügung gestellten Rohmanuskript (cf. ibid., 394), das inzwischen ebenfalls verschollen ist.

[18] Nichols enttäuscht die durch den Titel aktivierte Zuschauererwartung allerdings, indem er *passion* nicht als "Leiden", sondern als "Leidenschaft" deutet und ein Eifersuchtsdrama entfaltet, in dem der *dies irae, dies illa* der Tag der Abrechnung zwischen den Eheleuten ist. Cf. June Schlueter, "Adultery is Next to Godlessness: Dramatic Juxtaposition in Peter Nichols's *Passion Play*", in: *Modern Drama* 24 (1981), 540–545; Patricia M. Troxel, "In the Name of Passion: A Comparison of Medieval Passion Plays and Peter Nichols's *Passion Play*", in: Karelisa V. Hartigan ed., *From the Bard to Broadway*, Lanham (University Press of America): 1987, 213–222.

[19] Cf. Patricia M. Troxel, "Haunting Ourselves: History and Utopia in Howard Brenton's *Bloody Poetry* and *Greenland*", In: Karelisa V. Hartigan ed., *Text and Presentation* vol. 10, Lanham (University Press of America): 1990, 97–103; Ruby Cohn, *Retreats from Realism in Recent English Drama*, Cambridge (Cambridge University Press): 1991, 116.

[20] Elinor Fuchs sieht im europäischen Drama seit der Jahrhundertwende eine vergleichbare Tendenz: "Since the turn of the century, often without being recognized as such, the mystery play has continued to flourish as a principal genre of the modern period." ("The Mysterium: A Modern Dramatic Genre", in: *Theater Three* 1 (1986), 73–88, 73). Sie belegt das an Texten von Strindberg, Yeats, Jarry, Claudel, Maeterlinck, Kaiser und Beckett und sieht in deren "metaphysical play[s]" [ibid., 85] den Ausdruck von "mystic and hermetic leanings" [ibid., 86]. Auf *A Passion in Six Days* läßt sich dieses Argument jedoch nicht ausdehnen, wie überhaupt vergleichende Ansätze, die nicht vom fixierten Textsubstrat ausgehen, schnell ins Spekulative abzugleiten drohen. Versuche etwa, die Schauspielstile des mittelalterlichen und des modernen Dramas zu vergleichen, scheitern an der ephemeren Natur des Untersuchungsgegenstandes (cf. William A. Scally, "Modern Return to Medieval Drama", in: Karelisa V. Hartigan ed., *The Many Forms of Drama* vol. 5, Lanham (University Press of America): 1985, 107–114.) Zu Aufnahmen mittelalterlicher Stoffe und Einzeldramen im englischen Drama vor 1980 cf. Horst

Auf den ersten Blick hat *A Passion in Six Days* nichts mit der traditionellen Thematik der Passionsspiele gemein, die ja die Vita Christi vom Letzten Abendmahl über Judas' Verrat, die Verurteilung und die Folter ("The Buffeting of Christ") bis zur Kreuzigung und Auferstehung darstellen. In Barkers Stück geht es vordergründig um eine Konferenz der britischen Labour Party, auf der der radikale und der gemäßigte Parteiflügel aufeinanderprallen. Die Figuren sind – untypisch für Barker – in ihrer Charakterisierung konsistent, nicht ins Karikaturhafte überzeichnet und manchmal sogar auf historische Vorbilder zurückführbar. So ist Raymond Toynbee, der ungeliebte Parteivorsitzende, ein nur dünn verkleideter Michael Foot, der Anfang der 80er Jahre Parteivorsitzender der Labour Party war.[21] Harry Gaukroger ist ein typischer Hinterbänkler, Brian Glint ein machtbewußter Linker, der den Luxus liebt, John Axt ein Idealist, der sich schließlich doch nicht durchsetzen kann, als es um die Kandidatenaufstellung für die nächsten Wahlen geht, und Lord Isted schließlich ein Labour Peer, der zeit seines Lebens die Sache des Sozialismus und des Pazifismus verfochten hat. Diese Gruppe wird ergänzt durch ein gutes Dutzend weiterer Konferenzteilnehmer sowie das Ehepaar Louise und Frank und den für Barker typischen Chor, der manchmal episch erläuternd auftritt, aber auch als militante Störergruppe eingreift oder, als Chor der Techniker, eine sprachlich brillante "Rhapsody of the Lighting Unit" darbietet.

All diese Figuren sind Stereotypen;[22] Gaukrogers Unfähigkeit etwa, ein "H" in Initialposition zu sprechen, sein jahrzehntealtes Verhältnis mit seiner Gastwirtin Louise und seine politische Unbestimmtheit gehören zu dem Vorstellungsbündel, mit dem die britische Presse immer wieder Labour-Hinterbänkler ausstattet. Barker hat mit Figurenauswahl und Lokalisierung in einem Seebad eine dem Publikum wohlbekannte Situation geschaffen, die nun zum Ausgangspunkt einer Satire werden könnte.

Durch den ganzen Text aber ziehen sich die bruchstückhaft verarbeiteten Konventionen des Passionsspieles, die so gar nicht mit der weltlich-trivia-

---

Prießnitz, "Adaptationen auf der englischen Bühne der Gegenwart", in: Heinz Kosok ed., *Drama und Theater im England des 20. Jahrhunderts*, Düsseldorf (August Bagel): 1980, 186–197, 188; Horst Prießnitz, "Bearbeitungen mittelalterlicher Dramentypen auf der englischen Gegenwartsbühne", in: Herbert Grabes ed., *Anglistentag 1980 Gießen: Tagungsbeiträge und Berichte*, Grossen-Linden (Hoffmann): 1981, 75–99.

[21] John Bull nennt außerdem Neil Kinnock (Brian Glint), Tony Benn (Stephen Fenton) und Fenner Brockway (Lord Isted). Cf. John Bull, *New British Political Dramatists: Howard Brenton, David Hare, Trevor Griffiths and David Edgar*, London (Macmillan): 1984, 214–219.

[22] Schon dies ist eine Parallele zum mittelalterlichen Drama, das in seinen Typenkomödien die Figuren als Verkörperung und Beispiel der von den Beichtmanualen bekannten Sünden einsetzte.

len Szenerie des Seebades zusammenpassen wollen. Bereits der Titel verursacht die erste Irritation: Leidenschaft und Leiden – die beiden Grundbedeutungen von *passion* – werden exakt vermessen. Was auch immer die Leser oder Zuschauer erwartet, wird sechs Tage dauern: doppelt so lange wie die Passion und Auferstehung Christi. Der Titel wirkt unangemessen, weil er auf ein langes Gerangel um politischen Einfluß angewendet wird, das in Wirklichkeit sogar noch länger dauert ("The little and the vicious reign for seven days" [9]).[23] Diese Strategie des *bathos*, des Strebens nach Erhabenheit, das in die Lächerlichkeit abstürzt, strukturiert das gesamte Stück.

A Passion in Six Days setzt mit dem Bad ein, das Harry Gaukroger jedes Jahr während des Parteitages im Meer nimmt. Die rituell-religiösen Bezüge, die er diesem Bad zumißt, macht er dabei explizit:

> GAUKROGER: Down the pebbles for me annual dip. *Total immersion* eight foot from the outfall sewer. *Shed me crust of dirty dealing*, step out in *sepulchral whiteness*, beaded from the elemental wash. 'ARRY GAUKROGER, LISTEN TO 'ARRY. WHAT A FIGHTER, FORTY YEARS A MEMBER, REVERENCE 'IS *SACRIFICE*! [...] *Remember me...* [4][24]

Das Vokabular verweist auf die Taufe ("Total immersion") als Läuterungs- und Reinigungshandlung ("Shed me crust of dirty dealing"), vor allem aber auf den Opfertod Christi ("sepulchral", "reverence", "sacrifice", "Remember me"). Die implizite Lokalisierung allerdings läßt das rituelle Bad direkt neben einem Abwasserrohr stattfinden. Außerdem ist Gaukroger betrunken, wie der Text im folgenden verdeutlicht. Barker setzt damit die *bathetic declension* des Titels bereits am Auftakt des Stückes fort.

Die *imitatio Christi*, die Gaukroger implizit für sich in Anspruch nimmt, findet beinahe ihren Abschluß, als er zu ertrinken droht. Als ihn Brian Glint, der Hoffnungsträger der Parteilinken, rettet, stellt Gaukroger auch dies in einen religiösen Kontext:[25]

---

[23] Der Titel bringt mit der Passion Christi und dem sechs Tage währenden Schöpfungsakt zwei der drei wichtigsten Episoden der Mysterienspiele zusammen (die dritte ist das Jüngste Gericht). Barker kombiniert auf typisch assoziative Weise die Themen von der Schöpfung und der Erlösung der Welt, ohne diese Verbindung im Verlauf des Stückes argumentativ zu verfolgen. (Den Hinweis auf den Schöpfungsakt verdankt der Verfasser Svenja Kuhfuß.)

[24] Hervorhebungen von P.P.S.

[25] Barkers subtiles Spiel mit den Vorinformationen des Publikums und seine Fähigkeit, einen komplexen Subtext zu entwickeln, werden an dieser Stelle besonders deutlich. Gaukroger, der sich als Imitator Christi präsentiert hat, kann im Gegensatz zu diesem nicht nur nicht auf dem Wasser gehen, sondern ertrinkt beinahe in ruhiger See. Dieser Bezug auf Markus 6 und, deutlicher noch, auf Matthäus 14 (wo der zweifelnde *Petrus* beinahe ertrinkt) wird nirgends explizit gemacht und ist auch inszenatorisch nur schwer

[...] a bond forged in the ocean. I will stand be'ind 'is throne [...] We shall be father and son. [8]

Hier wird Glint zu Christus, dem Retter, umgedeutet, Gaukroger zu Gott, dem Vater, der einen Bund schließt. Gleichzeitig deformiert Barker aber die Parallele, denn Gaukroger sieht sich als vom Sohn Erretteter, der Glint den Weg in der Politik ebnen wird. Hier wird bereits deutlich, daß es Barker nicht um eine Allegorie zu tun ist, in der jede Figur ihre Entsprechung in der Passionsgeschichte hat.[26]

Kurz nach dieser Szene tritt Raymond Toynbee auf, der Anführer der Partei, "An intellectual who has suffered for his goodness" [12], der von einer Gruppe junger Delegierter gehänselt wird [11f.]. Barker benutzt die Elemente der "Verspottung Christi", um einer weiteren Figur Christusähnliche Merkmale zu verleihen. Diese Strategie findet ihre Fortsetzung in dem Song, den Brian Glint vorträgt. Der Titel, den ein Publikum allerdings höchstens durch extradramatische Informationsvergabe über Ankündigungen oder das Programmheft in Erfahrung bringen kann, lautet "I Kissed his Cheek":

I am as close to him as any killer to his victim,
Who may have been his lover, his disciple or his wife, [...]
Every leader from Jesus Christ to Fidel Castro
Knows the handshake is dishonest and the kiss is a disease [...] [17]

Glint, den Gaukroger zum Christus stilisierte, übernimmt hier die Rolle des Judas. Auch die Rolle Christi wird bald einem anderen zugewiesen:

ISTED: They came to my cell, three soldiers with staves, or to be exact, pick handles, and they said, you call yourself a pacifist, we will beat you till the blood runs, and if you lift a finger to defend yourself, or put your hands across your face, we will half kill you as a hypocrite. [...] And they struck me, jeering at my great size, that such a hugely built man would not protect himself, but submitted to be bled and bruised by men smaller than himself, which was a kind of miracle to them. [...] And later, as I shivered, the third soldier returned and flung me a blanket, saying I must be Christ, and he wouldn't beat Christ. To which I said that every man was Christ, and he laughed, finding it impossible that Christ was in him, too... [19]

---

zu vermitteln, verstärkt aber bei dem Teil der Leserschaft oder des Publikums, das ihn bewußt oder unbewußt wahrnimmt, den Eindruck der Diskrepanz: Anspruch der Figuren und (drameninterne) Wirklichkeit decken sich nicht. Die Unangemessenheit des Musters, nach dem sich die Protagonisten modellieren, wird damit auf einer weiteren Ebene durchgespielt.

[26] Alan Thomas, "Howard Barker: Modern Allegorist", in: *Modern Drama* 35 (1992), 433–443, unternimmt den Versuch, einige der Stücke Barkers als Allegorien zu lesen, geht allerdings nicht auf *A Passion in Six Days* ein.

Die Unschärfe, mit der der Sprecher konstruiert ist ("{a Labour peer of 80}" [19], "I am ninety and Lord Isted" [20]), sowie seine eigene Aussage, daß jedermann Christus sei, machen diese Version des "Buffeting of Christ" zu einer paradoxerweise schärfer konturierten Aussage über das Wesen der *imitatio Christi*, als es die vorangegangenen Beispiele waren. Der Pazifismus ist, so wird vorgeschlagen, das adäquate Verhalten für den wahren Christen und damit für "every man".[27] Aber Barker läßt diese Aussage nicht so stehen.[28] Kurz nach Isteds Monolog hat der Journalist Claxton das Wort:

> CLAXTON: [...] This is a party which suffers and suffers, is crucified and thinks to show its wounds it will only win respect. But the public only say, look, it's being crucified again. Rather as they would laugh at Christ if he was up there not once, but time and time again climbed up to his calvary. [21]

Hier steigert Barker sein allegorisierendes, aber die Allegorie gleichzeitig unterminierendes Verfahren noch einmal: Die Christusfunktion wird nun der ganzen Partei übertragen, aber entwertet und der Lächerlichkeit preisgegeben. Die Nachfolge Christi, zu oft und zu unangemessen wiederholt, wird zur Farce. Aber auch damit läßt Barker es noch nicht bewenden. Noch einmal Claxton:

> CLAXTON: If I have learned one thing in all my years as a political observer, it is this. That nothing can be ruled out, and no one can be dismissed; that no one is done for, and nothing is disproved; and no ideology, however futile, and no theory, however archaic, or any dogma, however discredited, however deep its patina of blood or suffering, is ever beyond recall. [41]

Dieses Fazit der neutralen Beobachterfigur ist uneindeutig. Im Kontext des Parteitages ist es eine Warnung vor den reaktionären Tendenzen der eigenen oder der Gegenseite. Auf die Folie des Passionsspieles bezogen liegt die Deutung nahe, daß das Christentum eine (abzulehnende) Kraft sei, die noch immer politisch wirksam ist. Schließlich aber handelt es sich hier um eine Erweiterung des Marxschen Diktums, daß Geschichte sich zum ersten Mal als Tragödie wiederhole und zum zweiten Mal als Farce. Barker scheint anzudeuten, daß auch das zweite Mal eine Tragödie sein

---

[27] Mit diesem Verweis auf die Jedermann-Tradition der englischen Moralitäten verankert Barker *A Passion in Six Days* in einer weiteren Ausprägung des mittelalterlichen Dramas.

[28] Dennoch hat er sich in einem Interview auf die Frage, ob er mit Lord Isteds Äußerungen eine Satire auf den unbedingten Pazifismus bieten wollte, eindeutig zu den von Isted vertretenen Auffassungen bekannt: "I'd go along with whatever he's saying." (Howard Barker, "Oppression, Resistance, and the Writer's Testament", in: *New Theatre Quarterly* 2 (1986), 336–344, 338.

kann. Hier wäre ein Schlüssel zu Barkers Überzeugung, daß Tragödien wieder möglich sind.[29] Zu ihrer dramatischen Repräsentation benötigten sie demnach, "however archaic", die entsprechenden archaischen Formen.

Im Gegensatz zu seinen späteren Stücken beläßt Barker es aber nicht bei dem Konstatieren des Verwirrenden. In der vorletzten Szene sagt der Idealist Axt: "And all this – can't save us because it isn't passionate –" [51]. Barker bietet hier eine Interpretationsvariante an, die etwa so lautet: Was auch immer die Menschen unternehmen, kann nicht die Erlösung bringen, wenn das Leiden oder die Leidenschaft dabei fehlen. So wird zum Schluß des Stückes Lord Isteds leidenschaftlicher Pazifismus, der ihm die Folter – das Leiden – eingebracht hat, auf zweifache Weise als richtig und erlösend gewertet. Barker führt eine Attacke gegen die Lauen, Leidenschaftslosen, die Technokraten der Macht, die allerdings in Szene 19 das letzte Wort bekommen.

Barker benutzt die Verweise auf Mechanismen und, vor allem, Inhalte des Passionsspiels nicht ausschließlich, um metadramatische Kritik an diesem zu üben. Vielmehr bietet sich die Tradition der *mysteries* an, um eine Spielhandlung religiös zu überhöhen. Diesen Effekt macht sich Barker zunutze, um die Fallhöhe zu vergrößern, die seine Figuren in ihren alltäglichen Streitereien durchmessen. Gleichzeitig wird mit der einen der an Christus angelehnten Figuren, die diesen Fall nicht mitmacht, Lord Isted, die Apotheose des Pazifisten betrieben. Barker demontiert die Konventionen des Passionsspieles, aber die Isted-Figur deutet bereits über diese Demontage hinaus auf die zumindest punktuell noch wirksamen und einsatzfähigen Teile der Tradition.

Dennoch ist *A Passion in Six Days* weithin noch ein Spiel mit der Konvention, ein folgenloses Brillieren mit der eigenen Virtuosität. Die verwendeten Motive und Handlungssegmente des Passionsspiels sind so fragmentiert, so unscharf und in ihrer Verwendung so widersprüchlich, daß anhand von *A Passion in Six Days* noch keine klaren Befunde zu Möglichkeiten und Grenzen einer Rekonventionalisierung erhältlich sind. Deutlich wird allerdings die Diskrepanz zwischen Barkers dramatischer Praxis und seinen theoretischen Ausführungen in der Mitte der 80er Jahre:

---

[29] "Tragedy was impossible as long as hope was confused with comfort. Suddenly tragedy is possible again." Howard Barker, *Arguments for a Theatre*, London (John Calder): 1989, 13.

I suppose I really think that if art is to carry any power and conviction, it cannot reiterate what I regard as exhausted forms.[30]

In der Folge griff Barker immer häufiger auf die "erschöpften Formen" zurück. Das 1990 erschienene, aber bereits zur 200-Jahr-Feier der Französischen Revolution verfaßte *Golgo: Sermons on Pain and Privilege* verweist ebenfalls bereits im Titel auf die Passionsgeschichte[31] und bedient sich der Konvention vom Spiel im Spiel. Eine Gruppe bedrohter Oligarchen (die nicht explizit als französische Adlige angelegt sind) spielt unter dem Lärm der heranrückenden Menge ("mayhem or carnival"[32]) die Passion Christi nach und bringt sich dann, wie von Anfang an geplant, selbst um. Das Passionsspiel wird hier nicht nur, wie in *A Passion in Six Days*, anzitiert, sondern konsistent verarbeitet. Der Rückgriff auf das mittelalterliche Muster bedeutet in *Golgo* noch deutlicher Kritik an der Konvention, weil das Passionsspiel als das adäquate Ausdrucksmittel einer zum Untergang verurteilten Gesellschaftschicht gezeigt wird.

Von Barkers weiteren Experimenten mit traditionellen englischen Dramenformen wird unten noch die Rede sein.[33] Zunächst aber soll eine ähnliche Entwicklung im dramatischen Schaffen Edward Bonds betrachtet werden.

3.2   Restaurationskomödie: Edward Bonds *Restoration*

Edward Bonds literarische Karriere begann bereits in den frühen 60er Jahren; er ist vor allem für seine Theaterstücke bekannt, obwohl er auch als Drehbuchautor, Lyriker und Librettist hervorgetreten ist.[34] Bond entwickelte in Texten wie *Narrow Road to the Deep North* (1968), *Lear* (1972), *The Sea* (1973) und *Bingo: Scenes of Money and Death* (1973) eine an Brechts "Epischem Theater" modellierte, aber durchaus eigen-

---

[30] Howard Barker, "Oppression", 336. – *A Passion in Six Days* gelang es durchaus, das Publikum aufzurütteln: "It is easy to see why its enactment of the link between the passion of politics and the passion of sexuality should have offended invited representatives of the Labour council, and caused them to walk out." (John Bull, *New British Political Dramatists*, 217.)

[31] Der englische Name Golgathas ist *Golgo*tha.

[32] Howard Barker, *Golgo: Sermons on Pain and Privilege*, in: *Seven Lears/Golgo*, London (John Calder): 1990, 51–81, passim.

[33] Cf. Kapitel 3.3 und 4.1.

[34] Eine Auswahl seiner Gedichte findet sich in *Poems 1978–1985*, London (Methuen): 1987; sein Libretto zu Hans-Werner Henzes *We Come to the River* ist erschienen in *The Fool and We Come to the River*, London (Eyre Methuen): 1976, 80–126.

ständige dramatische Diktion, für die er die Bezeichnung "Rational Theatre" prägte.[35]

Wenn im folgenden das aus dem Jahr 1981 stammende *Restoration*[36] in Bonds Werk eingeordnet und auf sein früheres dramatisches Schaffen bezogen wird, so geschieht dies jedoch nicht ausschließlich vor dem Hintergrund von Bonds theoretischen Äußerungen zum Drama. Nicht das Verhältnis von ästhetisch/politischem Anspruch und literarischer Produktion bei Bond soll zunächst im Mittelpunkt stehen, sondern die beobachtbaren Veränderungen und Konstanten in seinem Drama seit den 70er Jahren. Dazu ist ein Abriß der wichtigsten Charakteristika seiner Stücke aus den 60er und 70er Jahren notwendig.

Fast alle Stücke Bonds aus dieser Zeit sind in der Vergangenheit angesiedelt. Dabei kann die zeitliche Fixierung so präzise sein wie in *The Sea*, das 1907 spielt, oder so undeutlich wie in *Narrow Road to the Deep North*, wo der Nebentext "{Japan about the seventeenth, eighteenth or nineteenth centuries}"[37] nennt. So verschafft sich Bond die Möglichkeit, gesellschaftliche Konflikte vor dem Hintergrund der Zeit zu zeigen, in der sie am virulentesten waren.

Damit einher geht die Einbeziehung literarischer Traditionen. Entweder stehen diese im Zusammenhang zur Zeit der Handlung und motivieren sie, wie in *Narrow Road to the Deep North*, das mit einer Episode aus dem *Reisebericht eines Skeletts auf der Heide* des japanischen Dichters Matsuo Bashô (1644–1694) einsetzt, oder sie werden zur Kontrastbildung und als *comic relief* einmontiert, wie das Spiel im Spiel um Orpheus und Eurydice in *The Sea*. Besondere Bedeutung kommt dabei dem Werk Shakespeares zu: *Lear* ist eine sehr freie Bearbeitung von *King Lear*, und Shakespeare selbst ist die Hauptfigur in *Bingo* (1973).[38]

---

[35] Cf. Edward Bond, "Introduction: The Rational Theatre", in: *Plays: Two*, ix–xviii. – Kein englischsprachiger Dramatiker der Zeit nach 1956, mit Ausnahme Becketts und Pinters, hat so viel kritische Resonanz erfahren wie Edward Bond. Einen ersten bibliographischen Zugang zur Sekundärliteratur bietet Charles A. Carpenter, "Bond, Shaffer, Stoppard, Storey: An International Checklist of Commentary", in: *Modern Drama* 24 (1981), 546–556. Cf. auch folgende Monographien: Malcolm Hay und Philip Roberts, *Edward Bond: A Companion to the Plays*, London (Theatre Quarterly Publications): 1978; David L. Hirst, *Edward Bond*, Basingstoke (Macmillan): 1985; Philip Roberts, *Bond on File*, London (Methuen): 1985; Detlef Buhmann, *Edward Bond: Theater zwischen Psyche und Politik*, Frankfurt am Main (Lang): 1988.

[36] Edward Bond, *Restoration: A Pastoral*, London (Methuen): ²1988.

[37] Edward Bond, *Narrow Road to the Deep North*, in: *Plays: Two*, London (Eyre Methuen): 1978, 171–225, 172.

[38] Zu Bonds Shakespeare-Rezeption cf. Edward Bond, "Introduction: The Rational Theatre", in: *Plays: Two*, London (Methuen): 1978, ix–xviii.

Trotz Historisierung und der Verarbeitung literarischer Vorlagen läßt Bond seine Figuren ein zeitgenössisches englisches Idiom sprechen, das zwar Klassenunterschiede deutlich machen kann, aber immer erkennbar der zweiten Hälfte des 20. Jahrhunderts entstammt. Die künstliche Archaisierung, die etwa David Rudkin in *The Saxon Shore* (1986) betreibt, ist im thematisch verwandten *Lear* nicht zu finden.

Bond ist bekannt – und war in den 60er Jahren berüchtigt – für die explizite, visuelle Dramatisierung von Gewalt. Sein zweites Stück, *Saved* (1965), verursachte einen der größten Theaterskandale Englands im 20. Jahrhundert. Die Szene, in der einige junge Männer einen Säugling steinigen,[39] wird noch heute immer wieder als Beleg für das englische "Theater der Grausamkeit" herangezogen.[40] Die Folterung Gloucesters in *Lear* übersteigt alles in *King Lear* Dagewesene:

> FONTANELLE: O let me sit on his lungs. Get them out for me. [...] He wants to say something. I'd die to listen. O why did I cut his tongue out?
> SOLDIER A: 'E's wonderin' what comes next. Yer can tell from 'is eyes.
> BODICE {pulls the needles from her knitting and hands the knitting to FONTANELLE}: Hold that and be careful. [...] We must shut him up inside himself. {She pokes the needles into WARRINGTON's ears.} I'll just jog these in and out a little. Doodee, doodee, doodee, doo.[41]

Bond begründet solche Exzesse mit der brutalisierenden Wirkung gesellschaftlicher Verhältnisse; im 20. Jahrhundert könne man nicht mehr unterhaltend-eskapistisch schreiben. Dabei bleibt festzuhalten, daß Bonds Theatergrausamkeiten weder, wie bei Artaud, rituell-kathartische Funktion haben noch, wie in vielen zeitgenössischen Filmen, unterhalten sollen. Bond funktionalisiert seine Dramen stets zur (marxistischen) Gesellschaftskritik, in der, wie undeutlich und fern auch immer, eine bessere Welt sichtbar wird.[42]

---

[39] "I have what I call the necessity for an 'aggro-effect.' In contrast to Brecht, I think it's necessary to disturb an audience emotionally, to involve them emotionally in my plays, so I've had to find ways of making that 'aggro-effect' more complete, which is in a sense to surprise them, to say, 'Here's a baby in a pram – you don't expect these people to stone that baby.' Yet – snap – they do." Edward Bond, "From Rationalism to Rhapsody", in: *Canadian Theatre Review* 23 (1979), 108–113, 113.

[40] Cf. Kapitel 1.1.1.3 und 2.2.1.

[41] Edward Bond, *Lear*, in: *Plays: Two*, London (Eyre Methuen): 1978, 1–102, 29.

[42] Bond formuliert die Aufgabe der Kunst so radikal wie kein anderer sozialistischer Dramatiker. Dabei sind ihm die unmittelbaren Konsequenzen einer solchen Definition klar: "Art portrays present-day human beings who are conscious, or potentially conscious, of a utopian society – and who desire to achieve it. [...] Sometimes the act of trying to achieve this future may cause immediate unhappiness, but this is certainly the only form of cultural action possible in our time." ("A Note on Dramatic Method", in: *The Bundle, or New Narrow Road to the Deep North*, London (Eyre Methuen): 1978, vii–xxi, xii.)

Dennoch ist Bonds Drama in seinem Phänotyp antiutopisch. Die Welt, die er zeigt, ist gewalttätig, ungerecht und wird dramenintern nicht überwunden. Die Schlußbildung seiner Stücke ist deshalb besonders aufschlußreich; sie enden mit der impliziten Aufforderung an die Zuschauer, sich ihre eigene Antwort auf die aufgeworfenen Probleme zurechtzulegen. Verhaltensweisen, die im jeweiligen Stück zwar nicht dramatisiert werden, aber möglich sein müssen, sollen durch eindringliche, im Gedächtnis haftende Bilder angeregt werden. In *Narrow Road to the Deep North* ist dies der dem Fluß entsteigende Mann, der sich selbst vor dem Ertrinken bewahrt hat, in *Lear* der würdevolle Tod des Königs, der als Arbeiter stirbt. Brechts Aufforderung am Ende von *Der gute Mensch von Sezuan* ("Verehrtes Publikum, los, such dir selbst den Schluß!"[43]) könnte auch die meisten Stücke Bonds aus den Jahren bis 1980 beschließen.[44]

Im folgenden soll versucht werden, *Restoration* anhand der oben angeführten Charakteristika – Historisierung, literarische Rückgriffe, sprachliche Modernität, Dramatisierung von Gewalt und appellative Schlußbildung – in Bonds Werk einzuordnen.

Restoration: A Pastoral ist die Geschichte eines Jungen vom Lande, Bob Hedges, der wie seine Mutter in die Dienste des reichen Lord Are tritt. In London heiratet er Rose, das schwarze Dienstmädchen von Ares Frau Ann, und geht mit ihr auf Ares Landsitz zurück. Are ersticht Ann versehentlich (er hält sie für ein Gespenst) und überredet Bob, die Verantwortung für ihren Tod zu übernehmen. Im Gegenzug verspricht ihm Are, für einen Freispruch, und, als dieser ausbleibt, für eine Begnadigung zu sorgen. Er tut nichts dergleichen, und als Rose es schließlich auf eigene Faust schafft, über Ares Mutter eine Begnadigung zu erwirken, fängt er den Boten ab und läßt die Dokumente durch Bobs Mutter verbrennen, die als Analphabetin nicht weiß, daß sie damit ihren Sohn dem Tod ausliefert. Bob wird gehängt, und sein Kollege Frank wegen Diebstahls auch. Rose kehrt nach London zurück.

---

[43] Bertolt Brecht, *Der gute Mensch von Sezuan*, in: *Gesammelte Werke* vol. 4 [Stücke 4], Frankfurt am Main (Suhrkamp): 1967, 1487–1607, 1607.

[44] "You see, if you do look, I usually leave on the stage a next generation who are not there as an authoritarian cleaning-up-of-the-mess in the sense that a Shakespearean play ends with people coming on to say "now we go back to normal." I always leave the situation [grey,] saying, "Now you can't go back to normal!" (Edward Bond, zitiert in Beverly Matherne und Salvatore Maiorana, "An Interview with Edward Bond", in: *Kansas Quarterly* 12 (1980), 63–72, 68.) – Zur Kritik an diesem Verfahren cf. Oleg Kerensky, *The New British Drama: Fourteen Playwrights Since Osborne and Pinter*, London (Hamish Hamilton): 1977, 26f.

Zunächst fällt auf, daß die historische und geographische Einordnung diesmal genau und beliebig zugleich ist:

Time: The eighteenth century[45]
Place: England –
Or another place at another time [iii]

Damit verweist Bond auf die Ort- und Zeitlosigkeit der folgenden Geschehnisse; es ist nicht der dramatische Konflikt selbst, der zur Verdeutlichung ein Ausweichen in die Historie notwendig macht. Wenn Bond die Handlung trotzdem im England des 18. Jahrhunderts ansiedelt, so hat dies nicht mehr ausschließlich didaktische Gründe. Vielmehr erzwingt die literarische Form, die er gewählt hat, diesmal die Historisierung. Es hat, wie noch zu verdeutlichen sein wird, für einen engagierten Dramatiker wie Bond weitreichende Konsequenzen, wenn auf solche Weise der literarischen Konvention Primat über die intendierte Wirkung eingeräumt wird.

Restoration, darauf weist bereits der Titel hin, steht in der Tradition der *restoration comedy*, der Restaurationskomödie des späten siebzehnten und frühen achtzehnten Jahrhunderts. Dieser Komödientypus war geprägt durch die Aufbruchstimmung, die in England nach dem Sieg der Monarchie über die Truppen und den Geist des Puritanismus herrschte. Die Theater waren wieder offen, aber ihr Publikum hatte sich entscheidend verändert: Waren in der Shakespearezeit noch (fast) alle Segmente der Bevölkerung vertreten, so bediente das Theater seit 1660 die begüterte Oberschicht. Das demokratische Theater des elisabethanischen und jakobäischen Zeitalters – demokratisch in seiner Anziehungskraft, nicht in seinen Aussagen – hatte einer elitären, urbanen Unterhaltungsindustrie den Platz geräumt. Dies äußerte sich beispielsweise in der Lokalisierung der Handlung: Vor George Farquhars spätem Stück *The Beaux' Stratagem* (1707) spielten die Restaurationskomödien fast ausschließlich in London. Auch die handelnden Personen entstammten der städtischen Elite, es sei denn, Landbewohner und Bedienstete wurden zur Kontrastbildung und als Zielscheibe herablassender Komik gebraucht. Damit ist bereits ein weiteres Kennzeichen der Stücke der Restaurationszeit genannt: Sie sind eben überwiegend *comedies*. Haupt- und Staatsaktionen sind ihnen ebenso fremd wie die tragischen Konsequenzen leidenschaftsblinden Handelns

---

[45] Ruby Cohn merkt dazu an: "*Restoration* seems an odd title for a play set in the eighteenth century in England, since it designates the seventeenth-century return of the monarchy after the Cromwellian Revolution." (*Retreats from Realism*, 190.) – Der Widerspruch löst sich jedoch auf, wenn man in Rechnung stellt, daß etwa die am Anfang des 18. Jahrhunderts entstandenen Stücke George Farquhars noch zu den *restoration comedies* gezählt werden.

unter den Mächtigen. Die *restoration comedies* sind Gesellschaftskomödien, aber Gesellschaft ist hier nicht mehr die Totalität des *body politic*, sondern "gute Gesellschaft", das kleine Segment der reichen Müßiggänger, das auch die Theaterbesucher stellte.

Restoration paßt auf den ersten Blick genau in diese Tradition. Bond greift auf die literarischen Vorbilder der Restaurationszeit zurück, nimmt sich allerdings kein einzelnes, erkennbares Stück zum Vorbild,[46] sondern verwendet textübergreifende Konventionen der Untergattung "Restaurationskomödie".[47] Diese Konventionen strukturieren bereits die ersten Repliken in *Restoration*:

> {London. The Park of Lord ARE's house. ARE and FRANK. FRANK is in livery.}
> ARE: Lean me against that great thing.
> FRANK: The oak sir?
> ARE: Hold your tongue. No no! D'ye want me to appear drunk? Nonchalant. As if I often spent the day leaning against an oak or supine in the grass.
> FRANK: Your lordship comfortable?
> ARE: No scab I am not, if that gives ye joy. Hang my scarf over the twig. Delicately! – as if some discriminating wind had cast it there. Stand off. How do I look?
> FRANK: Well sir...how would yer like to look?
> ARE: Pox! ye city vermin can't tell the difference between a haystack and a chimney stack. Wha-ha! I must not laugh, it'll spoil my pose. Damn! the sketch shows a flower. 'Tis too late for the shops, I must have one from the ground.
> FRANK: What kind sir?
> ARE: Rip up that pesky little thing on the path. That'll teach it to grow where gentlemen walk. {FRANK offers the flower.} Smell it! If it smells too reprehensible throw it aside. I hate the gross odours the country gives off. 'Tis always in a sweat! Compare me to the sketch. [1]

Bond kombiniert äußerst ökonomisch ein ganzes Bündel von Signalen, das dem vorinformierten Publikum eine Restaurationskomödie ankündigt.[48] Schon die Kostümanweisung – Frank trägt eine Livree – etabliert das

---

[46] Christopher Innes weist allerdings darauf hin, daß die Are-Figur, die Geisterszene und der Hochzeitsplot bereits in Vanbrughs *The Relapse* (1696) angelegt sind. (Cf. *Modern British Drama: 1890–1990*, Cambridge (Cambridge University Press): 1992, 175.)

[47] Schon Brecht, dem Bond entscheidende Einflüsse verdankt, hatte mit *Pauken und Trompeten* (1954) eine späte Restaurationskomödie, nämlich George Farquhars *The Recruiting Officer* (1706), adaptiert.

[48] Vorinformiertheit wird durch kulturelle Kontexte bestimmt. Bonds Wirkkalkül kann nur aufgehen, wenn seine Zuschauer auch mit den Konventionen der Restaurationskomödie vertraut sind. Zumindest für das englische Publikum darf dies angenommen werden; die Neuinszenierungen von Stücken Wycherleys, Congreves und Farquhars zählen neben denen Sheridans, Wildes und der *Savoy Operas* von Gilbert und Sullivan zu den sichersten Kassenmagneten jeder *amateur dramatic society*, tauchen aber auch in den Spielplänen des National Theatre und des West End immer wieder auf.

110

Verhältnis der beiden Figuren zueinander. Die Replikenlänge unterstreicht die Konstellation Herr – Diener: Während Are Ansprachen hält, sind Frank nur kurze Fragen gestattet. Ares Befehle und Flüche tun ein Übriges, um seine soziale Überlegenheit zu untermauern. Seine Witzeleien ("the difference between a haystack and a chimney stack") weisen ihn als wortgewandten *wit* aus, und seine Sprache, von der Wortwahl ("pesky") bis zu den Abschleifungen ("D'ye", "'Tis") ist ebenfalls die konventionalisierte Bühnensprache der Restaurationszeit.

Bei genauerem Hinsehen oder Hinhören erweist sich dagegen Franks Sprache als modern; er spricht den Londoner Slang und Dialekt des 20. Jahrhunderts. Wenn er unter seinesgleichen ist, wird das deutlich ("Gawd gal yer married a right little hypocrite there. Nasty little punk. Rotten little git. Arse-crawlin' little shit –" [13]), aber in Ares Gegenwart kommt er kaum zu Wort; den Diskurs zwischen Herr und Diener bestimmt Are.

Bond leistet in den ersten Zeilen der Exposition aber noch mehr als nur eine sprachlich-soziale Differenzierung. Auch der Gegensatz Stadt vs. Land wird auf komplexe Weise etabliert. Are, der Frank beschuldigt, eine Heumiete nicht von einem Dachkamin unterscheiden zu können, erkennt nicht einmal eine Eiche. Trotzdem darf er ihn ungestraft "city vermin", Stadtgeschmeiß, nennen und sich gleich darauf über den Gestank des Landes beschweren. Gleichviel, ob er – *pathetic fallacy* – den Wind "discriminating" nennt oder sich mit Hilfe eines Skizzenbuches und einer Reihe von "as if"-Konstruktionen eine idealisierte Natur zurechtbastelt, seine Position erlaubt ihm, den Naturbegriff nach seinem Belieben zu besetzen. Diese Macht über die Begriffe, vor dem Hintergrund der Macht über Leben und Tod, die er besitzt und gleich dreimal, bei Ann, Bob und Frank, ausspielt, rückt somit auch die pastorale Existenzweise ins Zwielicht. Dieser zweite literarische Strang, der dem Stück auch den Untertitel *A Pastoral* gibt, macht sich wie schon die Restaurationskomödie den Gegensatz zwischen Stadt und Land zunutze.[49] Bond läßt jedoch keine Gelegenheit aus, um das der Pastorale innewohnende eskapistische Element zu desavouieren, gleich, ob es sich um die spatiale oder die temporale Variante handelt. Die Opferfiguren des Stückes, Bob, Frank und selbst die dem aufstrebenden Bürgertum entstammende Ann, finden auf dem Land nicht Entspannung, sondern den Tod. Das mit der traditionellen Bildlichkeit der Schäferdichtung operierende Liebeslied Bobs in der ersten Szene ("Roses") weckt noch die Erwartung eines korrespondierenden Handlungsverlaufes:

---

[49] Zur Pastoralliteratur cf. Brian Loughrey ed., *The Pastoral Mode: A Casebook*, London (Macmillan): 1984.

[...]
I kiss the petals
They stir and close
Close to the secret bud again
The bud in which are hidden away
The breezes of spring
The gentle rain
And the warmth of a summer's day. [5]

Schon wenig später, noch herrscht pastoraler Friede auf dem Landsitz Ares, singt Bob jedoch den "Song of the Calf":

[...]
It reaches the town and runs through the streets
It tries to hide but the children shout
It turns at bay and trembles and groans
The hollering children have found it out

It scatters the mob and flees the town
It stops to rest in a quiet lane
Then peacefully strolls back home to its field
And enters the wooden gate again

And there stand the men from the slaughtering shed [...] [15]

Auf die dramatische Funktion der eingestreuten Songs, die in ihren Aussagen weit über den Bewußtseinshorizont der Figuren im inneren Kommunikationssystem hinausgehen, wird später noch einzugehen sein. Hier ist es vor allem interessant zu sehen, wie Bond nicht nur die räumliche Alternative Stadt vs. Land als gleichermaßen tödlich für das verfolgte Kalb schildert, sondern gleichzeitig das "pastoral of childhood"[50] verwirft: Es sind die Kinder, die das Kalb an seine Schlächter verraten.

Ebenso demontiert Bond die temporale Dimension der pastoralen Fluchtstrategien: Sowohl das vergangene Eden als auch das zukünftige Neue Jerusalem[51] werden durch die Unterdrückerfiguren definiert. Der Pfarrer "tröstet" Bob, indem er dessen bevorstehende Hinrichtung als Opfertod für die gefallene Menschheit deutet: "Your summary demise will atone for Adam's sin in Hilgay" [28]. Das pastorale Eden wird so zum Vorwand für einen Justizmord, und auch Bobs Glaube an eine bessere Zukunft wird in diesem Sinne instrumentalisiert, als Are ihm verspricht: "I shall lead ye to the promised land" [20]. In Wirklichkeit existiert dieses gelobte Land bereits; es ist die Stadt, die Are und seiner Klasse gehört:

---

[50] Peter V. Marinelli, *Pastoral*, London (Methuen): 1971, 75.
[51] Cf. W.H. Auden, "Dingley Dell and the Fleet", in: *The Dyer's Hand and Other Essays*, London (Faber & Faber): 1963, 407–428.

ARE. [...] London! Blessed city! Our new Jerusalem! Soon my shadow shall fall on thy doorways, my sprightly foot ascend thy broad stairs, my melodious voice sound in thy tapestried halls. London London London thou art all! [17][52]

Es gibt demnach für die Unterdrückten keine Hoffnung auf ein späteres, besseres Leben ohne ihr Zutun, wie es die Pastoralliteratur vorspiegelt. In seinem Umgang mit dieser Tradition bleibt Bond der kritische Autor, der er seit den 60er Jahren war; literarische Konventionen werden assoziativ mit überholten Herrschaftsstrukturen gekoppelt, die Demontage der einen impliziert die Demontage der anderen.[53]

Auch wenn der Titel nur zwei Genres, die Restaurationskomödie und die Pastoraldichtung, ankündigt, verwendet Bond noch ein drittes. Die immer wieder auftauchenden Songs, die eine Durchbrechung der realistischen Spielhandlung im inneren Kommunikationssystem leisten und die singenden Figuren "aus der Rolle fallen" lassen, haben ihr direktes Vorbild im epischen Theater Brechts,[54] stehen aber ebenso in der Tradition von Balladenopern wie John Gays *The Beggar's Opera* (1728).[55] Die Songs sind überwiegend als Kommentare zur Spielhandlung gedacht und reichen vom oben zitierten lyrischen Liebeslied bis zum Aufruf zum politischen Handeln, wie er aus der englischen Agitprop-Dramatik der späten 60er und frühen 70er Jahre bekannt ist:

It's a big broad fine sunny day
And the sky gets bluer all the time

---

[52] Das Thema vom neuen Jerusalem wird auch in John Fletchers *Babylon Has Fallen* (1984) produktiv, das ebenfalls Elemente der Restaurationskomödie mit denen der Pastoraltradition verbindet. Die Parallelen zu *Restoration*, von den Figurennamen bis zum *plot*, sind so verblüffend, daß die Vermutung naheliegt, Fletcher habe – möglicherweise unbewußt – sein zweites Stück an Bond modelliert. Cf. John Fletcher, *Babylon Has Fallen*, in: *Plays Introduction: Plays By New Writers*, London (Faber & Faber): 1984, 115–175.

[53] Bond bewegt sich mit seiner Kritik an der Verschleierungsfunktion der Pastoraldichtung auf wohlvermessenem Gelände: "The essential trick of the old pastoral, which was felt to imply a beautiful relation between rich and poor, was to make simple people express strong feelings (felt as the most universal subject, something fundamentally true about everybody) in learned and fashionable language (so that you wrote about the best subject in the best way). From seeing the two sorts of people combined like this you thought better of both; the best parts of both were used." (William Empson, *Some Versions of Pastoral*, London (Hogarth Press): 1986, 11f.)

[54] Cf. Kapitel 2.1.1.

[55] *The Beggar's Opera* entstand kurz nach den Stücken der Restaurationsperiode. Cf. Katharine Worth, "Bond's *Restoration*", in: *Modern Drama* 24 (1981), 479–493, 480; G.E.H. Hughes, "Edward Bond's *Restoration*", in: *Critical Quarterly* 25/4 (1983), 77–81, 78f.; Richard Allen Cave, *New British Drama in Performance on the London Stage: 1970 to 1985*, Gerrards Cross (Smythe): 1987, 291. – Hughes weist zudem Parallelen zu George Lillos *The London Merchant* (1731) nach (cf. 79f.)

From now on we'll live in the way that we say
And we won't be told, not this time
This is our world and it's staying that way
This time we're gonna say no   -
Today we'll live till tomorrow
And tell the bastards where to go [1]

In einem solchen (ohne Sprecherpräfix) der Spielhandlung vorgeschalteten Song erwartet man entweder eine Exposition oder einen Prolog, der das Argument des nun folgenden Stückes skizziert und vorwegnimmt. Dies ist hier nicht der Fall. Zwar nimmt Rose im epiloghaften Schlußsong das Konfliktthema wieder auf:

Man is what he knows – or doesn't know
The empty men reap death and sow
Famine wherever they march
But they do not own the earth [42]

aber zwischen dem "This is our world" des Anfangs und dem "They do not own the earth" des Schlusses demonstriert Bond das Gegenteil. Rose steht allein und verlassen da, ihr Mann ist tot, ihr Verbündeter Frank auch, und ihr Widersacher Are triumphiert über sie, seine Opfer und seine Mutter. Die Schlußbildung von *Restoration* ist pessimistischer als die aller vorausgegangener Stücke Bonds.

Diese Auffassung teilt Bond selbst nicht. In einem Gespräch mit dem Verfasser[56] sah er vielmehr Rose als eine Figur wie Lear, die durch einen Erkenntnisprozeß gegangen ist ("Man is what he knows") und zudem überlebt wie der namenlose Schwimmer in *Narrow Road to the Deep North*. Auch David L. Hirst schließt sich dieser Meinung an:

Bond sees his characters both within the context of their own age and out of it and he matches this observation with a telling theatrical device whereby all the workers in the play are given songs in which this awareness is expressed. [...] [Rose] learns from her experience and at the end of the play triumphantly emerges as an agent who will effect change.[57]

Hirst spricht von "Bond's assertion of Hope",[58] aber diese Äußerung wird durch die Worte konterkariert, die Rose unmittelbar vor ihrem Schluß-Song spricht:

I stand on London Bridge. Bodies float in the sky and sink towards the horizon. Crocodiles drift in the Thames. On the embankment the plane trees rattle their fingers. Men walk the city streets with chains hanging from their mouths.

---

[56] Am 18.2.1990 in London.
[57] David L. Hirst, *Edward Bond*, 77.
[58] Ibid., 79.

114

Pillars of black smoke rise between the towers and the temples. The stars will come out like scabs on the sky. [41]

Bond montiert Echos aus Blakes "London"-Gedicht[59] mit solchen aus T.S. Eliots *Waste Land*[60] und stellt Roses letzten Auftritt damit zu den großen pessimistischen Londonbildern der englischen Literatur; daß diese in den Jahrhunderten *nach* der Restaurationszeit entstanden sind, verstärkt noch den Eindruck der Entwicklungslosigkeit, den Roses Monolog weckt. Der vom Autor kommentierend vertretenen These von der Einsicht, die Hoffnung verschafft, läuft der Text selbst zuwider.

Blake, Eliot, Brecht, Gay, Melodrama,[61] Pastoralliteratur und Restaurationskomödien: *Restoration* erscheint auf den ersten Blick als Konglomerat der widersprüchlichsten literarischen Einflüsse, die Verwirrung stiften und den Zuschauern den empathischen Zugang zu den handelnden Personen verwehren.[62] Dennoch blieb das Stück nicht, wie viele von Bonds anderen Arbeiten, auf kleine *fringe*-Theater, Inszenierungen im Ausland und literaturwissenschaftliche Seminare beschränkt, sondern wurde zu einem Publikumserfolg. Nach der Uraufführung im Royal Court erlebte *Restoration* eine Neuinszenierung im Rahmen der "Restoration Season" der Royal Shakespeare Company im Jahr 1988; nur wenigen zeitgenössischen Stücken wird eine so schnelle "Wiederentdeckung" zuteil, noch dazu an einem der renommiertesten Theater der Britischen Inseln. Die Gründe hierfür liegen weder in der Historisierung der Handlung noch in der offenen Schlußbildung – diese Verfahren zeichnen fast alle Stücke Bonds aus. Abweichungen liegen dagegen in der Umsetzung literarischer Konventionen, der Sprache einiger Figuren und der Abwesenheit grausa-

---

[59] "I wander thro' each charter'd street
Near where the charter'd Thames does flow
And mark in every face I meet
Marks of weakness, marks of woe."
(William Blake, "London" [*Songs of Experience*], in: *Complete Writings* ed. Geoffrey Keynes, Oxford (Oxford University Press): 1966, 216, Zeile 1–4.)

[60] "Unreal City,
Under the brown fog of a winter dawn,
A crowd flowed over London Bridge, so many,
I had not thought death had undone so many."
(T.S. Eliot, *The Waste Land*, in: *The Waste Land and Other Poems*, London (Faber & Faber): 1962, 25–44, Zeile 60–63.)

[61] Katharine Worth spricht in einem frühen kritischen Artikel von "the pure, primitive melodrama of the early nineteenth century to which Bond gives another dimension by the force of his wit." ("Bond's *Restoration*", 479.)

[62] G.E.H. Hughes spricht von "Bond's intention to create a theatrical world in which we are unsure of our bearings" ("Edward Bond's Restoration", 77) und fährt fort: "Indeed Bond is quite happy to confuse us with different times, places and theatrical conventions." (Ibid., 81.)

mer oder schockierender Szenen vor. Dabei sind die beiden letztgenannten Punkte eine direkte Folge des ersten: Die Restaurationskomödien leben so sehr von der geistreichen und letztendlich leidlosen Versprachlichung der Welt, daß eine Modernisierung der Sprache oder eine Brutalisierung der Handlung die Vorlage nicht nur verändern, sondern entfernen würde.[63] Bond muß, um die in den *restoration comedies* vermittelten Weltanschauungen überhaupt einer Kritik unterziehen zu können, die literarischen Konventionen dieser Komödien unbeschädigt lassen.[64] Nur die viel weiter gefächerte Pastoraltradition, die ja weniger von rigiden Charakterisierungsnormen und sprachlichem *wit* als von utopischen Entwürfen lebt, kann durch Deformation bloßgestellt werden. Dies ist der eigentliche Grund für den Einsatz der episierenden Songs: Sie können die Komödienhandlung unterbrechen, kommentieren und so zu unterlaufen versuchen.

So sind die Songs ausschließlich[65] den Untergebenenfiguren wie Bob, Rose und Frank zugewiesen, die ohnehin durch moderne Sprache gekennzeichnet sind; die der Restaurationskomödie entstammenden Figuren verbleiben in ihren Rollen und sind nie auf der Bühne, wenn derartige Illusionsdurchbrechungen stattfinden. Katharine Worth deutet dies so:

> Only the servants are allowed the privilege of song. It seems a compensation to them for the restrictions they suffer in the inner world of the play. It also makes them the forward-looking ones, singing in the rock-music style of the present which for them is the future [...][66]

---

[63] Als Beispiel dafür mögen Joe Ortons Farcen dienen. Auch Orton benutzt typische Themen der Restaurationskomödie wie Sexualität, Geldgier und den Konflikt zwischen Unschuld und Gesetzlosigkeit, koppelt sie aber mit moderner Diktion und makabren, teilweise blutigen Bildern. Das Resultat (etwa in *Loot*, 1966, und in *What the Butler Saw*, 1969) ähnelt eher den zynischen jakobäischen Rachedramen als den *restoration comedies*. Cf. Manfred Draudt, "Comic, Tragic, or Absurd? On Some Parallels Between the Farces of Joe Orton and Seventeenth-Century Tragedy", in: *English Studies* 59 (1978), 202-217. – Die Grobheiten in *Restoration*, auf die G.E.H. Hughes hinweist, gehören zu den traditionellen *low life*-Kontrastmitteln der Restaurationskomödie: "There are scenes of fighting and ugly scenes of drunkenness that carry much of the meaning of the play. Bond does not use blood and gore, but a good deal of struggling and noise accompanies protracted sessions of verbal insult [...]." ("Edward Bond's *Restoration*", 81).

[64] In einem Brief an Ian Stuart vom 10.2.1990 spricht Bond bezeichnenderweise nur von den *Themen* der Restaurationskomödien, die er benutzen wollte: "I wanted to write a play set in restoration themes. These are still received almost totally uncritically in the theatre. The opportunism of the characters is applauded. Humour is taken as a self-consciousness which disarms the wicked and also in a way justifies them in their exploitation of others. So their 'silliness' makes them both socially harmless and entitles them to their positions as exploiters." (Zitiert in Ian Stuart, "Edward Bond's *Restoration*", in: *Australasian Drama Studies* no.19 (1991), 51–66, 51.)

[65] Die einzige Ausnahme ist "Hurrah!" [32], an dem auch Hardache, der Vertreter des aufstrebenden Kapitalismus, teilnimmt. Bond selbst weist darauf hin, daß dieser Song in der Premiere am Royal Court gestrichen wurde [cf. 42].

[66] Katharine Worth, "Bond's *Restoration*", 483.

Damit umschreibt sie die *Intention* Bonds zweifellos richtig. Richtig ist aber auch, daß Lord Are trotz seiner "Liedlosigkeit" die Oberhand behält. Are hat für die Gesänge seiner Subalternen, soweit er sie der inneren Logik des Stückes zufolge wahrnehmen kann, nur Spott übrig:

> ARE {aside}: Now the wailing and hallooing. Lungs of leather from coursing their dogs, throats like organ pipes from roaring their hymns. [20]

Damit löst auch er sich vom inneren Kommunikationssystem und spricht *ad spectatores*, verbleibt aber gleichzeitig in der akzeptierten Komödienkonvention. Während seine Antagonisten das Publikum im Wortsinn zum Zuschauer und Zuhörer machen, macht Are sie zu Vertrauten und während seiner kriminellen Machenschaften sogar zu Komplizen. Sein Verharren in der Konvention – Bonds Verzicht auf Brechtsche Verfahren, was Are anbetrifft – zeigt Are als den Überlegenen, dessen alte Strategien immer noch funktionieren. Der konventionelle Libertin konspiriert mit dem konventionenliebenden Publikum und unterminiert so die progressiveren Figuren. Are inszeniert die Handlung im inneren Kommunikationssystem und kommentiert seine Inszenierung antizipierend im Beiseitesprechen:

> ARE: Her ladyship is dead.
> MOTHER: Dead?
> ARE {aside}: O the tedium of a tragedy: everything is said twice and then thrice.
> MOTHER {flatly}: Dead?
> ARE {aside}: Twice.
> MOTHER {flatly}: Dead! [20][67]

Die Lacher hat er damit auf seiner Seite; das Lachen des Publikums geht auf Kosten der Mutter, die doch eigentlich zu den Sympathieträgern gehören sollte:

> The servants become the centre of interest: it is with them, and especially with Rose, that the sympathy lies. The "Restoration" of the title implies the restoration of the stage centre to the humble characters [...].[68]

Das Gegenteil ist der Fall: Die Bühnenmitte gehört den "bescheidenen Figuren" nur, solange Are nicht präsent ist; wie in den Vorbildkomödien kommt Autorität, souveräne Beherrschung der Handlung und der Sprache

---

[67] Auch seine Mutter, eine an Wildes Lady Bracknell erinnernde Figur, inszeniert ihre eigene Wirklichkeit: "'Twould drive my son to hell – that is heaven, and I shall be the *deus ex machina* in it. As in the old romances, he shall be reprieved at the tree." [35] Sie scheitert zwar schließlich, aber nicht an der Auflehnung ihrer "Spieler", sondern an den überlegenen inszenatorischen Fähigkeiten ihres Sohnes.
[68] Katharine Worth, "Bond's *Restoration*", 481.

und damit Sympathie nur dem *wit* zu. Ares geschliffene Aphorismen, die er selbstbewußt einsetzt ("The secret of literary style lies in the margins. [...] Your master is a man of epigrammatic wit." [2]), kontrastieren mit den derben Scherzen seiner Dienerschaft:

> MOTHER: [...] She the sort a creature she looks like?
> BOB: Yes if thass cow. [6]

Auch der *sub-plot* um Ares Geldheirat ist konventioneller und damit kulinarischer als die halb lyrische, halb nüchterne Werbung Bobs um Rose. Hinzu kommt, daß Are selbst in den Wortgefechten mit seiner Ehefrau Ann der Überlegene mit den besseren Witzen ist:

> ARE: Fie ma'am! I intend to bequeath posterity the memorial of my life not some snot-nosed brat! If I have a boot or a cape named after me – as I hope to have a hat – I shall be content.
> ANN: You monster! You promised me –
> ARE: Ma'am a gentleman will promise anything to avoid quarrelling in the church with a parson. [8]

Da Ann eindimensional als geldgierig und vergnügungssüchtig gezeichnet ist und noch dazu ihre Untergebenen tyrannisiert, hat Are auch hier die Sympathien des Publikums auf seiner Seite; die bizarre Szene, in deren Verlauf er sie ersticht, kann kein Mitleid für Ann erwecken.

Lord Are, der sich gemäß den Konventionen der Restaurationskomödie verhält, überlebt das Stück als Triumphator. Er hat seine Frau beseitigt, Mitwisser und Feinde hinrichten lassen und obendrein über seine Mutter gesiegt. Seine Verhaltensmuster erweisen sich als erfolgreicher als die seiner Antagonisten, und gleichzeitig hat er das Publikum besser unterhalten (und ernster genommen) als die – im inneren wie im äußeren Kommunikationssystem – gebrochenen Figuren seiner Umgebung. Die Konventionen der Restaurationskomödie, die gerade im Aufeinandertreffen mit zeitgenössischen Theaterformen ihre Überlegenheit beweisen, existieren hingegen ungebrochen fort.[69]

Die didaktische Absicht Bonds ist eindeutig, denn die in den Songs enthaltenen Decodierungshinweise sind unmißverständlich: Leser und Publikum sollen an der Rücksichtslosigkeit der Herrschenden Kritik üben. Trotzdem ist *Restoration* auch als (sehr makabre) Restaurationskomödie

---

[69] Dies gilt nach Lutz Liebelt auch für die Diktion Brechts, die Bond eigentlich erneuern wollte: "Die Brechtschen Bilder, meint er, wirkten nicht mehr; wir müßten neue Bilder finden, eine neue Sprache entwickeln, um uns mitzuteilen. Mag sein; nur scheint er selbst noch so stark von der alte [sic] Bildersprache geprägt zu sein, daß es ihm schwerfällt, sich davon zu befreien." ("Grimmige Pastorale", in: *Theater Heute* 22 no.10 (1981), 26.)

rezipierbar. Was Bond mit der Pastorale gelingt – sie ist schließlich keine dramatische Untergattung mit einer eigenständigen englischen Tradition – gelingt ihm aus dem gleichen Grund mit der Komödie nicht: Das Publikum kennt die Vorlagen und freut sich an der noch einmal gelungenen Präsentation, ohne über die Amoralität des Komödienpersonals entrüstet zu sein. Die Kritik hat diesen Zwiespalt gesehen; David Ian Rabey etwa kommentiert:

> [T]he hero Bob is so passive a victim whilst his aristocratic enemy Are is so wittily engaging that the play's emotional and theatrical appeal is out of balance with its bid to present a realistic dramatic account of such moments in history[70]

Auch Christopher Innes weist darauf hin, daß Are aufgrund seiner Konventionalität eine eher liebenswürdige Figur ist, Bob dagegen (seiner Dummheit wegen) sein Schicksal verdient.[71]

Am Beispiel von *Restoration* zeigt sich, daß die Verfremdung einer literarischen Vorlage nicht mehr automatisch zur Distanzierung und Kritikfähigkeit des Publikums führen muß. Die Restaurationsfiguren des Stückes sind zwar von verfremdenden Elementen umgeben, behalten aber genügend authentische Substanz, um in isolierten Momenten das Publikum vergnügen zu können. Hier wird exemplarisch deutlich, wie kulinarisch die Entautomatisierung in den 80er Jahren geworden ist: Nur neu variiert schmeckt das Gericht – aber es schmeckt und ist leicht verdaulich.

Bond kehrte nach seinem Versuch, mit *Restoration* unterhaltsames und dennoch aufklärerisch-kritisches Theater zu machen, zum "Rational Theatre" zurück, aber seine Entwicklung in den 80er Jahren war insgesamt enttäuschend. *Summer* (1982) knüpfte zwar – besonders in Deutschland – noch einmal an seine großen Bühnenerfolge an, hinterließ aber in der Kritik bereits merkliches Unbehagen.[72] In den Stücken seit der ambitio-

---

[70] David Ian Rabey, *British and Irish Political Drama in the Twentieth Century: Implicating the Audience*, New York (St. Martin's Press): 1986, 116. Cf. Detlef Buhmann, *Edward Bond*, 332.

[71] Cf. Christopher Innes, *Modern British Drama*, 176. – G.E.H. Hughes ist der einzige Kommentator, der in Are einen geistlosen Stutzer erblickt (cf. "Edward Bond's *Restoration*", 78), während Ian Stuart Bonds Intention "to demonstrate the timelessness of class exploitation using the conventions of eighteenth-century drama for his own purposes" insgesamt erreicht sieht ("Edward Bond's *Restoration*", 64).

[72] David L. Hirst weist auf den erneuten Einsatz etablierter dramatischer Konventionen in *Summer* hin: "By bringing the subject of the Nazi death camps into a play which initially promised to be a domestic drama concerned with the tragic death of one of the characters, Bond has further applied his strategy of employing bourgeois theatrical conventions to fulfil the purposes of the political dramatist." (*Edward Bond*, 83.) – *Summer* steht in der Reihe englischer Stücke der letzten zwanzig Jahre, die die deutsche Vergangenheit

nierten *War Plays*-Trilogie[73] (1985) ist die differenzierte Auseinandersetzung mit Möglichkeiten der Utopie einem Vulgärmarxismus gewichen, der selbst dem kulturpolitischen Organ der Kommunistischen Partei Großbritanniens zu krude war. Dessen Theaterkritiker Mal Cawood nannte die Uraufführung der *War Plays* "two evenings of pretentious rubbish"[74] und führte weiter aus:

> The most fundamental weakness of *The War Plays* is that they are undramatic. Instead of concrete characters and situations there are a series of intellectual abstractions, a kind of 'symbolic logic' for the stage.[75]

> Mr Bond is talking to himself, and that hardly constitutes effective political drama.[76]

Bonds *Two Post-Modern Plays* (*Jackets* und *In the Company of Men*, 1990) sind trotz ihres Sammeltitels klassenkämpferische Texte, die bei der Kritik ebenfalls wenig Gnade fanden.[77] Howard Barkers im gleichen Jahr veröffentlichtes *Seven Lears* zeigt, wie weit sich zwei ehemals weltanschaulich und dramaturgisch ähnliche Autoren binnen eines Jahrzehnts auseinanderentwickeln können.

---

zu bewältigen suchen und dabei nicht immer frei von den Klischees reißerischer Kriegsfilme sind. David Hares Fernsehspiel *Licking Hitler* (1978) ist hier ebenso zu nennen wie Howard Brentons *H.I.D. Hess is Dead* (1989) und selbst David Rudkins *The Sons of Light* (1976/81).

[73] Cf. dazu ein paraphrasiertes Interview mit Bond in Malcolm Hay, "Edward Bond: British Secret Playwright", in: *Plays & Players* 381 (June 1985), 8–9.

[74] Mal Cawood, "Whistling in the Wilderness: Edward Bond's Most Recent Plays", in: *Red Letters: A Journal of Cultural Politics* (1986), 11–23, 11.

[75] Ibid., 19.

[76] Ibid., 22.

[77] Die schärfsten Kommentare zu Bonds neueren Texten enthält ein programmatisch betitelter Aufsatz von Marc Robinson: "Whereas the young Bond would shape his ideas three-dimensionally, following carnal instincts, the elder writer trusts more in discourse, and clutters his plays with rallying cries for vague freedoms. It's tempting to locate the reasons for Bond's decline and fall in the rise of Margaret Thatcher. As desperation grows over the steady erosion of civil liberties and social securities, Bond has searched for a suitably iron-fisted way to resist the Iron Lady. He's chosen a manic idealism. While many of his colleagues settle into resignation, or content themselves with portraying the Left's failures and the Right's gruesome seductions, Bond tirelessly proposes reasons for renewed faith. He only confirms their inadequacy every time he rings them out with predictable clamor." ("Breaking the Bond with Edward Bond", in: *Theater (Yale)* 21 (1990), 23–28, 23.) – Zustimmung zu Bonds Rückkehr zum Agitationstheater äußert Ian Stuart, "Answering to the Dead: Edward Bond's 'Jackets', 1989–90", in: *New Theatre Quarterly* 26 (1991), 171–183, wo Bonds in Anlehnung an Brecht entstandene Theorie des "Theatre Event" erläutert wird (passim).

3.3   Elisabethanische Tragödie: Howard Barkers *Seven Lears*

Den vielen Bearbeitungen, die die Geschichte von König Lear und seinen
Töchtern in der englischen Literatur erfahren hat,[78] fügte Howard Barker
1990 mit *Seven Lears* eine weitere hinzu.[79] Damit folgt er einer literarischen Tradition, die von Holinshed (dessen *Chronicle* ja auch schon auf
die Königsgeschichte Geoffreys von Monmouth zurückging) über Shakespeare und Nahum Tate bis Edward Bond reicht. Anders als diese läßt
Barker sein Stück allerdings sehr viel früher in der Lebensgeschichte
Lears, in der Kindheit, einsetzen. Es endet, bevor der König sein Reich
teilt. Im folgenden soll gezeigt werden, wie Barker diese Tradition rezipiert, was das Neue an seiner Variante ist, aber auch, in welch überra-
schendem Ausmaß sein Stück trotz aller vordergründigen Fremdartigkeit
konventionalisierte Elemente der Lear-Bearbeitungen beibehält und dabei
sogar noch hinter Shakespeare zurückgeht.[80]

Das Stück besteht aus sieben Szenen und einem Zwischenspiel. Im
"First Lear" stürzen sich die beiden Brüder des jungen Lear von den
Klippen, und so wird er unverhofft Thronfolger. Eine sinistre Bischofs-
figur übernimmt seine Erziehung, die Witwe Prudentia seine sexuelle
Initiation. Nach dem Tod seines Vaters macht er dessen Minister Horbling
zum Hofnarren, einen Bettler dagegen zum Herzog von Gloucester, heiratet Prudentias Tochter Clarissa, zeugt Goneril und Regan und beginnt
einen für alle Seiten katastrophalen Krieg – wen er bekriegt, bleibt unklar.
Lears Versuch, fliegen zu lernen, endet mit dem Absturz und Tod Garys,
seines geliebten "Boy". Lears Ratgeber Kent tötet den Bischof und ver-
bringt sechs Jahre mit dessen Leiche auf einem Felsen im Meer; während-
dessen lebt Lear in selbstgewählter Isolation in einem Turm. Nach seiner
Rückkehr zeugt Kent mit Clarissa eine Tochter, Cordelia. Lear wird
zunehmend gewalttätig gegen sich und seine Umwelt: Er bringt einen
harmlosen Schäfer um und versucht, Cordelia in einem Ginfaß zu erträn-

---

[78] Eine Übersicht über die wichtigsten neueren Bearbeitungen findet sich in Horst Prießnitz,
"Anglo-amerikanische Shakespeare-Bearbeitungen des 20. Jahrhunderts: Ein bibliographi-
scher Versuch", in: ders. ed., *Anglo-Amerikanische Shakespeare-Bearbeitungen des 20.
Jahrhunderts*, Darmstadt (Wissenschaftliche Buchgesellschaft): 1980, 413–432, 428f.

[79] Howard Barker, *Seven Lears: The Pursuit of the Good*, in: *Seven Lears/Golgo*, London
(John Calder): 1990, vi–49.

[80] Zur Rezeption elisabethanischer und jakobäischer Handlungsmuster bei Barker und
anderen zeitgenössischen englischen Dramatikern cf. William Hutchings, "'Creative
Vandalism' Or, A Tragedy Transformed: Howard Barker's 'Collaboration' with Thomas
Middleton on the 1986 Version of *Women Beware Women*", in: Karelisa V. Hartigan ed.,
Text and Presentation vol. 8, Lanham (University Press of America): 1988, 93–101.

ken. Nachdem Lears letzter Versuch, sich durch den "Emperor of Endlessly Expanding Territory" hinrichten zu lassen, scheitert, tötet er schließlich Clarissa. Die letzte Szene, "Seventh Lear", zeigt Lear beim Schachspiel mit Kent, obwohl er weiß, daß dieser betrügt. Der Chor der Gefangenen, der Lear ständig Vorhaltungen gemacht hat, liegt tot auf der Bühne; Kent faßt seinen Herrscher "{in a spasm of love}" [49] an der Hand.[81]

Die technischen Konventionen der elisabethanischen Tragödie, die *Seven Lears* strukturieren, sind einem englischen Publikum mindestens ebenso vertraut wie die der Restaurationskomödie. Wenn Trommler über die Bühne schreiten, ein Chor sich immer wieder zu Wort meldet oder Boten von einer Schlacht berichten [cf. 13f.], dann werden Vorprogramme aktiviert, die aufgrund der dominierenden Stellung Shakespeares im englischen Kulturerbe schon bei Schülern vorausgesetzt werden können. Zudem beläßt Barker es nicht bei dem Einsatz isolierter Aufführungskonventionen, sondern übernimmt auch übergreifende Dramenelemente, die sich direkt aus der elisabethanischen Staats- und Ständelehre herleiten lassen. Die Haupt- und Staatsaktion dominiert das Stück, das ganz auf Lear und seinen Hofstaat zugeschnitten ist. Sozial tieferstehende Figuren wie der Schäfer oder Lears Boy tauchen lediglich als Opfer des Königs auf, wenn sie nicht gemäß der Ständeklausel der Renaissance- und Barockpoetik eine komische Funktion zu erfüllen haben.[82] Nur höhere Stände dürfen tragisch[83] sein: Bevor der Bettler zu Lears Komplizen werden kann, wird er zuerst zum Herzog von Gloucester geadelt [cf. 27].

Damit ist *Seven Lears* den elisabethanischen Vorbildern näher als Edward Bonds *Lear* (1971), das Stück, auf das sich Barker implizit immer wieder bezieht. Auch seine Bezüge auf den Einzeltext *King Lear* sind

---

[81] Diese – stark vereinfachte und auf die Handlung konzentrierte – Inhaltsangabe läßt erahnen, warum Barker nie die Popularität eines Hampton, Brenton oder Hare erreicht hat. Seine Stücke, zumal die späteren, sind mit ihren scheinbar motivationslosen Handlungsschritten und Repliken so wenig am traditionellen Rezeptionsverhalten des Publikums orientiert, daß sie viele Zuschauer schlicht überfordern: "Barker has a cult following, crystallized in a theatre company, The Wrestling School, that performs only his work. Nevertheless, the sheer density of his dialogue increasingly discourages audiences, who perhaps have to absorb him gradually over the years." (Ruby Cohn, *Retreats from Realism*, 15.)

[82] Cf. die Geburt von Goneril, wo "{A pandemonium of doctors and midwives}" statt nach Tüchern und dergleichen nach einem Eimer kalten Wassers und einer toten Katze verlangt [22f.]. Die Figur des elisabethanischen Dramas, die nicht der Ständeklausel unterliegt und *als Mitglied des Hofes* in der Tragödie komisch sein darf, der Narr, hat auch bei Barker die unterhaltsamsten Szenen. Horblings Versuche, Lear ermorden zu lassen, und die bemüht-inkompetente Art, mit der er nach den ständigen Fehlschlägen den Verdacht von sich abzulenken sucht [cf. 15, 20, 30, 34, 46], sind dabei gleichzeitig den *running gags* der Stummfilmkomödien nachgebildet.

[83] Zu Barkers Neuwertung des Tragischen cf. unten.

schärfer konturiert als bei Bond; so verändert Barker beispielsweise die Namen der handelnden Figuren nicht. Noch deutlicher wird sein Bestreben, *Seven Lears* in der literarischen Tradition früherer Jahrhunderte zu verankern, an einem Rückgriff, der allerdings nicht mehr mit Shakespeare-Schulkenntnissen nachvollzogen werden kann. Edward Bond hat seinem *Lear*, noch vor der Liste der *dramatis personae*, eine kryptisch anmutende Notiz vorangestellt:

> According to ancient chronicles Lear lived about the year 3100 after the creation. He was king for 60 years. He built Leicester and was buried under the River Soar. His father was killed while trying to fly over London. His youngest daughter killed herself when she fell from power.[84]

Dies ist tatsächlich nichts anderes als die etwas lakonisch wiedergegebene Geschichte von Bladud, Sohn des Hudibras und Vater des Lear, von dem es bei Geoffrey von Monmouth unter anderem heißt:

> Bladud was a most ingenious man who encouraged necromancy throughout the kingdom of Britain. He pressed on with his experiments and finally constructed a pair of wings for himself and tried to fly through the upper air. He came down on top of the Temple of Apollo in the town of Trinovantum and was dashed into countless fragments.[85]

Diese an die Sage von Daedalus und Ikarus erinnernde Geschichte wird von Bond nicht weiter verfolgt und dient vor allem dazu, das Todesmotiv einführen. Shakespeare verwendet diesen Teil der Lear-Legende überhaupt nicht. Barker hingegen stellt sie, wie noch zu zeigen sein wird, in den Mittelpunkt seines Stückes, und entgrenzt seine Lear-Rezeption damit über einen Shakespeare- (und Bond-)Kommentar hinaus.

Setzt *Seven Lears* auf vielfältige Weise die Dramenkonventionen der Elisabethaner und die literarische Lear-Überlieferung ein, so ist auch der thematische Code des Stückes einem englischen Publikum nicht grundsätzlich neu: Die Fragmentierung der Learfigur, die – bei Shakespeare bereits angelegt – von Edward Bond thematisiert wurde,[86] stellt auch Barker ins Zentrum der Aufmerksamkeit des Lesers oder Zuschauers. Damit ist allerdings der Punkt erreicht, wo Barker von den literarischen

---

[84] Edward Bond, *Lear*, 13.

[85] Geoffrey of Monmouth, *The History of the Kings of Britain* tr. und ed. Lewis Thorpe, Harmondsworth (Penguin): 1966, 81.

[86] Cf. dazu Lothar Fietz, "Variationen des Themas vom 'fragmentarischen Existieren' im zeitgenössischen englischen Drama: Pinter, Bond, Shaffer", in: *Anglia* 98 (1980), 383–402; cf. auch Gerd Stratmann, "Edward Bond: *Lear* (1971)", in: Klaus-Dieter Fehse und Norbert H. Platz eds., *Das zeitgenössische englische Drama: Einführung, Interpretation, Dokumentation*, Frankfurt am Main (Athenäum Fischer): 1975, 274–298.

Vorlagen abweicht und seinen eigenständigen Beitrag zur Geschichte der Shakespeare-Bearbeitungen leistet: Der Titel *Seven Lears* verweist bereits auf die Multiplizität der Fragmente, die nun nicht einmal mehr als von einer Person verklammert angesehen werden können, sondern in diskrete Einzelfiguren auseinanderfallen. Dieser programmatischen Vorgabe folgt der Text konsequent: Formal gliedert er sich statt in Akte oder Szenen bei Barker in acht Teile, die – vom "Interlude" abgesehen – mit "First Lear", "Second Lear" usw. überschrieben sind und damit nicht mehr Segmente einer durchgängigen Vita bilden, sondern separate "Biographien" darstellen. Selbst die bis zu einem gewissen Grade identitätstiftende Obsession, die "fixe Idee", die Bonds Lear dazu veranlaßt, den Bau der Mauer um sein Reich rücksichtslos voranzutreiben,[87] fehlt.

Die "Staatskunst" Lears, der Horbling zum Narren degradiert [cf. 10] und den Bettler zu Gloucester adelt, folgt keinem Programm mehr, sondern bildet eine Sequenz unzusammenhängender Willkürakte, hinter denen keine koordinierende Instanz steht. So ist die Grausamkeit, die Lear an den Tag legt, nicht in seiner "Persönlichkeit", einer Idee oder Ideologie begründet: Der fünfte Lear etwa tötet aus einer Laune heraus den Schäfer, weil dieser sich weigert, ihn, Lear, zu erstechen [cf. 41]. Die am Schäfer exemplarisch vollzogene Vernichtung der idyllischen Lebensweise und damit der letzten Rückzugsmöglichkeit vor der Tyrannei, die Bond noch sorgfältig vorbereitet und folgerichtig aus der totalitären Programmatik Lears entwickelt,[88] geschieht in *Seven Lears* beiläufig und unvermittelt. Mit dem Verlust der unverwechselbaren Identität entfällt die traditionelle Motivierung und Bewertung der Handlungen; weil das Figurenbündel "Lear" diskontinuierlich handelt, kann es nicht als *villain*, als Bühnenschurke, angesehen werden. Damit wird auch die traditionelle Schlußbildung der Tragödie, die Bestrafung des Verbrechers, unmöglich.

Der jeweilige Innenstandort der Leargestalt entspricht der Diskontinuität ihrer Handlungen; der sechste Lear etwa antwortet dem Chor:

THE GAOL: *Oh, Lear*
  You were so much kinder as a boy!
LEAR: Yes, but he was so intelligent, that boy. And he knew philosophy. [43]

Hier wird deutlich, daß der Prozeß der Ablösung von der eigenen Geschichte, den Lear fortwährend durchmacht, von seinen Opfern nicht hingenommen wird. Der "Chor der Gefangenen" (der in seiner hoffnungs-

---

[87] Cf. Lothar Fietz, "Variationen", 391.
[88] Cf. Edward Bond, *Lear*, 32ff.

los-anklagenden Monotonie tatsächlich etwas Nabuccohaftes hat) spricht ihn auf ein Ereignis an, das der erste Lear erlebte: Er und seine Brüder Arthur und Lud wurden mit den Gefangenen konfrontiert, wobei Lear als einziger betroffen reagierte [cf. 1f.]. Daß er sich nun von seinem früheren Selbst als "that boy" distanziert, bedeutet auch, daß er die Verantwortung für dessen Versprechen ablehnt. Der dritte Lear kann so nach einer verlorenen Schlacht den Vorwürfen seiner Vasallen mit dem Unverständnis des Geschichtslosen begegnen:

> OSWALD: I should kill you now, and scraping home in rags from fifteen
> months of vagrancy, say honour me, for I struck down the thing that piped
> us into swamping death, *you chose that ground.*
> LEAR: Yes.
> But that was another Lear.
> Already I don't know him. He also lies among the reeds. [15]

Mit dem Ablegen der früheren Identität verliert Lear auch die Moralbegriffe, die dieser Identität zugehörten. Auf Kents Vorhaltung *"Ought not to piss on innocence"* antwortet der sechste Lear mit "What word is that?" [43]. Sein Handeln als Despot ist nicht unmoralisch, weil dieser Begriff ja eine Moral impliziert, gegen die verstoßen wird; es ist amoralisch, weil die Moral an sich im Fragmentarisierungsprozeß der Persönlichkeit verlorengeht. Ausdruck dieses amoralischen, diskontinuierlichen Existierens sind der Verlust der Identität, der Integrität und des Mitleids. Shakespeare dramatisiert die "Menschwerdung" des Königs, indem er dessen wachsende Mitleidsfähigkeit zeigt:

> Poor naked wretches, whereso'er you are,
> That bide the pelting of this pitiless storm,
> [...] O! I have ta'en
> Too little care of this.[89]

Bond geht ähnlich vor; sein Lear unterscheidet sich im Kern nicht von dem Shakespeares, wenn er am Ende des Stückes sagt:

> Our lives are awkward and fragile and we have only one thing to keep us sane:
> pity, and the man without pity is mad.[90]

Barker dagegen stellt diese Entwicklung vom Machtmenschen zum mitleidsfähigen Mit-Menschen auf den Kopf. Der erste Lear kann noch mit Entsetzen auf die Zustände im Gefängnis seines Vaters reagieren:

---

[89] William Shakespeare, *King Lear* ed. Kenneth Muir [The Arden Shakespeare], London (Methuen): 1972, III,iv,28ff.
[90] Edward Bond, *Lear*, 98.

125

LEAR: Oh, you poor, wet things, I never knew the ground was full of bodies, and you've got no sheets...!
LUD: All horrid things deserve to die...!
ARTHUR: *Foot-ball*...! {He tears out, followed by LUD. LEAR hesitates.}
LEAR: I shan't be king, because I am not the eldest but...if I were king...for one thing...I'd stop this! [2]

Die Parallelen zu König Lears "the thing itself", "unaccommodated man" und "a poor, bare, forked animal"[91] sind nicht zu übersehen, aber wo jener im Alter, nach begangenen Fehlern, zur Einsicht gelangt, steht dieser Lear erst am Anfang seiner Entwicklung. Er spricht nur noch einmal, nach einer Gewaltphantasie, von Mitleid:

LEAR: Pity the dead, though...pity the common and the uncommon also...there was a singer in the bodyguard who – [14]

Barker spielt das Thema vom pervertierten Mitleid mit den Toten und damit vom Tod des Mitleids hinüber in das Thema des *Selbst*mitleids.[92] Lears mephistophelisch-machiavellistischer Ratgeber, der Bischof, klagt:

I have these feet.
And salt relieves them.
Sometimes the feet are twice the size.
Pity me. I do. [31]

Diesem Verlust der *compassio* bzw. ihrer Verengung auf die eigene Befindlichkeit stellt Barker die von Clarissa[93] vertretene Sehnsucht nach Mitleid gegenüber. Sie ist als Lears Frau und damit als dem traditionellen Personal der Lear-Versionen hinzugefügte Figur die eigentliche Hauptgestalt des Stückes.[94] Ihr als passiver, leidender Frau wird selbst von ihrer Mutter Prudentia und ihrer Tochter Cordelia das Mitleid und damit die Solidarität verweigert:

CLARISSA: *I will not have you uncovered all my life I have been dominated. Words. Axes. Looks. Clubs.* {Pause} Pity me, because this is so difficult.
PRUDENTIA: I pity nobody. [38]

---

[91] William Shakespeare, *King Lear*, III,iv,104ff.

[92] "Pity" zieht sich leitmotivisch durch das ganze Werk Barkers; cf. etwa *Pity in History* (1984).

[93] Es liegt nahe, diesen Namen als Echo auf Samuel Richardsons *Clarissa* (1747/48) aufzufassen. Alan Thomas verweist auf die allegorische Funktion der Namen der "characters Prudentia and Clarissa in *Seven Lears*, and their consistent use in that play as figures of prudence and clarity of thought [...]". ("Howard Barker: Modern Allegorist", 434.)

[94] Erfunden hat Barker die Figur der Ehefrau Lears allerdings nicht. Bereits 1915 taucht sie in einer Lear-Bearbeitung auf. Cf. dazu Horst Oppel, "Gordon Bottomley, 'King Lear's Wife'", in: Horst Prießnitz ed., *Anglo-Amerikanische Shakespeare-Bearbeitungen*, 326–339.

CORDELIA {releasing the hand of CLARISSA}: How hard it is to say this, but I do not pity you. I think you never did a bad thing in your life. Or let a false emotion slip through your net. Or postured. Or ever were corrupt. [48]

In diesem Kontrast von Flehen um Anerkennung und Versagung des Mitleids wird eine erste Dimension von Barkers Wirkabsicht deutlich. Wenn die Leser oder Zuschauer erkennen, daß mit Clarissas Hinrichtung eine Figur eliminiert wird, die als Geliebte, Frau und Mutter in enger Beziehung zu den traditionellen Figuren des Lear-Stoffes steht, dann stellt sich ihnen das Problem der Fragmentarisierung in neuem Licht dar. Nicht nur Lear wird in zusammenhanglose Einzelfiguren zerlegt, sondern die Bruchstückhaftigkeit der überlieferten Bearbeitungen des Stoffes selbst wird deutlich gemacht: Eine Figur, die eigentlich eine zentrale Rolle spielen sollte, fehlt in allen Versionen. Barker sagt in seiner epigrammatischen Einleitung:

> The Mother is denied existence in *King Lear*. She is barely quoted even in the depths of rage or pity. She was therefore expunged from memory. This extinction can only be interpreted as repression. [ii]

Nicht einmal *in extremis*, "in the depths of rage or pity", wird die Rolle der Frau Lears anerkannt. Im Gegenteil: Erst ihre Unterdrückung macht den zweiten Teil des Dramas, den *King Lear* Shakespeares, möglich.

Barker will aber nicht nur ein Shakespearestück von einem aufgeklärt-feministischen Standpunkt aus kritisieren und die ideologischen Prämissen der Personalauswahl in *King Lear* bloßlegen. Es geht ihm vielmehr um die grundlegendere Auseinandersetzung mit den Mechanismen der elisabethanischen Tragödie an sich. Dazu entgrenzt er zunächst den Referenzrahmen, in dem *Seven Lears* steht: Über die von *King Lear* übernommenen Elemente hinaus verwendet er solche, die sich auf andere Texte Shakespeares zurückführen lassen. Lears Versuch etwa, Cordelia in einem Ginfaß zu ertränken [cf. 44ff.], ist ein Echo der Ermordung des Herzogs von Clarence in *Richard III*, der von einem Handlanger Richards erst niedergestochen und dann in einem Weinfaß ertränkt wird.[95] Der Bischof wiederum begegnet seiner bevorstehenden Ermordung durch Kent mit schwarzem Humor [cf. 32f.], der nach Gonerils "Mummy says steer clear of you" in der Bemerkung gipfelt: "Difficult, up till now. But from tomorrow, easy." [32]. Damit nähert Barker ihn in Tonfall und Wortwahl an Mercutio an, der seinen eigenen Tod in *Romeo and Juliet* ähnlich kom-

---

[95] Cf. William Shakespeare, *King Richard III* ed. Antony Hammond [The Arden Shakespeare], London (Methuen): 1981, I,iv,259f.

mentiert.[96] Der Bischof, die Verführerfigur, die den jungen König korrumpiert, verweist zudem über Shakespeare hinaus auf die Bühnenmachiavellis der Elisabethaner. Mit solchen Parallelen macht Barker deutlich, daß *King Lear* bei ihm nur beispielhaft für andere elisabethanische Tragödien steht. Die Kritik, der er das tragische Grundmuster des Prä-Textes unterzieht, soll für alle vergleichbaren Texte gültig sein.

Es ist bereits angedeutet worden, daß Barker das Motiv des Fliegens und die damit verbundenen Vorstellungen von Freiheit einerseits und menschlicher Hybris andererseits in den Mittelpunkt seines Stückes stellt. Bereits der erste Sprecher, Lud, führt das Motiv ein: "Let's play football! Let's fly kites!" [1], und einige Zeilen später wiederholt er diesen Vorschlag in den gleichen Worten. Man einigt sich, Fußball zu spielen, und "{LUD boots the ball with terrific violence. It sails high and away.}" [2]; der Ball fliegt über die Klippe, "{His [Lear's] brothers have stopped at the very edge of the cliff and look down. [...] They fall out of sight, together.}" [2]. In wenigen Momenten etabliert Barker so den Zusammenhang zwischen Fliegen und Fallen und das Bild des Drachensteigens, das noch zweimal im Verlauf des Stückes wichtig wird. Gegen Ende, kurz bevor Clarissa beseitigt wird, sprechen Goneril, Regan und Cordelia im Chor: "Let's play houses! Let's fly kites!" [47]. Dies unterstreicht die Stasis der Handlung; sie gebrauchen angesichts menschlichen Elends fast die gleichen Worte wie die Königssöhne der ersten Szene. Der hybride Traum vom Fliegen hat sich auch nach Krieg und Tod nicht geändert, die Geschichte bewegt sich nicht oder nur im Kreis.[97] Das Bild vom steigenden Drachen hat aber noch eine zweite Funktion. Nachdem Lear sich in einen hohen Turm zurückgezogen hat (auch eine Art des Aufsteigens bzw. Fliegens), sind durch die Fenster Drachen zu sehen:

{The CHORUS are seen holding the kite strings and staring up.}
THE GAOL: *For every child that dies we fly a kite*

---

[96] "Ask for me tomorrow, and you shall find me a grave man." (William Shakespeare, *Romeo and Juliet* ed. Brian Gibbons [The Arden Shakespeare], London (Methuen): 1980, III,i,98f.)

[97] Cf. *Pity in History*, wo der endlose Kreislauf von Schöpfung und Zerstörung als Konflikt zwischen den Bilderstürmern der Cromwellschen *New Model Army* und dem unverdrossen weiterarbeitenden Steinmetz Gaukroger dramatisiert wird: "No pity in History –" ist dessen Kommentar. (Howard Barker, *Pity in History*, in: *Gambit: International Theatre Review* 11 no.41 (1984), 5–31, 25.) – Auf *Seven Lears* paßt eine Bemerkung von Günter Klotz besser als auf das eigentlich gemeinte Stück, *The Last Supper*: "Das ist kein Geschichtsdrama, sondern ein Stück über eine Welt, die in die Geschichtslosigkeit eingetreten ist. Der Krieg hat nichts bewirkt, Gewalt und Unterdrückung gehen weiter." ("Elitäres Theater kontra Massenkultur: Die unpopuläre Dramaturgie Howard Barkers", in: *Zeitschrift für Anglistik und Amerikanistik* 37 no.2 (1989), 124–135, 131f.)

Lear
Are you not blind with kites?
For every suicide that leaps into the river
We fly a kite
Lear
How dark your room must be! [36][98]

Auch hier wird das Bild der Drachen, nun visuell inszeniert, mit dem Referenzbereich "Tod" in Verbindung gebracht. Diese Drachen sind ein stummer Verweis auf die Grausamkeit Lears bzw. die Verzweiflung seiner Untertanen.[99]

Das zweite Bild, das unmittelbar mit dem Motiv des Fliegens korreliert wird, ist das von Clarissas Vogel. Immer wieder erinnert Clarissa an ihren Vogel, den ihre Mutter nicht zu kennen vorgibt und damit ein Einsehen in die Situation ihrer Tochter ablehnt:

CLARISSA: You don't remember my bird.
PRUDENTIA: Yes, I –
CLARISSA: No, you have entirely –
PRUDENTIA: No, I don't think I –
CLARISSA: You have entirely obliterated my bird from your memory, and why shouldn't you? [5]

Im Bild des Vogels, der zunächst frei ist [cf. 9], dann im Käfig lebt [cf. 24] und schließlich stirbt [cf. 36], überlagern sich Konnotationen von Freiheit, Selbstbestimmung und Lebensfreude mit ihren Oppositionen Gefangenschaft, Unterordnung und Tod. Das Bild vom gefangenen Vogel wird nie mit den Phantasien von privatem Glück und Selbstbescheidung in Beziehung gesetzt, die Shakespeares Lear damit verbindet:

[...] Come, let's away to prison;
We two alone will sing like birds i'th'cage[100]

---

[98] Diese Passage ist ein Beispiel für die subtile Art, in der Barker die traditionellen Motive der Lear-Bearbeitungen verwendet. Die Blendung, die bei Shakespeare in der Gloucester-Episode und bei Bond in II,6 und abgewandelt in I,4 mit größter Grausamkeit szenisch umgesetzt wird, klingt hier und in Lears Schlachtenbericht [cf. 14] an.

[99] "Stumm" sind nur die Drachen selbst; es ist typisch für Barkers Drama, daß der Chor sofort eine Erläuterung des soeben visuell Vorgestellten anbietet. Barker arbeitet selten mit unkommentierten Bildern, obwohl ja gerade die visuelle Ebene, wenn sie nicht direkt-mimetisch Wirklichkeit abbildet, seiner Forderung nach Ambiguität entgegenkommt: "The theatre is not a disseminator of truth but a provider of versions. Its statements are provisional. In a time when nothing is clear, the inflicting of clarity is a stale arrogance." (Howard Barker, *Arguments for a Theatre*, 44). Barker weist – und schon daran muß jeder Versuch scheitern, ihn zum "postmodernen" Dramatiker zu erklären – dem *Text* jederzeit den Primat zu. Bereits eine rein quantitative Untersuchung seiner Nebentexte zeigt, daß er sehr wenige Regieanweisungen gibt und diese meist Bewegungen oder Intonationen vorschreiben.

[100] William Shakespeare, *King Lear*, V,iii,8f.

129

Barker rezipiert hier vielmehr Bond, der Lear zwei lange Monologe zu diesem Thema gibt, in denen es unter anderem heißt:

> Is it a bird or is it a horse? It's lying in the dust and its wings are broken. Who broke its wings? Who cut off its hands so that it can't shake the bars? It's pressing its snout on the glass. O god, there's no pity in this world.[101]

Hier ist der Referenzbereich – besonders wenn man das Märchen vom gefangenen Vogel[102] in die Analyse miteinbezieht – noch nicht eindeutig festgelegt. Es bleibt weitgehend den Lesern oder Zuschauern überlassen, zu entscheiden, worauf das (mit "hands" und "snout" ohnehin unscharfe) Bild vom Vogel verweist. Barker hingegen vereindeutigt durch das Klarstellen des Besitzverhältnisses (*my* bird), daß der Vogel nur mit Bezug auf Clarissa und damit auf den unterdrückten Teil der Geschichte interpretiert werden kann, keinesfalls aber als die Objektivierung einer Unschuld, die auch Lear für sich beanspruchen könnte. Im Gegenteil erklärt sich Lear geradezu zum Mörder:

> LEAR: I pat the dog for bringing me my slipper. And hounds who fetch dead birds. Pat. Pat. [19]

Barker formt das Thema vom Fliegen zunächst einmal auf zweifache Weise; sowohl Drache als auch Vogel werden dabei multifunktional in den Text eingebunden. Beide Bildkomplexe verweisen aber nur indirekt auf den Traum vom Fliegen, den Barker – nunmehr in deutlichem Rückbezug auf Geoffrey von Monmouth, dessen Bladud er mit seinem Sohn Lear verschmelzen läßt – im vierten Lear dramatisch inszeniert. Die Wichtigkeit dieser Szene wird bereits durch ihre formale Mittelstellung unterstrichen; daß sie darüber hinaus die Peripetie des Stückes bildet, wird durch eine Untersuchung von Lears Argumentationsverlauf deutlich. Auf den Absturz des Modellflugzeuges am Auftakt der Szene reagiert er noch mit an Hamlet erinnernder Reflektion:

> LEAR: Is this with God's permission? Or is it against God? [...]
> He did not intend us to be birds, or we should be thick with feathers. But does he resent us becoming birds? There is the question. [25]

Wo Shakespeares tragische Helden aber am Ende die Vermessenheit menschlicher Hybris erkennen lernen, geht Barkers Lear den umgekehrten Weg. Gegen Clarissas Einwände entschließt er sich zum Flug, wobei implizit die eigene Gottwerdung mitgemeint wird:

---

[101]   Edward Bond, *Lear*, 49.
[102]   Cf. ibid., 88f.

130

CLARISSA: Don't fly.
LEAR: If I discover paradise, I shan't come back. At least until I discover paradise is wanting. [28]

In der anschließenden Szene wird Barkers Methode der Tragödienrezeption sichtbar: Lear begeht den tragischen Fehler, fliegen zu wollen, aber sein "Testpilot" Gary, "*his one loved boy*" [30], kommt durch den Absturz um, er wird geradezu geopfert; die Katastrophe ereilt den Unschuldigen, der nicht *mit*untergeht, wie dies in den Kollektivtragödien der Shakespearezeit der Fall gewesen wäre, sondern stellvertretend für den König vernichtet wird. Die Funktion des tragischen Helden wird bei Barker von *zwei* Figuren übernommen, deren eine die *hamartia*, den tragischen Irrtum, begeht, während die zweite dafür bezahlt. Mit den traditionellen Mitteln der Tragödie wird so die Fragmentierung des Helden, seine Aufspaltung in zwei Komplementärfiguren, dargestellt.[103] Daß hier keine "zufällige" Konstellation vorliegt, zeigt die genaue Wiederholung dieser modifizierten Tragödienstruktur im größeren Rahmen des ganzen Stückes. Wieder ist es Lear, der durch eine Serie von Verstößen gegen ein quasi-göttliches (und das heißt hier: mit-menschliches) Gesetz tragische Irrtümer begeht: Er tötet das Mitleid in sich ab, verweigert den Gefangenen die versprochene Freiheit und wird zum Mörder. Den Preis dafür aber zahlt Clarissa; sie ist es, die geopfert wird, während Lear sich von dieser Opferhandlung zugunsten eines einsamen Gottes Erhöhung und Erwählung verspricht:

LEAR: God wants her for the comfort of His solitude...We can't be blamed...{With a sudden access of energy, LEAR leaps and clings to the chain, usurping it.}
Raise Me!
Raise me then, God!
{He swings to and fro, pitiful and absurd. The light on Clarissa fades.} [48]

Wieder zeigt sich diese Zweiteilung der tragischen Figur, wieder die Viktimisierung der Unschuld; Lear aber, der das Wort "innocence" nicht

---

[103] Cf. Louis K. Greiff, "Two for the Price of One: Tragedy and the Dual Hero in *Equus* and *The Elephant Man*", in: Karelisa V. Hartigan ed., *Within the Dramatic Spectrum* vol. 6, Lanham (University Press of America): 1986, 64–77. Greiff weist auf die erstaunlichen Parallelen zwischen Peter Shaffers und Bernard Pomerances Stücken hin und sieht eine ähnliche Spaltung des tragischen Helden: Der mit einem Fehler behaftete Patient geht in beiden Fällen unter, während der Psychiater bzw. Arzt Einsicht gewinnt (cf. ibid., 72). – John Orr sieht in Christopher Hamptons *Savages* sogar einen "collective tragic hero", den verfolgten Indiostamm. Cf. John Orr, *Tragic Drama and Modern Society: A Sociology of Dramatic Form from 1880 to the Present*, Basingstoke (Macmillan): ²1989. – Auch in Peter Flannerys *Singer* findet die Spaltung des tragischen Helden statt; allerdings hat sie dort eine andere Funktion (cf. Kapitel 3.4).

mehr kennt (cf. 43), kommt davon und spielt im letzten, siebten, Teil gelassen Schach mit seinem nun restlos gefügig gemachten Kent.

Das ist das eigentlich Neue an *Seven Lears*: Wo Shakespeare Mitleid entstehen läßt und Bond wenigstens noch Einsicht in die Notwendigkeit von Mitleid dramatisiert, ist bei Barker das Abtöten von Mitleid Bedingung des Überlebens. In der Welt des Stückes triumphiert der Schuldige, der, nachdem er die Unschuld als Begriff und als Personifikation eliminiert hat, bereits als fragmentierter "Held" am Anfang des kanonischen *King Lear* Shakespeares steht. Mit den Mitteln der klassischen elisabethanischen Tragödie zeigt Barker damit die Unangemessenheit ebendieser Mittel in der heutigen Zeit: Die Figuren, die sich auf Lears Machtspiele einlassen, gehen nicht mehr zusammen mit ihm unter, sondern an seiner Stelle. Aus der Kollektivtragödie wird die Tragödie der Individuen, die an dieses Kollektiv, an die gegenseitige Abhängigkeit und Solidarität, geglaubt haben. Der Chor kann im "Fifth Lear" noch hoffnungsvoll sagen:

> THE GAOL: *In this case human dignity cries out for*
> *One of those rare occasions when everybody must*
> *Agree*
> *Collectively we must respond*
> *Mustn't we* [39f.]

Am Ende des Stückes ist diese Hoffnung zerstoben: "{The CHORUS OF THE GAOL lies heaped and dead.}" [49]. Mit ihm hat Barker auch die Rückkehr zu den Konventionen der elisabethanischen Tragödie erledigt. Das Weltbild, das sie transportieren und das auf die Wiederherstellung der Harmonie im Kosmos zielt, erweist sich als so unangemessen wie die anderen, moderneren Kollektivmodelle:[104]

> KENT: *The genius we thought had understood reality*
> *His eighty volumes now I say are*
> *His beard I wish*
> *His tomb I could*
>
> *The little man from China with the answers*
> *Was a torturer I never knew* [41]

---

[104] Howard Barker hat schon früher Elemente von *King Lear* zur Ideologiekritik eingesetzt. In *Fair Slaughter* (1984), Barkers letztem "epischen" Stück, versucht Gocher, ein alter Kommunist und Veteran der Weißen Armee, aus dem Gefängnis in Wandsworth zu entkommen, weil er die Hand von Trotzkis Lokomotivführer, die er seit über fünfzig Jahren mit sich herumträgt, in russischer Erde begraben will. Der Wärter Leary [sic] flieht mit ihm in die South Downs und spielt ihm dort "Rußland" vor, macht darüber aber wie Lear auf der Heide einen Persönlichkeitswandel durch und wird selbst zum orthodoxen, das Individuum geringschätzenden Kommunisten.

Shakespeare, Marx und Mao: Barker diskreditiert sie alle in einem Stück, das zwar von der Dramaturgie und der politischen Wirkintention Brechts weit entfernt ist, aber in der Rückkehr zu älteren Modellen keinen Ausweg aus dem damit entstandenen Dilemma weisen kann.[105]

3.4   Rachetragödie: Peter Flannerys *Singer*

Zu Beginn der 70er Jahre bürgerte sich in der englischen Kritik für eine bestimmte Spielart zeitgenössischer Dramen der Begriff "neo-Jacobean" ein. Damit wurden Stücke bezeichnet, die durch Geistererscheinungen oder ähnliches realistische Darstellungskonventionen durchbrachen, in denen Elemente verschiedener dramatischer Genres gleichzeitig vertreten waren und die das Bild einer korrupten Welt zeichneten. Allerdings wurde der Terminus über eine vage Ähnlichkeit mit den Stücken der jakobäischen Periode hinaus nie zufriedenstellend definiert,[106] so daß seine kritische Brauchbarkeit begrenzt blieb. David Ian Rabey konnte noch 1985 Howard Barkers *Downchild* (1977) als "a deliciously vicious extravaganza in the outrageous neo-Jacobean style of David Hare's *Knuckle* [...]"[107] bezeichnen, während Tony Dunn im gleichen Jahr anhand der gleichen Inszenierung zu dem Schluß kam:

> A false ghost, a murder and a family of avaricious yokels give the play all the trappings of an Agatha Christie whodunnit [...][108]

Auch *Knuckle* (1974) bedient sich als Vorlage des Kriminalromans, und so lassen sich diese beiden widersprüchlichen Aussagen teilweise durch die Isomorphien von jakobäischem Rachedrama und der modernen Krimi-

---

[105] An anderer Stelle sagt Barker: "We are reviving a medieval social theology in which human nature is deemed incurably corrupt in order to reconcile the poor with poverty, the sick with sickness, and the whole race with extermination." (*Arguments for a Theatre*, 24.) – Abgesehen von kurzen Bemerkungen in Arbeiten zu anderen Themen und dem oben zitierten Aufsatz von Alan Thomas existiert noch keine Forschungsliteratur zu *Seven Lears*. Cf. Kate Kellaway, "The Wrestling School", in: *Plays & Players* (March 1990), 22–23, 22; Ruby Cohn, *Retreats from Realism*, 69.

[106] Peter Ansorge etwa sagt in seinem Standardwerk *Disrupting the Spectacle: Five Years of Experimental and Fringe Theatre in Britain*, London (Pitman): 1975, zu den Stücken der *portable playwrights* lediglich: "[I]f there are any deeper cultural continuities to be found in the plays, then it is surely a link with the obsessive, murderous plots and characters of late Jacobean dramatists." [2]

[107] David Ian Rabey, "RSC's Howard Barker Season", in: *Plays & Players* (December 1985), 29–30, 29.

[108] Tony Dunn, "Howard Barker in the Pit", in: *Plays & Players* (October 1985), 9–10, 9.

nalliteratur erklären.[109] Gleichzeitig wird aber deutlich, wie unscharf der Begriff "neo-jakobäisch" von der Kritik gefaßt wurde.

Edward Bond wehrte sich dagegen, wegen seiner Adaptation von Websters *The White Devil* (1611/1976) als "New Jacobean"[110] bezeichnet zu werden, und auch Howard Brenton stand diesem Etikett zunächst skeptisch gegenüber,[111] bevor er zwölf Jahre später sagte:

> I'm one of the 'new Jacobean' writers. I want both 'high' and 'low' in action in a play. [...] To do that you need, as the Jacobeans needed, the freedom to write in different styles, to range widely.[112]

Brenton verwendet den Begriff "Jacobean" nicht mehr literaturhistorisch, sondern als Synonym für "eklektizistisch".[113] Dieser Gebrauch liegt auch bei Howard Barker vor, der die Konventionalität des nach-elisabethanischen Dramas gar nicht mehr wahrnimmt:

> 'I think every convention is a form of decay. I'd like to rediscover the rhetoric and powerful images of an earlier theatre, say the Jacobean.'[114]

Hier wird noch einmal deutlich, wie inhaltsleer der Begriff des "Jacobean Drama" im kritischen und poetologischen Diskurs geworden ist. Nimmt man Barker beim Wort, so will er zu den Bildern der Jakobäer zurück, *weil* sie inzwischen verfault oder verkommen sind.

---

109 Cf. Gámini Salgádo, "Introduction", in: ders. ed., *Three Jacobean Tragedies*, Harmondsworth (Penguin): ²1969, 11–38, 12ff.; Peter Paul Schnierer, "Crime and Detective Story Structures in Modern British Drama", in: Steven Kaplan und Will Wright eds., *The Image of Crime in Literature, the Media, and Society*, Pueblo, CO (The Society for the Interdisciplinary Study of Social Imagery): 1991, 53–64.

110 Edward Bond, zitiert in Beverly Matherne und Salvatore Maiorana, "An Interview with Edward Bond", in: *Kansas Quarterly* 12 (1980), 63–72, 66.

111 [Frage:] "*People have called you Jacobean; would you regard that as a compliment?* [Antwort:] I think that's a bit literary." (Howard Brenton, Catherine Itzin und Simon Trussler, "Petrol Bombs Through the Proscenium Arch", in: *Theatre Quarterly* 5 no. 17 (1975), 4–20, 19.)

112 Howard Brenton, "The Red Theatre under the Bed", in: *New Theatre Quarterly* 11 (1987), 195–201, 198. Cf. auch John Russell Brown, *A Short Guide to Modern British Drama*, London (Heinemann Educational): 1982, 24.

113 Darauf weist bereits eine frühere Äußerung Brentons hin: "These plays are big, in cast, staging, theme, and publically declared ambition (they *do* want to change the world, influence opinion, enter fights over political issues); they are 'Jacobean' in a mix of the tragic and comic taking great pleasure in the surprises and shocks of entertainment the huge stage can arm the playwright with as a showman; they are epic in that they are many scened, full of stories, ironic and argumentative, and deliberately written as 'history plays for now.'" (Howard Brenton, Malcolm Hay und Philip Roberts, "Interview", in: *Performing Arts Journal* 3 (Winter 1979), 134–141, 138.)

114 Howard Barker, zitiert in Philip A. Barnes, *A Companion to Post-War British Theatre*, London (Croom Helm): 1986, 25.

Vor dem Hintergrund dieses Bedeutungswandels und -verlustes war es notwendig, so weit auszuholen, um den nun folgenden Gebrauch des Terminus definitorisch abzusichern. Im Zusammenhang mit Peter Flannerys *Singer* muß von "jakobäisch" im klassischen Sinne die Rede sein, weil dieses Stück tatsächlich zahlreiche Konventionen der Stücke Tourneurs, Websters und ihrer Zeitgenossen übernimmt. Damit wird gleichzeitig deutlich, daß die Traditionslinie, in die Flannery nun zu stellen sein wird, nicht die der "Jakobäer" des späten 20. Jahrhunderts ist, sondern vielmehr bis in die Antike zurückreicht.

Die Rachetragödien Senecas wurden in England bereits in der zweiten Hälfte des 16. Jahrhunderts, vor allem durch die Übersetzungen Jasper Heywoods, rezipiert. Bald tauchten die ersten eigenständigen Versuche in diesem Genre auf: Thomas Kyds *The Spanish Tragedy* (1587) ist das erste Beispiel dafür. Aber schon mit *Hamlet* (1601) schien der Höhepunkt und das Ende des Genres erreicht zu sein: Das Konzept der Rache war problematisch geworden, und mit ihm die Figur des Rächers. Dies bedeutete jedoch noch nicht das Ende der Rachetragödie: Dem Rächer als problematischem Helden (etwa in den Stücken Cyril Tourneurs) war lediglich nicht mehr mit der gleichen Selbstverständlichkeit Sympathie entgegenzubringen wie seinen Vorläufern in der späten elisabethanischen Zeit; dafür wurden die *revenge tragedies* in ihrer jakobäischen Ausprägung immer mehr zum Instrument des Nervenkitzels und des Schauders. Gámini Salgádo hat in diesem Zusammenhang auf eine überraschende, aber keineswegs an den Haaren herbeigezogene Parallele aufmerksam gemacht:

> To the Jacobean audience the poisoned picture [...], the poisoned skull [...], and the love potion [...] had something of the fascination which the elaborately appointed travelling-case of Fleming's 007 has for us today.[115]

Hier führte ein Genre, das eigentlich bereits ausgelaugt war, noch einige Jahre ein Dasein, das durch literarische Verflachung, strukturelle Vereinfachung und gleichzeitig durch inflationären Gebrauch von Grausamkeiten gekennzeichnet war, die zunehmend nicht mehr nur verbal vermittelt, sondern inszenatorisch präsentiert wurden. Wenn in Tourneurs *The Revenger's Tragedy* (1607) der schlicht "Vindice" genannte Rächer seine tote Geliebte ausgräbt, um mit ihrer Hilfe ihren Mörder zu vergiften, oder später dieser Mörder auf offener Szene an der Zunge festgenagelt wird, zeigt sich exemplarisch der effektheischende Einsatz von Brutalität und Nekrophilie im jakobäischen Drama. Das dem Shakespearedrama noch

---

[115]   Gámini Salgádo, "Introduction", 13.

geläufige didaktische Potential, das durch die Inszenierung von Grausamkeiten bereitgestellt werden konnte, wenn die Verantwortlichen am Ende die gerechte Strafe traf, ist im jakobäischen Drama zurückgenommen.

Dies ist der Ansatzpunkt für Peter Flannerys *Singer* (1989), in dem die Bestrafung des Bühnenschurken zwar versucht wird, aber mißlingt.[116] Im Mittelpunkt des mit etwa 80 Figuren breit angelegten Stückes stehen drei Männer, die Auschwitz überleben: der eponyme Protagonist Peter Singer, sein ebenfalls polnisch-jüdischer Jugendfreund Stefan Gutman und Manik, ein deutscher Kommunist.

Nach dem Prolog in "Auschwitz Central" [1], in dem die Protagonisten von dem ukrainischen Aufseher Gailunas gequält und gedemütigt werden, setzt die Spielhandlung im Winter 1945/46 in Großbritannien ein, wohin es die drei verschlagen hat. Stefan wird Fotograf, Singer hingegen "spiv", Kleinhändler in der Randzone der Legalität, bis er auf die Idee kommt, seine eigene Wohnung zu Wuchermieten an die zu vermieten, die mit der nächsten Einwanderungswelle ins Land kommen: Westinder, die sonst überall abgewiesen werden. Bald kauft er billig abbruchreife Wohnungen, wirft die Mieter hinaus und vermietet die einzelnen Zimmer teuer weiter; Manik erledigt für ihn die Schmutzarbeit, wenn Mieter nicht freiwillig ausziehen. Dies geht eine Zeitlang gut, aber dann kommt Singer die Presse auf die Spur. Er wird zum Sündenbock gemacht, seine Geschäftspartner aus der Oberklasse wenden sich von ihm ab, als der Skandal sich auszuweiten droht, und Singer ertränkt sich in einem Teich in Hampstead.

Nach der Pause[117] erscheint Singers Geist; den anderen Figuren auf der Bühne tritt er als Mensch aus Fleisch und Blut gegenüber.[118] Er trifft

---

[116]   Peter Flannery, *Singer*, London (Nick Hern): 1989. – "I could see many parallels between the Jacobean tragedies and the story I wanted to tell, [...] an obsession with revenge and a sort of revenge-hero who is enormously wicked and corrupt but is also the product of a corrupt and evil society." (Peter Flannery, zitiert in Ann FitzGerald, "The Modern Jacobean", in: *Plays & Players* (November 1989), 6–8, 6f.) Das Stück basiert laut FitzGerald zum Teil auf "Shirley Green's biography of sixties rent-racket landlord Peter Rachman". (Ibid., 6.)

[117]   Die auf Singers Tod folgende Szene enthält einen eindeutigen impliziten Hinweis, daß hier eine Pause gemacht werden muß: "CHORUS: To you queuing for a drink at the bar or a seat in the ladies' loo it seems like twenty years have passed but here it's only eight." [57]

[118]   Dieses Verfahren sorgte bei der Kritik (und beim Verfasser dieser Studie während der Münchner Inszenierung; cf. Fußnote 122) für Verwirrung, ob Singer nun tatsächlich tot sei oder nicht; der Text ist jedoch eindeutig: "{SINGER disappears slowly into the water as he speaks.} My name was Piotre Singer. I began in Lvov in 1919. I came to London in the South East of England, where I bought houses. I made a lot of deals. I ate a lot of shit, but never German shit. My life was a waste of time because I am worthless. I ended in 1960 in a pond in Hampstead while fish blinked patiently among the reeds." [56]

Ruby, die Tochter des sadistischen Wärters in Auschwitz, an dem er sich gemeinsam mit Stefan rächen will. Sie verwandelt sein und Stefans Leben: Plötzlich können sie wieder singen, schlafen, lachen. Als sie gerade dabei sind, ihre Rachepläne aufzugeben, bringt Ruby bei einem Besuch überraschend ihren Vater mit. Nun kommt es zwar zur Konfrontation, aber sie endet für die Rächer im Fiasko. Der alte Mann erinnert sich nicht einmal mehr an Singer; zur Rachehandlung kommt es nicht.

1988 schließlich sind Singer und Stefan zu Philanthropen geworden. Singer wird für seine Verdienste um die Obdachlosen zum Ritter geschlagen, aber nicht seiner Suppenküche wegen, sondern aufgrund seiner "Pionierarbeit" bei der Wohnungsbeschaffung in den 50er Jahren. Schon ist er dabei, mit den Kindern seiner damaligen Teilhaber die schmutzigen Geschäfte von damals wieder aufzunehmen, als er erkennen muß, daß seine Partner Konzentrationslager für gesellschaftliche Randgruppen bauen wollen. Er bricht die Verhandlungen ab, und Manik, der ihm immer noch als Handlanger dient, erlangt sein Gedächtnis wieder. Das *happy ending* kommt jedoch zu spät für Stefan. In der Verzweiflung über Singers vermeintlich bevorstehenden Rückfall hat er sich die Pulsadern aufgeschnitten.

Dies ist, leicht vereinfacht, der *plot* von Flannerys Stück. Versuche, das Leben und Sterben in den deutschen Konzentrationslagern und die Leiden der Überlebenden zu thematisieren, sind im englischen Drama nicht neu: Peter Barnes' *Laughter!* (1978), C.P. Taylors *Good* (1981) und David Cloughs *In Kanada* (1984) dramatisieren alle die KZ-Erfahrung als Trauma und als Metapher für die Situation der Menschheit im 20. Jahrhundert.[119] Während jedoch etwa Clough sein formal konventionelles Stück, das ohne explizite Grausamkeiten auskommt, auf die Zeit der Verfolgung konzentriert und 1951 enden läßt, steckt Flannery einen größeren Rahmen ab: Indem er die literarische Form der Rachetragödie wählt, die ja zeitlich am Beginn des 17. Jahrhunderts zu lokalisieren ist, stellt er Auschwitz –

---

[119]   Cf. Bernard F. Dukore, "People Like You and Me: The Auschwitz Plays of Peter Barnes and C.P. Taylor", in: *Essays in Theatre* 3 (1985), 108–124; Vivian M. Patraka, "Contemporary Drama, Fascism, and the Holocaust", in: *Theater Journal* 39 (1987), 65–77; Vera Lustig, "Out of the Depths", in: *Plays & Players* (July 1990), 15–17; Ellen Schiff, *From Stereotype to Metaphor: The Jew in Contemporary Drama*, Albany, NY (State University of New York Press): 1982. – Auch Harold Pinter machte die Judenverfolgung zum Thema eines seiner Drehbücher (*Reunion*, 1990). Daneben gibt es zahlreiche weitere Versuche, sich mit dem Nationalsozialismus auseinandersetzen; besonders David Hares *Licking Hitler* (1978) und *Plenty* (1978) sowie Howard Brentons *Hitler Dances* (1972) und *H.I.D. Hess Is Dead* (1989) sind hier zu nennen. Cf. Albert-Reiner Glaap, "Zeitgenössische englische Dramen als Beiträge zur Auseinandersetzung mit dem Nationalsozialismus", in: Renate Haas und Christine Klein-Braley eds., *Literatur im Kontext: Festschrift für Helmut Schrey zum 65. Geburtstag am 6.1.1985*, Sankt Augustin (Richarz): 1985, 209–220.

zunächst – in eine Entwicklung, die sich über Jahrhunderte erstreckt und wie die Handlung des Stückes bis in die Gegenwart reicht.[120] Im folgenden sollen die in *Singer* eingesetzten Konventionen der jakobäischen *revenge tragedy* aufgezeigt und deren Funktionalisierung in der Rezeptionssituation der 80er Jahre deutlich gemacht werden.

Formal folgt Flannery dem Aufbau seiner Prä-Texte: *Singer* ist in Prolog, fünf Akte von zwei bis vier Szenen und Epilog segmentiert. Dabei bleibt festzuhalten, daß eine solche Einteilung, die ja nur in der Lesefassung ohne weiteres erkannt werden kann, zunächst als auktoriale *Absichtserklärung* gewertet werden muß. Als Spielvorlage könnte *Singer* ebenso in 15 gleichberechtigte Szenen eingeteilt werden, aber Flannery, der *Singer* selbst als "a modern Jacobean revenge play"[121] beschrieben hat, ist darum zu tun, eine der jakobäischen Konvention adäquate Rezeption zu ermöglichen: Eine offene Szenenabfolge könnte die falschen Rezeptions- und Inszenierungssignale an Leser und Regisseure schicken.

Um in ähnlicher Weise zu verhindern, daß die Figur, die die ersten sechs Hauptsegmente des Stückes einführt und das siebte, den Epilog, alleine bestreitet, als aus dem epischen Theater stammend aufgefaßt wird, nennt Flannery sie "Chorus" und stellt sie damit in die viel frühere Tradition des elisabethanischen und jakobäischen Dramas.[122] Zudem unterscheidet sich der Chor in seiner Funktion von den distanzierenden Sprechern des epischen Theaters:

---

[120] Ein weiteres englisches Stück der 80er Jahre, das das Muster der Rachetragödie benutzt, ist John Cliffords *Inés de Castro* (1990), das auf einem aus der Mitte des 16. Jahrhunderts stammenden Stück von Antonio Ferreira basiert.

[121] Peter Flannery, zitiert in Ann FitzGerald, "The Modern Jacobean", 6.

[122] Wie wichtig solche Signale sind, zeigen die Rezensionen der deutschsprachigen Uraufführung im Münchner Residenztheater (1992). Der Regisseur Thomas Schulte-Michels ließ Gerd Anthoff den Chor als Conferencier spielen, der durch den Abend führte. Damit sah ihn die Kritik als "elegante[n] Enkel von Brecht" (Sven Siedenberg, "Grauen, das Grauen gebiert", in: *Stuttgarter Zeitung*, 3.6.1992). Die jakobäische Vorlage (obwohl sie in der Inszenierung noch deutlich erkennbar) wurde von keinem Kritiker wahrgenommen; die Rezensionen verwiesen ausschließlich auf Brecht: "Der Autor, ein Brite, hat die *Dreigroschenoper* samt einem exemplarischen Helden für eine Maßnahme bestückt, die man die Ballade vom Aufstieg und Fall des Peter Singer nennen könnte. Brecht und dessen *Mahagonny* kopiert er minutiös, um das [sic] eigene Stück nach gleichem Muster den Namen *Singer* zu geben. Kleine Fische fressen großen Brecht." (Arnd Wesemann, "Den Faßbinder-Skandal entschärft", in: *die tageszeitung*, 23.5.1992). Ein Kritiker übertrug Flannery sogar die Verantwortung für die Inszenierung: "Flannery wählt in *Singer* die Form der musikalischen Revue, bei ihm folgt auf eine eiskalt brutale KZ-Sequenz ein singender Conferencier in Andre-Heller-Manier, Showgirls tanzen und singen [...]." (Bernd Benecke, [Theaterkritik: *Singer* von Peter Flannery], München (Star Sat Radio; Transkript des Münchner Residenztheaters): 31.5.1992.)

138

CHORUS: If we had all night and day and a hundred performers and an army of stage crew to take off the Polish Vienna and bring on Notting Hill, fly away Auschwitz Central by day and wheel on Clapham Junction by night, and if we had a thousand costumes and make-up artists who could perform miracles with likenesses, we still could not give you all the fantastical comedy of The Life of Singer.[1]

Wie im Drama der Shakespearezeit fällt dem Chor die Aufgabe der *captatio benevolentiae* zu, gekoppelt mit der Aufforderung an die Zuschauer, ihre eigene Vorstellungskraft zu benutzen, um die mimetischen Mängel der Inszenierung wettzumachen:

CHORUS: If we had another sky to fill with charcoal and hang it close enough to touch. If we had a million lonely skeletons to stamp their frozen feet on the cold earth, we still could not give you this place, as it really was. But we'll do our best with what we have and let imagination do the rest. [2]

Hier wird der Unterschied zwischen den formal identischen Verfahren des epischen und des elisabethanisch/jakobäischen Theaters deutlich: Eine derartige Aufforderung zur imaginativen Teilhabe an der Inszenierung, zur "willing suspension of disbelief", ist im Brecht verpflichteten Theater undenkbar, das ja im Gegenteil Distanzierung und Kritikfähigkeit der Zuschauer fördern und dazu den Scheincharakter des Theaters permanent durchschaubar machen will. Vor diesem Hintergrund sind auch die häufigen explikativen Figurenmonologe und das Beiseitesprechen *ad spectatores* [cf. z.B. 5] zu deuten, die im epischen Theater wie in dem der Shakespearezeit Einsatz finden und erst durch andere, unzweideutig "jakobäische" Elemente in ihrer Funktion bestimmt werden können.[123] Dazu zählen visuelle (etwa das opulente Fest [43ff.]) und akustische Signale: Flannery setzt Auftrittsfanfaren [48, 87] ebenso ein wie den "{wrath of God}" [83] signalisierenden Donner.[124] Auch das *dumb play*, das Mimodrama, ist aus dem Renaissancedrama bekannt,[125] wie auch die Ten-

---

[123] Dies ist nicht immer so einfach – cf. die vorige Fußnote – wie bei der Uraufführung von *Singer* im Swan Theatre in Stratford-upon-Avon, das einem Theater der Shakespearezeit nachempfunden ist. Eine solche Umgebung prädisponiert die Zuschauer zugunsten der "jakobäischen" Rezeption. Flannery konnte mit diesem Effekt rechnen: Er schrieb *Singer* im Auftrag der Royal Shakespeare Company für das Swan Theatre. "He was excited by that space and felt that it offered the opportunity he was looking for to break away from his previous naturalistic style." (Ann FitzGerald, "The Modern Jacobean", 6.)

[124] "Gott" macht sich auch an anderer Stelle im fünften Akt bemerkbar: "{SINGER throws up his hands in exasperation.} SINGER: How about it, God? {A knock on the door. A letter comes through the box.}" [85]

[125] Cf. 64f.; in *Singer* wird die visuelle Rückblende in das Konzentrationslager allerdings von einem Song begleitet.

denz, Figuren durch sprechende Namen zu charakterisieren oder zu bewerten.[126]

Es ist demnach ein ganzes Bündel von Konventionen, mit denen Flannery vom ersten Moment des Dramas an den Zuschauern ein (neo)jakobäisches Stück signalisiert und die Rezeption entsprechend zu steuern versucht. Gleichzeitig aber verläßt er diese Konventionen immer wieder, indem er sie entweder durchbricht oder graduell verändert.

Der Eingangsmonolog des Chores zum fünften Akt, der 1988 spielt, ist dafür beispielhaft. Er überbrückt die zwanzig Jahre, die seit dem Ende des vierten Aktes vergangen sind, und schildert in der Form eines Berichtes zur Lage der Nation zunächst die 70er Jahre:

> CHORUS: [...] Then came *the winter of our discontent*. Rubbish rotting in the streets *cheek by jowl* with unburned corpses. Red Wedge leeched on *the corrupt and bloated body politic* while the sick and elderly cried in vain for care. Our children crazed, lungs heavy, veins bursting with heady drugs. *Nation, torn by faction, family torn apart* [...] [78][127]

Die hervorgehobenen Stellen sind zum Teil wörtliche Shakespearezitate ("the winter of our discontent",[128] "cheek by jowl"[129]), zum Teil Echos der elisabethanischen Korrespondenzen- und Harmonielehre. Sind bis dahin die rhetorischen Konventionen des elisabethanisch/jakobäischen Dramas gewahrt, so moduliert Flannery den Chormonolog in der Folge in ein anderes Idiom:

> CHORUS: [...] Now is hopelessness banished by pride in hard work: wild-eyed profligacy by calm thrift; sneering, slouching defiance by straight-backed, head-up respect for authority; and paraplegic bleeding-heart self-doubt by erect patriotism in a leaner, fitter land. On the run at last the whinging unemployed, on permanent holiday at the State's expense: the lazy, self-seeking, shiftless immigrants swamping our culture with ganja and halal; and banished to the sidelines, for temporary respite only while we ponder longer term solutions, rank upon rank of godless homosexuals tampering with little children on the rates. [78]

Damit wird die elisabethanisch/jakobäische Rhetorik entgrenzt und ins Totalitäre gewendet. Die "longer term solutions", die der Chor für die

---

[126] Am deutlichsten wird dies bei dem geistesgestörten Manik (= *manic*) und Stefan Gutman, der gefolterten (= Hl. Stephanus), aber menschlichen Anstand bewahrenden (= *good man*) Figur. Auch Singers Vorname Peter läßt sich in diesem Sinne deuten: Er ist in seiner Überlebensfähigkeit unerschütterlich wie ein Fels und im Umgang mit seinen Mitmenschen ebenso hart.

[127] Hervorhebungen von P.P.S.

[128] William Shakespeare, *King Richard III*, I,i,1.

[129] William Shakespeare, *A Midsummer Night's Dream* ed. Harold F. Brooks [The Arden Shakespeare], London (Routledge): ²1983, III,ii,338.

Homosexuellenfrage ankündigt, schließen mit ihrem Verweis auf die
"Endlösung" an den in Auschwitz spielenden Prolog an, der außerhalb
jakobäischer Theaterkonventionen steht, aber die Charakterzüge, das
Handeln und die Sprache der Protagonisten vollständig motiviert.

Der Prolog zeigt in einer Momentaufnahme aus dem Konzentrationslager die sich vollziehende Enthumanisierung der Insassen. Um Singer,
das Idol seiner Kindheit, vor dem Verhungern zu retten, muß Stefan dem
Aufseher Gailunas immer ausgesuchtere Vergewaltigungsopfer anbieten.
Gailunas wiederum zwingt Singer, Kot von seinen Stiefeln zu essen;
danach muß Singer mit Stefan die Bestrafung eines neuen Häftlings
fortsetzen. Die Welt des Lagers ist, auch dies eine Parallele zur Weltsicht
des jakobäischen Dramas, von Grund auf verkommen und böse. Flannery
zeigt dabei im Gegensatz zu anderen Autoren, die eine ähnliche Thematik
dramatisierten,[130] die Entwürdigungen und Grausamkeiten explizit:

> {SINGER picks the piece of shit off the bottom of GAILUNAS's boot. MA-
> NIK's moans have turned to screams as he clutches his damaged head and
> sinks to the floor. GAILUNAS beats MANIK some more.} [8][131]

Vor dem Hintergrund der oben geschilderten Mechanismen der Rezep-
tionssteuerung im Sinne des jakobäischen Theaters wird mit einem solchen Prolog eine Vorinformiertheit des Publikums erzeugt, die nicht nur
zur Erklärung der folgenden Handlung herangezogen werden kann, sondern auch einen Kontrast dazu bildet.[132] Flannerys Leitmotivtechnik

---

[130] Zu Stücken wie Peter Barnes' *Laughter!*, Edward Bonds *Summer* und Howard Barkers
The Loud Boy's Life sagt Vivian M. Patraka: "[T]hese plays do not pretend to recast
their audiences into the extremities of atrocity. Without this necessity to simulate,
these plays [...] can concentrate on getting audiences to accede to the material reality
of the events of fascism and the Holocaust." ("Contemporary Drama, Fascism, and the
Holocaust", 76.)

[131] Auch diese Szene findet ihre Parallele in der Haupthandlung: "{Three POLICEMEN
confront MANIK. MANIK flips. He takes PEPPER's fingers and tears the hand apart.
He pulls SHALLCROSS's ear off. The POLICEMEN beat him unconscious with
truncheons as the MUSICIANS and SERVANTS scatter, leaving the stage.}" [55]

[132] Die deutschsprachige Kritik reagierte auf den Prolog unterschiedlich. Während ein
Kritiker darin den Höhepunkt des Stückes sah ("Haften bleiben aber wird nur eine
Szene: die Auschwitz-Szene gleich am Beginn, Ausgangspunkt und gedanklicher Kern
des Stückes. Der Schacher um ein bißchen Suppe in der Ausweglosigkeit des Lagers
als Chiffre einer Weltordnung – das trifft bei aller Einseitigkeit und Überzeichnung
einen Nerv." (Hans Krieger, "Auschwitz und der Kapitalismus", in: *Bayerische
Staatszeitung*, 22.5.1992), bezog ein anderer die entgegengesetzte Position: "Auschwitz
ist [...], mit nichts vergleichbar, *unser Ort*. 'Wagnerianisch' (oder gar 'kafkaesk') war
dort nichts. Kunst nach Auschwitz, ein Epos über das Entsetzen meint etwas anderes
als Auschwitz als Kunstwerk. So beginnt, ganz unfreiwillig, eine Stilisierung des
Faschismus. Und das in diesem Zusammenhang so schamlos dreiste Wort 'Seifenoper'
müßte Mister Flannery, müßte diesem deutschen Theater auf der Zunge verdorren."
(Peter von Becker, "Auschwitz Revue?", in: *Die Zeit*, 29.5.1992.)

kann in diesem Zusammenhang nur angedeutet werden,[133] aber es bleibt bereits im Vorgriff festzuhalten, daß die Auschwitzerfahrung der Protagonisten die Rachehandlung initiiert *und sie gleichzeitig unabschließbar macht.*

Die Dramatisierung der Rache von Singer und Stefan an ihrem ehemaligen KZ-Wärter strukturiert den gesamten vierten Akt.[134] Singers Geist nennt zu Beginn seine Motivation:

> SINGER: [...] Why? For what reason was it done to us? For years I tried to not want to know.
> Now: for eight years I've asked the question every day. I want to know. There has to be an explanation. I cannot die until I hear it. I'm dead already, so they say, and evil. [...] They say the only good Jew is a dead one. But who says a dead Jew has to be good? And what law is it that forbids a dead man from seeking revenge? [58]

Flannery teleskopiert hier drei Figuren der Rachetragödie: den Rächer, der begangenes Unrecht sühnen will, den Geist, der das Unrecht erlitt, und den Bühnenschurken, der sich explizit selbst als böse charakterisiert. Singer wurde in Auschwitz zur Machiavelli-Figur, die um des eigenen Vorteils willen das Leiden anderer in Kauf nimmt. Er ist allerdings kein Sadist wie Gailunas, der im Gegensatz zu Singer *motivationslos* böse ist und so dem Bühnenmachiavelli der Elisabethaner und Jakobäer noch näher steht als Singer, der zum Machiavellisten *gemacht* wurde.[135]

Diese Aufspaltung einer konventionellen Bühnenfigur zeigt sich auch am Ende des fünften Aktes. Manik gewinnt wie die Protagonisten der klassischen Tragödie Einblick in das Sein, der in seinem Fall von ele-

---

[133] Fast jede Figurenkonstellation und viele Repliken des Prologes tauchen an anderer Stelle im Stück wieder auf. Auch dabei konstruiert Flannery Bezüge zum Drama der Shakespearezeit. So erinnert das "It's cold" aus dem Prolog gerade wegen seiner ständigen Wiederholung an das ebenfalls oft wiederholte "Tom's a-cold" Edgars aus *King Lear*.

[134] Es gibt noch eine zweite Rachehandlung, die jedoch nicht dramatisch ausgefaltet, sondern nur in ihrem Anfangs- und Endpunkt markiert wird. Mrs Daley, mit ihrem Ehemann eines der ersten Opfer von Singers Entmietungspolitik, deren Hund von Manik stranguliert wird, tritt ab mit den Worten: "I'll be revenged." [31]; dieses Ziel erreicht sie Jahre später mit Hilfe der Presse [53ff.].

[135] Singers Erfahrungen sind die Pachecos, der Machiavelli-Figur aus *Inés de Castro*, deren Wille zur Macht der Erfahrung der Machtlosigkeit entspringt: "I once knew a boy. His home was taken in a border raid. [...] The Spaniards came at night. They stabbed him and they whipped him and they left him for dead. But he lived. He saw. They found his mother. They tied her to the table and they raped her. They raped her again and again. When they were tired they used their knives. They found his baby sister and they tossed her in the air. They tried to catch her with their blades. And this boy I know of saw it all. He screams inside my mind. *There is nothing worse than being powerless.*" (John Clifford, "Inés de Castro", in: *First Run 2: New Plays by New Writers*, London (Nick Hern): 1990, xvii–37, 26. – Hervorhebung von P.P.S.)

mentarer Bedeutung ist: Er erinnert sich wieder seines Namens und seiner Herkunft. Die *auto-anagnorisis* fällt aber nicht mit seinem Tod zusammen: Vielmehr ist es Stefan, der stirbt (und als blutige Leiche von Manik/Otto Vanselow auf die Bühne getragen wird [cf. 97]), ohne vorher Einsicht gewonnen zu haben. Die Verdoppelung und gleichzeitig Halbierung des tragischen Helden ist Indiz für die Leidensgemeinschaft der Protagonisten: Manik hat seine Tragödie, den fast ein halbes Jahrhundert währenden Verlust seiner Persönlichkeit, ja bereits hinter sich.[136] Außerdem deutet sich damit, wie auch in der partiellen Parallelsetzung von Singer und Gailunas, ein Komplexerwerden der jakobäischen Vorlage an. Die einfachen Handlungsmuster der Rachetragödie reichen nicht aus, um den von Auschwitz aufgeworfenen Fragen und den dort sichtbar gewordenen neuen Dimensionen der Grausamkeit gerecht zu werden.

Am deutlichsten wird dies durch den Verlauf der Rachehandlung selbst. Nach seinem oben zitierten Eingangsmonolog zum vierten Akt präzisiert Singer einen Racheplan, der wie seine literarischen Vorbilder weniger auf der physischen Vernichtung des Schuldigen als auf dem Zufügen von Leid basiert und deshalb auch die Tochter des KZ-Aufsehers einbezieht:

STEFAN: No, I'm not a saint. But don't you think the girl is innocent of her father's crimes?
SINGER: As innocent as your mother and mine were. Free in her heart and happy. but [sic] she's *all he cares about in the world*. Therefore... [67][137]

Im Verlauf der Konfrontation mit Gailunas gelingt es Singer zwar noch, sich für eine erlittene Demütigung zu "rächen", indem er ihn zwingt, Torte zu essen [cf. 74], aber die konventionelle Rachetat scheitert:

SINGER: What about me? Me?
GAILUNAS: I swore to tell the truth. On my daughter's life. If you were there, then you were there. But I have no memory of you at all.
{SINGER can hardly take it in.}
SINGER {quietly}: But you must remember me. [...] You must remember me! You must remember me! You must remember me!
{GAILUNAS just stares at him, almost with pity. SINGER desists. Silence.} [77]

---

[136] Die Technik der Spaltung des tragischen Protagonisten ist auch zu anderen Zwecken einsetzbar. Cf. die eingehendere Diskussion in Kapitel 3.3.

[137] Schon Singers erste Worte in England verweisen auf dieses Motiv: "SINGER: My daughter! Oh my duck's hat! Fled with a Christian! Oh my duck's hat and my daughter! William Shakespeare." [10] Daß er dabei *Shakespeare falsch zitiert*, deutet die Unangemessenheit eines solchen Rekurses an. (Cf. William Shakespeare, *The Merchant of Venice* ed. John Russell Brown [The Arden Shakespeare], London (Methuen): 1964, II,viii,15ff.)

Singers Rache ist ihm unmöglich geworden, weil die Konvention die Erinnerung an eine Einzeltat und ein Schuldbewußtsein des Täters voraussetzt, der am Ende wissen muß, wofür er bezahlt. Diese Bedingungen fehlen: Das an Singer begangene Verbrechen war für seinen Peiniger so alltäglich, daß Gailunas es vergessen hat. So kommt die konventionelle Handlung zum Stillstand, weil der konventionelle Bösewicht fehlt. Die Bühnenschurken der Jakobäer wußten, daß sie Schurken waren; vor einer Figur wie Gailunas und einem Verbrechen wie dem Holocaust muß die Rachetragödie verstummen.

Dies ist eine Abwandlung des Adornoschen Diktums, nach Auschwitz sei es barbarisch, Gedichte zu schreiben: eine Erkenntnis, die im Kontext des englischen Dramas neu ist. Peter Flannery setzt damit die Konvention der Rachetragödie der metadramatischen Kritik aus und verneint ihre Fähigkeit, die Welt adäquat abzubilden. Die einfachen Restitutionsmechanismen der Rachetragödie renken die von einem Individuum aus den Fugen gebrachte Welt wieder ein – vor dem millionenfachen Unrecht hingegen bleiben sie machtlos. Wie in Rudkins *The Triumph of Death* stößt das Theater dort an seine Grenzen, wo die Realität grausamer ist als das, was die Bühne simulieren könnte. In diesem Sinne sind die abschließenden Worte des Chors aufzufassen:

> CHORUS: [...] And so, in our way, without an army or a great machine, we've played for real too. Have we told the truth? Yes. Have we told the whole truth? No. We were careful not to. For this is a theatre, in which there's always so much else to say. If we had all night. And another day. {Exit. *The End.*} [98]

Wie in *A Passion in Six Days*, *Restoration* und *Seven Lears* wird auch in *Singer* eine jahrhundertealte Theaterkonvention als unzulänglich vorgeführt, wenn es darum geht, die Konflikte und Katastrophen des 20. Jahrhunderts zu dramatisieren. Diese Kritik der Konvention ist aber nur eine Ausprägung der Rekonventionalisierung des englischen Dramas in den Jahren seit 1980. Die entgegengesetzte Position, die Affirmation solcher Konventionen, wurde ebenfalls vertreten; Stücke dieser Art werden den Untersuchungsgegenstand des vierten Kapitels bilden.

4 Rekonventionalisierung II: Das autonome Individuum in einer beherrschbaren Welt

4.1 Passionsspiel II: Tony Harrisons *The Passion* und Howard Barkers *The Last Supper*

Bisher war von Stücken die Rede, die konventionelle Dramenmuster früherer Perioden der englischen Literaturgeschichte aufnahmen, um in einem zweiten Schritt deren Unzulänglichkeit gegenüber den Fragestellungen des späten 20. Jahrhunderts aufzudecken. Dies geschah als Reaktion auf die Problematisierung des epischen Theaters und des "Theaters der Grausamkeit", der vor 1980 in England dominanten Dramaturgien. Mit der (erneuten) Demontage tradierter Muster sollte so das Prinzip der Verfremdung und Entautomatisierung noch einmal verteidigt werden.

Es gab in den 80er Jahren jedoch eine weitere Tendenz in der englischen Dramatik, die mit der eben beschriebenen den ersten Schritt, den Rückgriff auf traditionelle Muster, gemeinsam hat, ohne jedoch den zweiten, die Destruierung dieser Muster, zu tun. Bevor diese Tendenz bei Kenneth Branagh und Peter Shaffer in ihren Konsequenzen beleuchtet wird, sollen Gemeinsamkeiten und Unterschiede zu den im vorigen Kapitel genannten Texten anhand zweier weiterer Passionsspiele deutlich gemacht werden. Das interessantere der beiden Stücke ist, zumal es wie *A Passion in Six Days* von Howard Barker stammt, das 1988 erstveröffentlichte *The Last Supper*. Zunächst soll jedoch Tony Harrisons *The Passion* zur Sprache kommen, weil hier die Rekonventionalisierung des englischen Dramas so weit getrieben wird wie in wenigen Stücken zuvor.

Harrison, der sich auch als Lyriker einen Namen gemacht hat, schreibt seit einigen Jahren immer häufiger für das Theater.[1] In den Jahren 1977

---

[1] Dabei entwickelte er sich zunehmend zum Spezialisten für vom Theater längst vergessene Dramenformen. *The Trackers of Oxyrhynchus* (1988/90) ist die vervollständigte Version eines in Oxyrhynchus aufgefundenen und Sophokles zugeschriebenen Satyrspiels. Harrison transponiert die Handlung in die Gegenwart und erweitert sie, behält aber in seinem Text die unübersetzten Originalfragmente bei. In der Inszenierung unterstrichen die Kothurne und meterlangen Phalli der Satyrn die archaische Dimension des Textes (cf. Tony Harrison, *The Trackers of Oxyrhynchus*, London (Faber & Faber): 1991). – Zu Harrisons Lyrik cf. zahlreiche Aufsätze und Glossen in Neil Astley ed., *Tony Harrison,*

bis 1985 entstand seine Trilogie *The Mysteries*, eine Bearbeitung und Kondensierung der überlieferten vier Fronleichnamszyklen von York, Chester, Towneley und N-Town, deren Mittelpunkt die Passionsgeschichte war.[2] Auch bei Harrison steht sie unter dem schlichten Titel *The Passion* im Zentrum; sie bildet den zweiten Teil der Trilogie. Die lange Entstehungszeit bedeutet nicht, daß Harrison acht Jahre lang ununterbrochen an dem Text der *Mysteries* arbeitete, sondern vielmehr, daß seine vorläufigen Versionen von Produktion zu Produktion überarbeitet und verändert wurden. Er sagt im Vorwort zur Ausgabe des definitiven Textes:

> The process by which the Mystery Plays were originally created has been described as 'one of translation, accretion, adaptation, revision'. It was in a similar fashion that I worked with the Cottesloe Company [...][3]

Die "Cottesloe Company" ist eine Abteilung des National Theatre; dort wurden die *Mysteries* über Jahre hinweg aufgeführt. Die Entstehungsbedingungen des Harrison-Zyklus sind demnach denen der Originalzyklen angenähert.

Andererseits gibt es signifikante Unterschiede zwischen dem Text und der intendierten Inszenierung von Harrisons Mysterien und ihren mittelalterlichen Vorlagen. Da ist zum einen die schon erwähnte Kondensierung auf eine Trilogie mit den Teilen *The Nativity*, *The Passion* und *Doomsday*; die Originalzyklen bestanden aus Dutzenden von Einzelstücken. Zudem konzentriert sich Harrison auf die neutestamentlichen Teile der Fronleichnamszyklen. Das heißt nicht, daß er auf die spektakuläreren Episoden aus dem Alten Testament ganz verzichtet. Sie stehen, dicht gedrängt, am Anfang des *nativity play*. Harrisons Hauptaugenmerk liegt jedoch auf den Episoden von Mariä Verkündigung an.

Die zweite Abweichung vom Original mußte jedem Theaterbesucher bereits im ersten Moment deutlich werden. Die Bühnenanweisung am Beginn des *nativity*-Stückes lautet:

> {The COMPANY in the various uniforms and overalls of carpenter, painter, butcher, fireman, bus conductor, ticket collector, fishmonger, miner, mechanic, meat-porter, cleaner, gas fitter, construction worker, etc., greet the audience as they arrive and talk with them. The leader of the BAND welcomes the audience

---

Newcastle upon Tyne (Bloodaxe): 1991, sowie die bibliographischen Angaben in John R. Kaiser, *Tony Harrison: A Bibliography 1957–1987*, London (Mansell): 1989.

[2] Zum York-Zyklus, aus dem Harrison am meisten übernommen hat, cf. Clifford Davidson, *From Creation to Doom: The York Cycle of Mystery Plays*, New York (AMS Press): 1984. – Eine sorgfältig modernisierte Version des gesamten Textes bietet J.S. Purvis ed., *The York Cycle of Mystery Plays*, London (SPCK): 1978.

[3] Tony Harrison, *The Mysteries*, London (Faber & Faber): 1985, 6.

to the first part of THE MYSTERIES and the BAND begins a polka tune. The COMPANY dances to the tune, and the audience are invited to clap along. After the music GOD enters on a fork-lift truck.}[4]

Harrison modernisiert die Kostüme und beansprucht damit für seine Mysterienspiele einen Platz in der Gegenwart: Hier spielen moderne Handwerker ein Stück, das früher die Gilden aufführten.[5] Die Crux eines solchen Vorgehens ist, daß es sich ja nicht um authentische Feuerwehrleute, Mechaniker usw. handelt, sondern um Schauspieler, die Handwerker spielen, die biblische Figuren darstellen. Harrison sieht dieses Problem, und er nutzt das Spannungsverhältnis zwischen den modernen Aufführungsbedingungen und der mittelalterlichen Vorlage, um auf dramatischen Effekt berechnete Kontraste zu schaffen. Gott tritt, wie aus dem angeführten Zitat hervorgeht, auf einem Gabelstapler auf. Seine ersten Worte und damit die ersten Worte des ersten Stückes der Trilogie nehmen den modernen Eindruck, den dieser *deus ex machina* erweckt, sofort wieder zurück:

GOD: Ego sum alpha et omega,
     Vita, via, veritas
     Primus et novissimus.[6]

Das Zurückgehen auf eine Bühnensprache noch *vor* den Fronleichnamszyklen, auf die Sprache des liturgischen Dramas, kann natürlich nicht durchgehalten werden. Gott setzt seine Ansprache auf Englisch fort, und auch alle anderen Figuren in den *Mysteries* sprechen Englisch. Das Idiom, das Harrison dabei einsetzt, ist allerdings für den durchschnittlichen Theaterbesucher noch schwierig genug. In der folgenden typischen Passage aus *The Passion* spricht Jesus in seinem Schmerz zu Gottvater:

But if thee see soothly that thy son still
Withouten surfeit of sin thus sakless be slain.
Be it worthy wrought even at thy own will,
For, Father, at thy bidding am I buxum and bayne...[7]

Die bewußte Archaisierung der Sprache (bzw. die Beibehaltung des heute archaisch anmutenden Vokabulars) widerspricht den modernen Aufführungskonventionen, die Harrison einsetzt, und verfremdet damit parado-

---

[4]   Tony Harrison, *The Nativity*, in: *The Mysteries*, 9–87, 11.

[5]   In der Aufführung der endgültigen Version von *The Mysteries* (1985) waren die Wände mit Gewerkschaftsfahnen behängt, um an die mittelalterlichen Gilden zu erinnern. Cf. Robert Gore Langton, "The Mysteries", in: *Plays & Players* (March 1985), 29.

[6]   Ibid.

[7]   Tony Harrison, *The Passion*, in: *The Mysteries*, 89–157, 108.

xerweise durch Authentizität. Aber Harrison kontrapunktiert auch diese Authentizität durch gelegentliche sprachliche Modernismen, die nun zwar zu den zeitgenössischen Kostümen passen, aber aus dem vorwiegend "mittelalterlichen" Text hervorstechen. Dies wird zum Beispiel in einer Szene deutlich, in der zwei Ritter sich damit abmühen, das Kreuz zu transportieren:

KNIGHT 2: Workers worthier than we
You'll find them few enough.
KNIGHT 3: This bargain buggers me
I'm proper out of puff. [145][8]

In einem ähnlichen Verfahren erhält Christus eine Krone aus Stacheldraht und einen langen Schraubenzieher als Zepter, aber die Kommentare seiner Peiniger sind wiederum in Vokabular und alliterativer Reihung alles andere als modern:

KNIGHT 1: Now thring him to thrayley with his thick thorn.
KNIGHT 2: Thus we teach him to temper his tales. [125f.]

Gerade dieser Wechsel zwischen moderner und archaischer Sprache, zwischen mittelalterlichen und neuzeitlichen Versatzstücken, macht Harrisons Wirkintention deutlich: Er beabsichtigt eine Loslösung der Handlung von einer bestimmten historischen Zeit, um die Zeitlosigkeit des Weltbildes, das das Passionsspiel ursprünglich übermitteln sollte, zu betonen: Ob Christus mit einer Dornenkrone oder mit Stacheldraht gekrönt wird, ändert nichts an der Botschaft seiner Leidensgeschichte.[9] Darüber hinaus zeigt

---

[8] Zu Harrisons Sprache in den *Mysteries* cf. Bernard O'Donoghue, "*The Mysteries*: T.W.'s Revenge", in: Neil Astley ed., *Tony Harrison*, 316–323.

[9] Die Kritiken der Inszenierung im National Theatre waren einhellig der Ansicht, Harrison sei ein überzeugendes religiöses Stück gelungen: "But there is no denying the power of The Passion or the moral force of these plays. God is brought to the stage for no other reason than to confirm and celebrate His undoubted existence." (Robert Gore Langton, "The Mysteries", 29.) "But what is most extraordinary about *The Mysteries* is that, through the sheer imaginative power of the production, it penetrates and sometimes even shatters the agnostic detachment of a modern audience." (Michael Billington, [Review of *The Mysteries*, in: *The Guardian*, 21.1.1985], repr. in: Neil Astley ed., *Tony Harrison*, 324.) Cf. Karl Dallas, [Review of *The Mysteries*, in: *Morning Star*, 21.12.1985], repr. in: ibid., 325–326; Bernard Levin, "When Mystery Was an Open Book" [*The Times*, 19.4.1985], repr. in: ibid., 327–330. – Nur Horst Prießnitz schrieb 1981, Harrisons Intention sei es, "das Sterben Jesu als weltlich-historisches, jeder transzendenten Bedeutung bares, ja sogar sinnlos erscheinendes Ereignis darzustellen." ("Bearbeitungen mittelalterlicher Dramentypen auf der englischen Gegenwartsbühne", in: Herbert Grabes ed., *Anglistentag 1980 Gießen: Tagungsbeiträge und Berichte*, Grossen-Linden (Hoffmann): 1981, 75–99, 89.) Allerdings lag damals noch nicht die ganze Trilogie, sondern nur *The Passion* (in einer Version von 1977) als Veröffentlichung vor, so daß bei der Lektüre der Eindruck entstehen konnte, Harrison wolle die Heilsgeschichte gleichsam trunkieren und mit dem Tod Christi enden lassen.

Harrison die fortdauernde Einsatzfähigkeit der dramatischen Konventionen der Mysterienspiele des Mittelalters. Deren Umgang mit Anachronismen und sprachlicher Differenzierung ist damit ebenso für die Moderne gerettet wie der grausame Humor der Originale. Allerdings bedeutet eine solche Modernisierung des Passionsspieles noch nicht die Funktionalisierung des Genres zur Ideologiekritik, wie sie in Howard Barkers *The Last Supper* geleistet wird.[10]

The Last Supper (1988) ist sehr viel enger an die Passion Christi angelehnt als Barkers *A Passion in Six Days*. Schon der Titel ist diesmal eindeutig der Passionsgeschichte entnommen, und der Untertitel *A New Testament* unterstreicht diese Eindeutigkeit noch, auch wenn das unbestimmte Pronomen "A" auf den Versionscharakter verweist und damit explizit keinen Anspruch auf kanonische Verbindlichkeit erhebt. Doch subvertiert Barker auch hier die geradlinige Vorlage durch eine Vielzahl von Mitteln. *The Last Supper* ist keine modernisierte Version eines Passionsspieles, die die Heilsbotschaft einem zeitgenössischen Publikum vermitteln will, sondern die Problematisierung einer Form, die den Transport solcher Heilsbotschaften ermöglicht. Daß diese Problematisierung anders inszeniert wird als in *A Passion in Six Days* und damit die Bewertung der Form des Passionsspieles anders ausfällt, soll im folgenden gezeigt werden.

Der Titel *The Last Supper* aktiviert bei den Lesern und Zuschauern aus der Bibel bezogene Vorinformationen im Zusammenhang mit dem Letzten Abendmahl Christi, dessen Inszenierung innerhalb der mittelalterlichen Passionsspiele eine zentrale Position einnahm. Tatsächlich geht es im Stück um ein gemeinsames Essen, zu dem der charismatische Religionsstifter Lvov seine zwölf Jüngerinnen und Jünger eingeladen hat. Der Ort der Handlung bleibt unbekannt,[11] und auch die Zeit ist nicht näher bestimmt; allerdings machen das Geräusch des immer wieder vorbeifahrenden Zuges und der Maschinenlärm zum Auftakt des Stückes[12] den Gegen-

---

[10] Zu den Versuchen, die Mysterienspiele des Mittelalters in authentischer Form zu reproduzieren, und den Problemen mit der Theaterzensur, die die Repräsentation Gottes auf der Bühne in England aufwarf, cf. John R. Elliott, Jr., *Playing God: Medieval Mysteries on the Modern Stage*, Toronto (University of Toronto Press): 1989, bes. das Kapitel "Mysteries Suppressed" [3–24]. Cf. auch Christine Richardson, "Medieval into Modern: Can the Medieval Theatre Offer a Way Forward for Contemporary Theatre?", in: *Quaderni di Filologia Germanica* 3 (1984), 217–234. Eine Kritik der alle vier Jahre stattfindenden Aufführungen des (fast) kompletten York-Zyklus bietet Giles Gordon, "York Festival and Mystery Plays", in: *Plays & Players* (July 1984), 32.

[11] Nur einmal fällt der Hinweis, daß die drei Soldaten, die Protagonisten der in das Stück eingestreuten Parabeln, in Ungarn waren. (Cf. Howard Barker, *The Last Supper: A New Testament*, London (John Calder): 1988, 6.)

[12] "{An engine labouring.}" [3]

wartsbezug deutlich. Jedenfalls ist die Handlung nicht am Beginn unserer Zeitrechnung angesiedelt und somit von vorneherein als vergangen abzutun.[13] Es herrscht Krieg, und der damit verbundene Nahrungsmangel ist die Basis von Lvovs Kalkül: Weil er eingesehen hat, daß er die Erwartungen seiner Jünger und Jüngerinnen nicht mehr erfüllen kann, will er sie durch immer drastischere Beleidigungen und Übertretungen seiner eigenen Lehre dazu bringen, ihn zu töten und zu verspeisen. Er will einen "flamboyant death" sterben und damit seiner Lehre das Überleben sichern [cf. 47]. Einige der Jünger erkennen zwar, was Lvov vorhat, aber ihre Warnungen fruchten nichts. Sein Plan geht auf, Heiligenverehrung und Reliquienanbetung beginnen unmittelbar nach seinem Tod, ebenso wie die Verfolgung der Jünger durch die Obrigkeit. Lvovs Erfolg scheint garantiert.

Es ist selten möglich, den *plot* eines der neueren Stücke Barkers so klar wiederzugeben. Die Übernahme der Handlungsmuster des Passionsspieles trägt zur Verständlichkeit und damit zur Vereindeutigung des Stückes bei. Diese Beobachtung wird unten wieder aufgegriffen; vorher muß jedoch einschränkend festgehalten werden, daß der vorausgegangene Absatz etwa ein Drittel des Textes unerwähnt gelassen hat. So wird *The Last Supper* – untypisch für ein Passionsstück – durch einen Prolog eingeleitet, dem unmittelbar darauf ein zweiter folgt. Der erste spricht von der Gotteserfahrung des modernen Menschen:

ELLA: We found God after all
    Thinking He had disappeared
DORA: He had not disappeared
    We found Him after all
    Like the vagrant under the wall
    He was only out of sight
ELLA: And He stood up in the light
    Of all our shame and said
    In the beam of our shame
    Rubbed His eyes and said
DORA: I am not dead
    I am the Public [1]

Wie die Frauen am leeren Grab Christi stellen Dora und Ella fest, daß ihr verschwunden geglaubter Gott doch nicht tot ist,[14] und ihr Sprechstil erinnert sowohl an die antiphonalen Gesänge des mittelalterlichen Gottes-

---

[13] Auch dies ist eine Parallele zu den Mysterienspielen des Mittelalters, in denen Anachronismen wie zeitgenössische Kostüme und die Repräsentation mittelalterlicher sozialer Hierarchien die Zeitlosigkeit und Relevanz des Geschehens unterstreichen sollten.

[14] Den Hinweis auf diese Parallele verdankt der Verfasser Svenja Kuhfuß.

dienstes als auch an das ekstatische Zeugnisablegen neuerer Religions-
gemeinschaften. Damit fügt sich der erste Prolog noch der Erwartungshaltung der Zuschauer, denen der Titel ein im weitesten Sinne religiöses
Stück signalisiert hat.[15] Unmittelbar darauf folgt der zweite Prolog, der
nicht nur den ersten gleichsam überholt, sondern gleichzeitig ein poetolo-
gisches Programm für dieses Stück darzustellen vorgibt:

> IVORY: I bring you an invitation
> [...]
> An invitation to hang up the
> *Suffocating overcoat of communication*
> Hang it up
> And those with biros write upon your wrist
> *The play contains no information*
> [...]
> No one will hold your hand tonight
> Nor oil you with humour
> [...]
> When the poem became easy it also became poor
> When art became mechanized it became an addiction [2]

Diese Absage an die Eindeutigkeit, an die lineare Entschlüsselbarkeit
literarischer Texte und die Unterhaltungsfunktion des Theaters ("oil you
with humour")[16] ist charakteristisch für Barker; er setzt in seinem Werk
das ganze Spektrum der denkbaren Entautomatisierungstechniken ein, um
der "mechanisierten Kunst" zu begegnen. Die Zertrümmerung einer literarischen Tradition wie in *A Passion in Six Days* oder *Seven Lears*, die auf

---

[15] Der anonyme Text auf der Rückseite der Buchausgabe von *The Last Supper* spricht sogar
ausdrücklich von "both a religious play and a densely imagined tour of the human will
to self-denial and submission."

[16] Barker kann dennoch witzige Dialoge schreiben. Besonders in den Parabeln um die drei
schottischen Soldaten in *The Last Supper* kommt es immer wieder zu absurd anmutenden, aber gerade deswegen komischen Wortwechseln:

> McNOY: The Captain says the bell's our enemy. Seek out the churches, says our
> officer. He gave eight reasons for the unslinging of bells.
> McSTAIN: The sound of four ton bells crashing to the belfry floor is one nobody
> expects to hear repeated in his lifetime.
> McNOY: We did however, hear it repeated.
> MacATTLEE: In fact, the sound, for all its uniqueness, became routine. [4]

Gelegentlich dehnt Barker diese Komik auch auf die Ebene der Handlung aus:

> ABBOTT: [...] We will free you when the war is over.
> MacATTLEE: The war will not be over.
> ABBOTT: We can pray.
> MacATTLEE: You can pray, but it will not be over.
> {The LITTLE MONK returns with a stick. He takes swipes at McNOY.}
> LITTLE MONK: Sinners! I will confess this, obviously. [5]

Leser- oder Zuschauerschockierung berechneten Grausamkeiten in *The Possibilities* und die sprachlichen Tabuverletzungen in *The Castle* gehören ebenso hierher wie der Verzicht auf sich konsistent verhaltende Figuren, nachvollziehbare Motivationen und logische Argumentationsgänge. In *The Last Supper* wird dieser Entautomatisierungsprozeß, wie gesagt, bereits im zweiten Prolog angekündigt; es entspricht Barkers vertrackter Dramaturgie, daß er auch eine solche Ankündigung subvertieren muß, indem er (wie im folgenden ausgeführt) die zur Demontage anstehenden Konventionen vergleichsweise unbeschädigt läßt.

Das Streben nach größerer semantischer Offenheit ist der Grund, warum Barker das Passionsspiel ("The Play", [3]) durch insgesamt acht Parabeln unterbricht, wobei ab der sechsten Parabel auch diese Unterbrechung nicht mehr eindeutig ist. Figuren der Parabeln beginnen, mit denen des Stückes zu sprechen; eine behauptet gar, die Identität gewechselt zu haben ("IVORY: I shall become McStain – [...] I am McStain." [49]) Anders als etwa in den nur thematisch verknüpften Szenen, die *The Possibilities* bilden, bleiben aber die Protagonisten der acht Parabeln dieselben. Es sind drei schottische Soldaten, McStain, McNoy und MacAttlee, die sich vor dem Töten drücken und statt dessen Jagd auf Kirchenglocken machen. Inmitten der Grausamkeit des Krieges, die den Lvov des Passionsspieles nicht zu berühren scheint, reagieren sie damit für die Leser oder Zuschauer nachvollziehbar und ethisch akzeptabel auf ihren Auftrag als Soldaten. Ihre pikaresken Abenteuer mit wechselnden Antagonisten und Weggefährten bilden auch ohne Rekurs auf das Lvov-Stück eine zusammenhängende Geschichte, deren Deutung einfacher ist, als es die Kritik wahrhaben wollte.[17] Barkers Insistieren auf der "Bedeutungslosigkeit" seiner Texte verstellt leicht den Blick darauf, daß er ein in Jahrzehnten geübter Autor und Theaterpraktiker ist, der weiß, wie man ein sich noch so "postmodern" gebendes Stück balancieren muß. Die unreflektierte, aber praktische

---

[17] Günther Klotz nennt sie "dem Zuschauer zur Verfügung gestellte Assoziationselemente, die das Bildertheater Barkers auf einer zweiten Ebene anbietet." ("Elitäres Theater kontra Massenkultur: Die unpopuläre Dramaturgie Howard Barkers", in: *Zeitschrift für Anglistik und Amerikanistik* 37 no.2 (1989), 124–135, 131.) Sie sind für Klotz im engen Wortsinne emblematisch für "the pictorial or visual theatre – that is, the theatre which relies chiefly on sequences of pictures, tableaux, and audiovisual images – relinquishes the traditional elements of drama like plot, character, and the old concepts of time and space." ("Howard Barker: Paradigm of Postmodernism", in: *New Theatre Quarterly* 25 (1991), 20–26, 20.) Damit, so Klotz, seien sie sinnentleert: "These are parables without a moral or spiritual message. They are not dramatized similes, they don't mean something which is expressed in terms of something else. They are nothing but pictures." (Ibid., 22). Zu widersprechen ist aber auch dem bereits erwähnten anonymen Autor des Klappentextes der Buchausgabe von *The Last Supper*, der in den Parabeln eine Explikation der Lehre Lvovs sieht (cf. unten).

Menschlichkeit der drei Soldaten in den Parabeln bildet den dramatischen Gegenpol zu der hochartikulierten Menschenverachtung des Propheten Lvov.[18]

Dieser unterscheidet sich durch seine Selbststilisierung von dem Christus der Passionsspiele: "I was not born with this face, no, I made it" [44]. Damit räumt er ein, daß hinter ihm keine göttliche Instanz steht, sondern nur der eigene Antrieb, der Wille zur Macht über die, die ihm zu folgen bereit sind. Lvov erkennt, daß potentielle Jünger ganz spezifische Erwartungen an einen Charismatiker stellen:

> LVOV: Who could they follow but the one who is not human? Could you worship a human? Follow me, says the messiah. And they chuck away their tools. This way, says the messiah. And they abandon their children. They lock up their rooms and leave their gardens to the weeds. Could you do that for a *human*? [43]

Nur durch die eigene, durch freien Entschluß vollzogene Entmenschlichung kann der Mensch, so argumentiert Lvov, eine Position erreichen, in der er andere Menschen zu Jüngern und damit zu Untergebenen machen kann. Als Sloman, der ihm sieben Jahre lang gefolgt ist [cf. 9], als erster seiner Jünger Zweifel an einer solcherart erworbenen Autorität bekommt und ihm Vorhaltungen macht, erhält er eine unverschlüsselte Antwort:

> SLOMAN: It is not Lvov's way, is it, to let the weak distract the strong? Lvov surrenders nothing.
> LVOV: Would you be here if I did? If I were naked, would you admire me? Because I have clothing, and there are many without. If I were filthy, would you admire me? For there are those without soap, and I keep soap. If I were all day carrying the crippled to the well, would you admire me? Because there are many without water, and I have strength. I am what I am and cannot be consumed in charity. [13]

Diese Travestie der Sieben Barmherzigkeiten ist der Kern seiner Lehre: Lvov spricht der radikalen Vereinzelung des starken Menschen das Wort. Begriffe wie Caritas, Mitleid, Solidarität werden von ihm konsistent attackiert. Schon einige seiner ersten Repliken im Stück umreißen sein Credo, oder besser, sein Credete:

> LVOV: Pity is not bottomless. It is not a well, is it?
> ARNOLD: No, indeed...
> LVOV: Not a well at all. In my case, it is more like a saucer. Shallow. Simply spilled. Woops! Mine's spilled! No pity left! [8]

---

[18] Sein Name ist als für Briten schwer auszusprechende Verfremdung von "Love" aufzufassen. Die Assoziation "Stadt in der Ukraine" kann allenfalls die angedeutete Lokalisierung des Stückes in Mitteleuropa unterstützen [cf. 6].

Den Gegenpol zu dieser Philosophie der Unbarmherzigkeit bilden *außerhalb* des Passionsstückes, wie oben gezeigt wurde, die drei schottischen Soldaten, eine naive, aber mitleidsvolle Dreifaltigkeit. *Innerhalb* des Kernstückes ist es der Chor, die Verkörperung der Gottheit Öffentlichkeit [cf. Prolog I, 1f.], der Lvov direkt attackiert. Die Anspielung auf die Dreifaltigkeit fehlt hier; die Situation ist kein integratives Drei-in-Eins, sondern ein agonales Eins-gegen-Eins:

> CHORUS. *Lvov*
> *We are the people*
> *And the people see your slipping self*
> [...]
> *You knock the weak aside*
> *We can't have that!*
> *You ridicule the masses*
> *We can't have that!* [26]

Die Leser oder Zuschauer stehen gleichwohl nicht vor der Wahl zwischen den Positionen Lvovs und des Chores. Der Chor wird nämlich nicht als glaubhafte Alternative zu Lvovs Thesen präsentiert, sondern im Gegenteil als genauso ideologiebeladen und menschenverachtend. Darauf verweist die von revolutionärem Pathos getragene Selbstcharakterisierung (*"The masses [...] piss into the mouths of dying officers"* [19]) ebenso wie die Vision der Zukunft, die der Chor hat. Die totale Kollektivierung, die er einfordert, soll im "Museum of the Masses" dokumentiert werden:

> CHORUS: [...] The photographs show crowds attending rallies and funerals and carnivals at which. Our rise. Our painful ascent. In these photographs the faces of individuals are obscured by magnification. Our rise. Our. [31]

Die Syntax spiegelt in der zunehmenden Reduktion auf das Plural-Possessivpronomen die geforderte Entindividualisierung, das genaue Gegenteil von Lvovs Vereinzelung. Durch ihre ständige Präsenz dominieren die beiden Kontrahenten Denker und Masse das Stück im Stück. Aber so wie in den acht Parabeln Solidarität und Mitmenschlichkeit vorgeführt werden, tauchen in Lvovs Umgebung manchmal unverhüllt, häufig nur in Andeutungen, aber mit wachsender Häufigkeit, Gegenentwürfe zu den extremen Weltanschauungen Lvovs und des Chores auf. Diese lassen sich nicht mehr in den bequemen Gegensatz von schrankenloser individueller Freiheit und kollektiver Entpersönlichung pressen. Sloman, der Zimmermann,[19] ist der erste der Jünger, der gegen die Orthodoxie auf beiden

---

[19] Cf. die *dramatis personae*, n.p. Mit diesem traditionell Jesus und seinem Vater Josef zugeschriebenen Beruf steht er der biblischen Tradition näher als Lvov, dessen Biographie völlig im Dunkeln bleibt.

Seiten eine klare, wenn auch noch sehr vorsichtige, Gegenposition bezieht:[20]

> SLOMAN: And what if I do ram my head against the trees? What if I do?
> Perhaps I hate the universe. Perhaps I wish water would run uphill. And if
> democracy is as hard as scooping the stars out of the sky, so what, the effort
> is good, the effort is admirable – [14]

Sloman betont an dieser und anderen Stellen den Wert der Demokratie,
die es anzustreben gelte, wie schwierig das auch immer sei. Darüber
hinaus ist er in der statischen Welt des Stückes, in dem die Figuren fast
ausschließlich durch kontrastive Dialoge und fast nie durch Handlungen
charakterisiert werden, eine der Gemeinschaft dienende, praktisch-ver-
nünftige Figur, die konsistent redet *und* handelt. So ist er neben Susannah
der einzige, der für die Jüngerschaft ein wenig Nahrung auftreibt (und
damit den auf der Theophagie fußenden Selbstheiligungsplan Lvovs
gefährdet). Während Susannah auf der Nahrungssuche jedoch ein Waisen-
haus bestiehlt und so Lvovs Lehre vom Recht des Stärkeren umsetzt [cf.
10f.], zeigt Sloman Skrupel. Er fängt einen kranken Hund und hat sogar
mit dieser Kreatur Mitleid:

> SLOMAN: [...] Once in the sack I – {Pause.} It is terribly hard to kill a dog.
> I suffered. Will against horror. Will and more will. {Pause.} It is quite right
> that I who loved dogs should have been sent. [9]

Sloman steht als integre Figur, die den Kompromiß als Konfliktlösung
verteidigt [cf. 29], zwischen allen Fronten. Neben Lvov und dem Chor,
den Vertretern von Solipsismus und Kollektivismus, steht ihm auch der
Aristokrat Ivory gegenüber, der in ihm eine Bedrohung seiner Privilegien
sieht [cf. 36]. Slomans ideologiekritische Äußerungen und seine ruhige
Argumentationsweise haben zunächst gegen die aggressive Diskussions-
technik seiner Antagonisten keine Chance:

> SLOMAN: No. {He shakes his head.}
> No.
> No.
> This is an odd time for an argument, but the best arguments break out at odd
> times. You are ascribing my democracy to a flaw in my character –
> JUDITH: Your nature is flawed –
> SLOMAN: My nature is neither here nor there –
> IVORY: *Put the dog down* –
> SLOMAN: You are obsessed with Lvov, all of you, and you interpret all he
> says in the light of truth, you will not see it when he trowels on spurious

---

[20] Eine die Orthodoxie ablehnende Figur, die "Sloman" heißt, taucht übrigens bereits in
Trevor Griffiths' *The Party* (1973) auf.

arguments, the more spurious he is the more you call it inspiration –
LVOV: *The dog you bastard the dog* [13]

Nach und nach beginnen aber auch andere Schüler Lvovs Zweifel an den
bislang unkritisch hingenommenen Lehren ihres Meisters zu äußern:

DORA: [...] The beauty of Lvov was that he arrived complete. He sprang
from – where – I don't know – who knows where he sprang from – and was
complete. The question is however, whether we admire completeness. Whether we might not rather admire – flexibility, growth, deterioration, alteration
[...] [35]

Damit wird Lvovs gesamte Doktrin zur Diskussion gestellt. Der intrinsi-
sche Wert der Ganzheit, die sich als ursprungslos präsentiert, erhält ein
organisches Gegenbild. Dora unterstellt den holistischen Wunschträumen,
den Menschen zu entmenschlichen, weil sie ihm die Entwicklungsfähigkeit
nehmen, gleichgültig, ob diese Entwicklung zum Besseren oder zum
Schlechteren, zu "growth" oder "deterioration" führt. Dora impliziert, daß
diese ganzheitlichen Forderungen einem Gott vielleicht, einem Menschen
wie Lvov aber nicht angemessen sind. Die ästhetische Befriedigung, die
ein solcher Entwurf zu vermitteln vermag, wird nicht geleugnet ("The
beauty of Lvov"), aber dies ist nicht mehr das entscheidende Kriterium,
nach dem eine Weltanschauung bewertet werden kann. Vielmehr wird die
Fähigkeit zum Leiden hervorgehoben, wie der unmittelbar anschließende
Dialog zeigt:

DORA: [...] Whether we might not rather admire – flexibility, growth, dete-
rioration, alteration, because man must, you see, he must –
APOLLO: Suffer.
DORA {Pause. She shrugs}: I don't know. Suffer? Yes.
LVOV: You are betraying me. [35]

Der Schlüsselbegriff des *suffering*, des Leidens, der Passion also, wird von
dem Dichter Apollo in die Diskussion eingeführt. Dieser Begriff ist es, der
Lvov veranlaßt, sich von seinen Jüngern verraten zu sehen. Die Passion,
zu der die Menschen fähig sind oder sein sollten, zerstört die Philosophie
Lvovs und damit die Grundlage für die Travestie des Passionsspieles, die
er selbst inszeniert. Anders gewendet heißt dies, daß die "echte" Passion,
die dramatische und weltanschauliche Vorlage von *The Last Supper*, ihre
Berechtigung zurückerhält. Damit soll nicht gesagt sein, daß Barker eine
christliche Apologie vorgelegt hat. *The Last Supper* ist im Gegenteil ein
Drama, das Totalitarismuskritik mit Religionskritik verbindet und durch
die Absage an wie auch immer geartete Ideologien jeden Versuch einer
Metaphysizierung unterbindet. Von der Passion Christi ist allerdings die
"menschliche" Komponente, die Aufwertung des Mitleids und der Auf-

opferung für den Schwächeren, geblieben. Das Passionsspiel ist bei Barker der angemessene Rahmen für eine Dramatisierung dieser Thematik. Das Stück endet mit der rituellen Hinrichtung Lvovs, dem (nicht auf der Bühne zu zeigenden) "Abendmahl" und dem Beginn der Verfolgung der Jüngerschaft. Daß es dennoch nicht zum Triumph Lvovs kommt, liegt wiederum an Sloman, der sich nicht an der Tötungshandlung beteiligt,[21] sondern seine Position unbeirrt verficht:

> SLOMAN: I insist on describing the nature of this madness, I insist on exposing this irrationality, I will reveal to you notwithstanding your intoxication the appalling fraud which is being perpetrated! [51]

Mit der umfassenden Attacke auf ideologische Positionen, die einem nüchternen Interessenausgleich in der Demokratie entgegenstehen, und der Problematisierung der ganzheitlichen Utopien, mit der solche Positionen untermauert zu werden pflegen, gewinnt Barkers Stück eine Profundität, die ihn im zeitgenössischen englischen Drama zu einer herausragenden Figur macht. Niemand sonst geht im wahrsten Sinne des Wortes so radikal vor, niemand argumentiert so konsistent gegen die Maximen der Linken wie der Rechten. Das wurde ihm von vielen Kritikern übelgenommen, um so mehr, als er selbst einräumte, sich in keinem politischen Lager heimisch fühlen zu können:

> The drama which I practise creates its own world, it does not require validation from external sources, either of ideology or of spurious realism, which is itself an ideology. It is compellingly imaginative and without responsibility to historical or political convention.[22]

Die kritischen Reaktionen auf *The Last Supper* und andere zur gleichen Zeit entstandenen Stücke Barkers reichen vom Vorwurf des Obskurantismus[23] über den der Reaktion[24] bis zu der Aufforderung, es Lvov gleichzutun und zu "sterben", d.h. sich aus der Diskussion um sein Werk zu-

---

[21] Die suggestive Parallele, die Günther Klotz zu dieser Szene zieht, wird durch den Text nicht gestützt: "Wie in Agatha Christies *Mord im Orient-Expreß* sticht jeder der zwölf zu, ehe sie ihn verspeisen." ("Elitäres Theater kontra Massenkultur", 131.) Barker läßt vielmehr offen, wieviele der Jünger sich an der Tötung beteiligen, und Sloman sticht nicht zu, sondern nimmt das Messer an sich und beendet damit das Ritual [cf. 53].

[22] Howard Barker, *Arguments for a Theatre*, London (John Calder): 1989, 26.

[23] Cf. Alan Thomas, "Howard Barker: Modern Allegorist", in: *Modern Drama* 35 (1992), 433–443, 441.

[24] "Was ihm dennoch den Ruf eines politischen Reaktionärs eingetragen hat, ist seine konsequente Zurückweisung rechter *und* linker Ideologien. Wo die Abweichung von der Konformität gefeiert, die Differenz gesucht wird, da tritt, politisch gesehen, Individualismus an die Stelle von Solidarität." (Irmgard Maassen, "Twenty Years After: Eindrücke von der Londoner Theaterszene 1988", in: *Hard Times* 35 (1988), 41–44, 44.)

rückzuziehen und die Interpretation anderen zu überlassen.[25] Differenzierter nahm Günter Klotz, der sich wiederholt mit *The Last Supper*
auseinandergesetzt hat, zu dem Stück Stellung, aber auch er sieht keine
Handlung mehr, sondern Tableaus, die nur noch sich selbst bedeuten:

> [Barker] verwirft im Grunde die gesamte klassische Dramenästhetik des allego-
> rischen Kunstverständnisses, [...] die das Theater als Zeichen der Welt nimmt
> und das Bühnengeschehen den Universalien einpaßt [...].
> Charaktere mit individuellem Profil und Motivationen gibt es nicht mehr, die
> Kategorien gut und böse sind irrelevant geworden. Das Abendmahl wird zum
> Mord, jeder der zwölf Anhänger sticht einmal zu, bevor sie den Leichnam
> zerteilen und aufessen; statt Kommunion die Zersetzung des "body" und des
> "body politic".[26]

Es ist naheliegend, Barkers auf der rhetorischen Oberfläche chaotisch
wirkendes Stück als Dramatisierung des Chaos anzusehen. Dennoch wird
eine solche Gleichsetzung dem präzise gebauten Stück, wie oben gezeigt
wurde, nicht gerecht.[27] Vielmehr liegt der chaotischen Argumentations-
struktur mit ihren abwechselnd und widersprüchlich vorgetragenen totalitären Ideologemen linker und rechter Provenienz die konsistente Verteidigung humanistisch-demokratischer Ideale durch die Slomanfigur
zugrunde. Parallel zu dieser Antithetisierung von verwirrenden Repliken
und klarer Argumentstruktur verläuft die Antithetisierung von statischen,
unzusammenhängenden Tableaus und dem sich nach dem traditionellen

---

[25] Cf. Robert Shaughnessy, "Howard Barker, the Wrestling School, and the Cult of the
Author", in: *New Theatre Quarterly* 20 (1989), 264–271.

[26] Günter Klotz, "Zwischen Erfolgszwang und Engagement: Tendenzen im englischen
Drama der achtziger Jahre", in: B. Reitz und H. Zapf eds., *British Drama in the 1980s:
New Perspectives*, Heidelberg (Winter): 1990, 49–61, 55. – Ähnlich argumentiert Irmgard
Maassen am Beispiel von *The Possibilities*: "Gut und Böse scheinen in Barkers Welt
ihren klar umrissenen Ort verloren zu haben – stehen neu zur Verhandlung an. [...] [D]ie
bedingenden Verhältnisse, die nach Brechts bekannter Klage 'nun mal nicht so' sind,
gehorchen bei Barker keiner Gesetzmäßigkeit mehr – sei sie materialistisch, christlich
oder humanistisch." ("Twenty Years After", 43). Maassen sieht Barker als Vertreter des
Dekonstruktionismus: "[W]eitaus radikaler als andere britische Dramatiker ist er den
modischen Theorien des Poststrukturalismus verpflichtet. Seine Methode ist die der
Dekonstruktion: der Abdankung des allwissenden Autors folgt die der universalen
Wahrheit auf dem Fuße – Vieldeutigkeit statt Eindeutigkeit, Fragmentarität statt Kohä-
renz, Differenz statt Identität." (Ibid., 43). Alan Thomas bezieht, was den Mangel an
Vereindeutigungsstrategien bei Barker betrifft, die entgegengesetzte Position: "Characterization reinforces realism as types emerge – the woman who violently mocks and taunts
men, the woman who obsessively concerns herself with practical housekeeping, the
woman personally fixated on the leader, and so on. (This range of characterization also
demonstrates the phenomenon of character 'fracturing' common in allegory.)" (Alan
Thomas: "Howard Barker: Modern Allegorist", 439.)

[27] Zudem führt Klotz damit den Mimesisbegriff wieder ein, der ja gerade ("die gesamte
klassische Dramenästhetik des allegorischen Kunstverständnisses") als auf Barker nicht
anwendbar bezeichnet wurde.

Muster entfaltenden Passionsgeschehen.[28] Diese Parallelbewegung läßt sich, soweit ist Günther Klotz zuzustimmen, nicht vollständig allegorisch auflösen. Sloman ist nicht die Christusfigur des Stückes, auch wenn die von ihm vertretenen Werte wie Mäßigung, Kompromißbereitschaft und Ideologieferne einen Ausweg aus dem Chaos und damit eine Art Erlösung verheißen.

Die Autonomie des Individuums, das impliziert Slomans bis zum Schluß durchgehaltene Opposition gegen Lvovs Sozialdarwinismus, kann erfolgreich verteidigt werden, und diese Verteidigung umfaßt auch den Widerstand gegen Kollektivierungstendenzen, wie sie die Jüngerschaft Lvovs aufweist. Barkers assoziative Technik[29] macht den Einsatz des Passionsspiels, das den Verfremdungstendenzen des modernen Theaters widersteht,[30] zur Parallele zu Slomans Widerstand und funktionalisiert es damit in einer Weise, die über Harrisons Modernisierungsversuch hinausgeht. Im Gegensatz zu Harrison (und den mittelalterlichen Vorlagen) läßt Barker seinen Lvov nicht wieder auferstehen; die letzten Repliken zeigen die Jüngerschaft, wie sie versucht, Lvovs Tod (und damit sein Andenken) zu verdrängen:

SUSSANAH [sic]: He had the flavour of –
ALL: *Don't mention it!*
SUSANNAH: He had the texture of –
ALL: *Don't dare describe it!* [56]

Mit dieser Schlußbildung verhindert Barker die Gleichsetzung von Lvov und Christus; die Handlungsstrukturen des Passionsdramas übernimmt er nur, soweit sie unmißverständlich bleiben. Daß ein Autor wie Barker aber überhaupt auf traditionelle Muster zurückgreift, um die Botschaft von der Möglichkeit der selbstbestimmten Existenzweise zu untermauern, ist ein Entwicklungsschritt, der über die Kritik der Konvention, wie sie im vorausgegangenen Kapitel diskutiert wurde, hinausweist.

---

[28] Auf einer weiteren Ebene spielt Barker diese Struktur mit der ungestörten Zusammenkunft der Protagonisten inmitten der Kriegswirren durch.

[29] "In fact, despite the historical panorama of many of his plays, Barker has very little concern for history as such. He searches back for symbolic moments, usually those when something went disastrously wrong, which he can use to illuminate present-day society. He never says "this caused this" but rather "this is the same as this." (Colin Chambers und Mike Prior, *Playwright's Progress: Patterns of Postwar British Drama*, Oxford (Amber Lane): 1987, 90.)

[30] Der direkte Vergleich mit *A Passion in Six Days* zeigt, wie ungebrochen die Passionsspieltradition *The Last Supper* strukturiert.

4.2 Kriminalstück: Kenneth Branaghs *Public Enemy*

Howard Barkers Werk umfaßt inzwischen drei Dutzend Stücke, Edward Bond ist seit dreißig Jahren ein weltweit rezipierter Dramatiker, die Fernsehinszenierungen von Peter Flannerys Drehbüchern erreichen ein Millionenpublikum und Christopher Hampton ist sogar Oscar-Preisträger. Dennoch sind sie außerhalb der Kreise von Literaturwissenschaftlern und regelmäßigen Theatergängern kaum bekannt. Der 1960 geborene Kenneth Branagh hingegen genießt eine Popularität, die seinen Namen in England zu einem *household name* gemacht hat. Branagh ist Schauspieler, leitet seine eigene Theatertruppe, die Renaissance Theatre Company, und ist regelmäßig auf der Leinwand zu sehen. Allein die Anfang der 90er Jahre entstandenen Filme *Dead Again* und *Henry V* (bei dem Branagh auch Regie führte) sicherten ihm einen Bekanntheitsgrad, den kein anderer zeitgenössischer Dramatiker erreicht hat.[31]

Public Enemy (1988) ist das bislang einzige veröffentliche Theaterstück Branaghs. Es spielt im Belfast der Gegenwart, das vom mörderischen Konflikt zwischen den "katholischen" Terroristen der Irisch-Republikanischen Armee und deren "protestantischen" Widersachern von der Ulster Defence Association geprägt ist. Hauptfigur ist der arbeitslose Protestant Tommy Black, der sich durch Ausflüchte, Desinteresse und offen zur Schau getragene Exzentrizität erfolgreich gegen seine Rekrutierung durch die U.D.A. gewehrt hat. Tommy scheint in einer Traumwelt zu leben: Er verehrt den Filmschauspieler James Cagney und kann ihn so gut imitieren, daß er sich damit sogar Geld verdient. Gleichzeitig aber plant er heimlich, das Finale von Cagneys *The Public Enemy* im wirklichen Leben nachzuspielen: Er will die führenden Köpfe der beiden rivalisierenden Banden, die die Stadt in Angst versetzen, zusammenkommen lassen, um sie so auf einmal erschießen zu können. Um seinen Plan ins Rollen zu bringen, ermordet er kaltblütig einen unbeteiligten Videohändler; später stirbt sein Freund Davey im Maschinenpistolenfeuer der Terroristen, die es eigentlich

---

[31] "For a while Shakespeare reinvented himself almost every day. He had to; he was an actor." (Gary Taylor, *Reinventing Shakespeare: A Cultural History from the Restoration to the Present*, London (The Hogarth Press): 1990, 3.) Was für Shakespeare und viele spätere *actor-managers* selbstverständlich war, die Personalunion von Schauspieler, Regisseur und Dramatiker, ist in der arbeitsteiligen Welt des Gegenwartstheaters selten geworden. Viele Dramatiker begannen ihre Karriere zwar – wie Joe Orton – als Schauspieler, und manche treten – wie Harold Pinter – immer wieder auf, aber Figuren wie Branagh sind selten. Er ist allenfalls mit dem Amerikaner Sam Shepard zu vergleichen, der ebenfalls (mit *Paris, Texas* und seinem eigenen *Fool for Love*) zum internationalen Filmstar avancierte.

auf Tommy abgesehen hatten. Im abschließenden Gefecht schießt Tommy wie geplant auf die Führer der I.R.A. und der U.D.A., bevor er selbst verletzt wird. Seine Freundin Kitty hingegen gerät in die Schußlinie und stirbt.

Mit der Thematisierung der nordirischen *troubles* steht *Public Enemy* in einer Reihe mit Stücken wie John Boyds *The Flats* (1971), Stewart Parkers *Catchpenny Twist* (1984) und Graham Reids *Remembrance* (1985),[32] und wie diese spielt es im Milieu der kleinen Leute Belfasts, die die Hauptleidtragenden des Konfliktes zwischen der I.R.A. und der U.D.A. sind. Die dargestellte Gesellschaftsschicht und die Thematik sind typisch für das moderne nordirische Drama, das darin an die Dubliner Tragikomödien Sean O'Caseys anschließt.[33] Dies gilt auch für die charakteristische Mischung von lebensbedrohlichen (und oft genug für die Protagonistinnen und Protagonisten tödlichen) Handlungsabläufen und verbaler und situativer Komik.

Branagh rezipiert diese Tradition, und auch ihm geht es darum, trotz aller theaterwirksamen *action* und Komik ein realistisches Bild Belfasts zu vermitteln. In seiner Einführung zum Stück macht er diese Absicht deutlich:

> By the time rehearsals began we had decided on several fundamentals. First, the play was *not* a fantasy. The Belfast we would create had to be grittily real if the play was going to work. Whatever Tommy Black achieved by way of costumes, tricks and stunts in his stage show had to be what a real Belfast boy could have managed. The bars, the street, the Blacks' house all had to bear the stamp of a *real* place, not a screen version.[34]

Nicht umsonst weist Branagh auf die Gefahr hin, eine Inszenierung von *Public Enemy* zu sehr an die Kulissenwelt des Kinos anzunähern. Teile des *plots*, aber auch manche Dialoge, stammen aus dem fast gleichnami-

---

[32] Cf. Werner Bleike, *Prods, Taigs and Brits: Die Ulster-Krise als Thema im nordirischen und britischen Gegenwartsdrama*, Frankfurt am Main (Peter Lang): 1990, für das Branaghs Stück allerdings zu spät erschien.

[33] Cf. Sean O'Caseys Dubliner Trilogie (*Juno and the Paycock*, 1925; *The Shadow of a Gunman*, 1925; *The Plough and the Stars*, 1926). – Zur Thematisierung des Terrorismus (nicht nur des nordirischen) im englischen Drama der Gegenwart cf. David Ian Rabey, "Images of Terrorism in Contemporary British Drama: Unlocking the World", in: John Orr und Dragan Klaic eds., *Terrorism in Modern Drama*, Edinburgh (Edinburgh University Press): 1990, 151–159.

[34] Kenneth Branagh, "Introduction", in: *Public Enemy*, London (Faber & Faber): 1988, vii–ix, vii.

gen Film aus dem Jahr 1931.[35] Damit unterscheidet sich das Stück in zweifacher Hinsicht von den anderen in dieser Studie behandelten Texten. Zum einen entstammen die Gangsterthematik, die Diktion der Figuren und der schnelle Wechsel von Dialog- und *action*-Szenen nicht der Tradition des britischen Sprechtheaters, sondern der des frühen amerikanischen Kriminalfilms.[36] Zum anderen verweist *Public Enemy* nicht nur auf dieses textübergreifende Genre, sondern rekurriert auf einen einzelnen Prä-Text: Tommy Blacks Freund Davey stirbt bei einem Feuerüberfall (wie im Film Tommy Powers' Freund Matt), während Tommy Black wie sein Kinopendant den Anschlag auf sein Leben unverletzt übersteht. Der *showdown* am Ende, in dem Tommy mit den Mördern seines Freundes abrechnet, bleibt wie im Film offen: Bevor er selbst niedergeschossen (aber nicht getötet) wird, feuert Tommy hinter der Bühne (im Film: in einem von außen gezeigten Gebäude) auf die Terroristen.[37]

Trotz dieser deutlichen (und dramenintern auch hervorgehobenen)[38] Parallelen ist es Branagh nicht darum zu tun, *The Public Enemy* einfach zu modernisieren und, in Umkehrung des üblichen Verfahrens, einen Film auf die Bühne zu bringen. Genausowenig handelt es sich bei *Public Enemy* um eine Parodie der Filmthriller der 30er Jahre.[39] Daß Branagh das Geschehen vom Chicago der Prohibitionszeit in das Belfast der Gegenwart transponiert, die wichtigsten Elemente des Film-*plots* aber beibehält, hat seinen Grund darin, daß er die Parallele zwischen den beiden von

---

[35] Auch wenn die Figuren im Stück von dem Film als *Public Enemy* sprechen und Branagh ihn in seinem Vorwort selbst so nennt, lautet der Originaltitel *The Public Enemy* (U.S.A. 1931, dir. William A. Wellman, act. James Cagney, Jean Harlow, Edward Woods et al.)

[36] Zur Dramatisierung von Strukturen des Kriminalromans und der Rezeption des Kriminalfilms im modernen englischen Drama cf. Peter Paul Schnierer, "Crime and Detective Story Structures in Modern British Drama", in: Steven Kaplan und Will Wright eds., *The Image of Crime in Literature, the Media, and Society*, Pueblo, CO (The Society for the Interdisciplinary Study of Social Imagery): 1991, 53–64; Bernhard Reitz, "'The act of observing determines the reality': Die Darstellungskonventionen des *thriller* und die Rolle des Zuschauers in Tom Stoppards *Hapgood*", in: ders. und H. Zapf eds., *British Drama in the 1980s: New Perspectives*, Heidelberg (Winter): 1990, 125–137.

[37] Tommy Powers überlebt die Schießerei, wird aber aus dem Krankenhaus entführt und umgebracht. Tommy Blacks Ende wird von Branagh offengelassen. Cf. unten.

[38] Ein deutliches Beispiel findet sich in Szene 28, wo Tommy explizit ankündigt, daß die Heimkehr seines Bruders so aussehen werde wie die von Tommy Powers' Bruder im Film [40].

[39] Selbst Sheridan Morley, der dem Stück und seiner Inszenierung wenig Gutes abgewinnen konnte, spricht in seiner Rezension lediglich von "a script which hovers on the borderlines of parody". ("Public Enemy", in: *Plays & Players* (September 1987), 23–24, 24.) Morley spricht von "a grapefruit-thrusting tale which has much to gain from his [Branagh's] own theatricality though not a lot to do with the logic of good writing or latterday Ulster politics." (Ibid.) Zur zurückhaltenden Reaktion der Kritiker auf die Premiere von *Public Enemy* cf. Kenneth Branagh, *Beginning*, London (Pan): 1990, 194f.

Gesetzlosigkeit bedrohten Gemeinwesen herausarbeiten will. Die Situation für die, die zwischen die Fronten geraten, ist die gleiche. Für eine Beschreibung dieser Situation sind demnach auch keine neuen dramatischen Ausdrucksmittel erforderlich. Diese Einsicht ist im Kontext des modernen englischen Dramas nicht neu: Schon David Hare hat in *Knuckle* (1974) das *thriller*-Format dazu benutzt, den Geldadel der Londoner City mit den Gangstern der *hard-boiled school* Raymond Chandlers und Mickey Spillanes gleichzusetzen.[40] Was Branaghs Stück im Kontext dieser Studie bemerkenswert macht, ist die explizite Thematisierung dieser Gleichsetzung. Sein Protagonist weiß nicht nur, daß er seine Weltsicht von den Konventionen des Kriminalfilms strukturieren läßt, sondern macht sich anhand dieser Konventionen an die Veränderung der Wirklichkeit. *Public Enemy* demonstriert wie alle bislang untersuchten Texte die Rekonventionalisierung im äußeren Kommunikationssystem. Neu ist jedoch die Dramatisierung dieses Rückgriffs auch im inneren; der Rekurs auf traditionelle dramatische Muster bleibt bei Branagh nicht Verfahren, sondern wird zum Thema.

Im Gegensatz zu Hugh Leonard, der in *Time Was* (1976) Figuren aus Kino und drameninterner "Wirklichkeit" in parodistischer Absicht zusammenbrachte,[41] zeigt Branagh einen problematischen Protagonisten, der weiß, daß seine Flucht in die Welt des frühen Tonfilms der Versuch ist, mit der als unerträglich empfundenen Gegenwart zurechtzukommen:

DAVEY: You amaze me the way you keep this up. You're a case, Tom.
TOMMY: I'm keeping this up cos it'll keep me sane. [29]

Tommy ist kein Wahnsinniger, sondern ein Rollenspieler, der sich nur im praktizierten Rückgriff auf die dramatischen Rollen, die er kennt, vor dem Wahnsinn retten kann. Erst der Umgang mit diesen Rollen ermöglicht es ihm, die Brücke von seiner privaten Existenz zur öffentlichen Aktion zu

---

[40] Cf. Peter Paul Schnierer, "Crime and Detective Story Structures", 59ff.

[41] Leonard läßt seine irischen Landsleute so sehr die Vergangenheit beschwören, daß historische Figuren wieder lebendig werden und in die Gegenwart eindringen. Im Gegenzug verschwinden die Nostalgiker und Reaktionäre in die Vergangenheit. Das parodistische Moment des Stückes rührt daher, daß der Protagonist P.J. nicht einmal der realen Vergangenheit nachtrauert, sondern diese verkürzt als Kinogeschichte sieht und damit Filmhelden vergangener Tage zum Leben erweckt. Leonard kann so aus Western und Abenteuerfilmen bekannte Verhaltensmuster und Dialogtypen in die irische Gegenwart übertragen. *Time Was* ist eine unterhaltsame, aber anspruchslose Komödie, die nicht an Leonards bestes Stück *Da* (1973) heranreicht; allerdings gebraucht er in *Time Was* zum ersten Mal die Kinothematik zur Kritik an der angeblichen irischen Rückwärtsgewandtheit. Branagh ist insofern nicht originell, wenn er Thompson sagen läßt: "Why do people watch old movies? Obsession with the past? Well, that's a national sport in this country." [55]

schlagen. Tommys Versuch, seinem *alter ego* aus *The Public Enemy* zu einem späten Triumph zu verhelfen ("Tommy Black's gonna put Tommy Powers right" [40]), ist erfolgreich, weil es ihm gelingt, die in der Leinwandfiktion vorgeführten Handlungsvorgaben in die (drameninterne) Realität umzusetzen. Während sich sein Bruder Robert mit Gelegenheitsjobs über Wasser hält und Tommys Phantasien vom besseren Leben als Verrücktheiten abtut, verteidigt dieser sie als den besseren Weg, mit der Realität umzugehen:

> ROBERT: You're mad.
> TOMMY: Not a chance, you dreamy bastard. My mind's clearer than it's ever been. No limits. No fear.
> Look at yourself. You've everything to have and nothin' to live for. Use your imagination. Find a way out of Chicago.
> Imagination? You haven't got one, Robert, or you'd see *where* you're livin', *how* you're livin'. You threw your imagination away when you gave up the fight and started lookin' for a job with everyone else. [63]

Aus Tommys Perspektive ist Robert der "dreamy bastard", der Träumer, der sich nicht mit den Realitäten abfinden kann. Tommy sieht die Einbildungskraft als Bestandteil der Wirklichkeit und das Fehlen der Phantasie als Defekt der Realität. So gesehen ist seine Beschäftigung mit den Filmen der Vergangenheit keine Weltflucht, sondern die – aus seiner Sicht – notwendige Ergänzung einer ansonsten fragmentarischen Existenz.

Branagh ergreift keine Strategien zur Vereindeutigung und zur Sympathielenkung, die die Leser oder Zuschauer bewegen sollen, Tommy zuzustimmen. Er präsentiert keinen unproblematischen, zur Identifikation einladenden Helden: Tommy Black opfert nicht nur wie sein Vorbild im Film seinen Freund, sondern tötet darüber hinaus einen Unbeteiligten und liefert ungewollt seine Freundin dem Tod aus.[42] Tommy kann seinen Traum vom autonomen Handeln nur wahrmachen, soweit seine Unabhängigkeit von den beiden verfeindeten Lagern gemeint ist; seine bewußte und freiwillige Unterwerfung unter die Handlungsmuster des Films ist letztendlich doch heteronom, weil er damit seine Handlungsfreiheit aufgibt und sich in eine Geschichte verstrickt, die er nicht mehr kontrollieren kann. Die Ambivalenz, mit der Branagh seinen Protagonisten zeichnet, strukturiert auch den Schluß des Stückes, den Monolog der Kommentatorfigur Thompson:

---

[42] Die Filmszene, in der Tommy Powers seiner Freundin eine halbe Grapefruit ins Gesicht drückt, schrieb allerdings Filmgeschichte: Noch nie zuvor wurde im Kino ein derart rüpelhafter "Held" gezeigt. Darauf beziehen sich Tommy Blacks Aufforderungen an Kitty, eine Grapefruit zu besorgen [cf. 23, 40] und Sheridan Morleys oben zitiertes "grapefruit-thrusting tale".

THOMPSON: [...] 'The end of Tom Powers is the end of every hoodlum. The public enemy is not a man. Nor is it a character. It is a problem that sooner or later, we, the public, must solve.'[43]
Is that right now?
Thanks for puttin' me wise. [66]

Branagh läßt offen, wie Tommy Blacks Geschichte endet. Die Leser oder Zuschauer haben immer noch das "problem that [...] we, the public, must solve".

Wieder strukturiert ein Rückgriff auf ein unproblematisches dramatisches Muster Konflikte der 80er Jahre, und wieder ermöglichen diese Muster kein eindeutiges *happy ending*, aber anders als in Bonds *Restoration*, Flannerys *Singer* und Barkers *A Passion in Six Days* und *Seven Lears* erfolgt auch keine klare Absage an den Versuch der Rekonventionalisierung. Die darin zum Ausdruck kommende Ambivalenz und die Thematisierung der dramatischen Rückgriffe im inneren Kommunikationssystem machen das Stück für diese Untersuchung interessant. Gleichzeitig aber erklärt der Konflikt von Unentschiedenheit der Aussage und Überdeterminiertheit der dramatischen Mittel das wenig enthusiastische Echo, das Branaghs Erstling fand.

4.3 Komödie: Peter Shaffers *Lettice and Lovage*

Peter Shaffer gehört zu jenen in den 80er Jahren produktiven Autoren, die bereits in den 50ern ihre ersten Erfolge hatten. Die Kriminalromane, die er damals mit seinem Zwillingsbruder Anthony schrieb, sind allerdings heute fast vergessen; beide Brüder wandten sich schon bald dem Theater zu. Anthony Shaffer verhalf in den 70er Jahren dem ausgelaugten Genre des *whodunit* noch einmal zur Blüte. *Sleuth* (1970) und *Murderer* (1979) sind Stücke, die vom *coup de théâtre* leben, aber über den bloßen Effekt hinaus in Bereiche vorstoßen, die man sonst eher bei Beckett vermutet hätte. *Sleuth* gibt sich erst in den letzten Minuten als Zweipersonenstück zu erkennen,[44] und in *Murderer* fällt nach dreißig Minuten das erste Wort.

---

[43] Von der Interpunktion abgesehen ist dies der vollständige Text des Abspanns von *The Public Enemy*.

[44] Die Filmversion führte analog zum Stücktext in der Besetzungsliste im Vorspann neben Laurence Olivier und Michael Caine noch eine ganze Reihe fiktiver anderer Namen auf, um diesen Effekt erst zu ermöglichen. (Cf. Anthony Shaffer, *Sleuth*, New York (Dodd, Mead & Co.): 1970.)

Diese Verstöße gegen elementare Konventionen des Sprechtheaters sucht man in den Stücken seines Bruders Peter vergeblich, aber auch dieser setzte immer wieder auf bühnenwirksame Effekte. Der zentrale Einfall seiner Farce *Black Comedy* (1967) ist es, das Stück über weite Strecken im völligen Dunkel spielen zu lassen. Da dies zu einem Hörspiel im Beisein der Zuschauer geführt hätte, stellt Shaffer die Lichtverhältnisse auf den Kopf: Wenn die Zuschauer eine beleuchtete Bühne sehen, agieren die Figuren im inneren Kommunikationssystem im Dunkeln, ist die Bühne schwarz, "sehen" die Figuren. So läßt sich der Titel des Stückes erklären; "schwarzer" Humor hat darin – im Gegensatz zu den etwa zur gleichen Zeit entstandenen Farcen Joe Ortons – keinen Platz. *Black Comedy* zeigt, daß Shaffer bereits in seinem Frühwerk die Künstlichkeit des Theaters betont hat. In den großen Stücken der 60er und 70er Jahre, die seinen Weltruhm begründeten, klingt dieses Thema immer wieder an, ohne aber – wie in *Lettice and Lovage* (1987) – je im Mittelpunkt zu stehen.

The Royal Hunt of the Sun (1964) steht dabei am Anfang. Quer zum vorherrschenden Trend im englischen Theater in der Mitte der 60er Jahre bezog Shaffer sein Sujet nicht aus der Gegenwart oder der englischen Geschichte, sondern dramatisierte Pizarros Eroberungszug in Mittelamerika. Der Einfluß Antonin Artauds ist dabei unverkennbar: *The Royal Hunt of the Sun* schließt thematisch an dessen Projekt *Die Eroberung Mexikos* an,[45] und die im Nebentext geforderten Bilder[46] erinnern an entsprechende Vorgaben Artauds.[47]

Equus (1973) setzt diese Entwicklung fort.[48] Die Handlung ist zwar in der Gegenwart angesiedelt, und die Protagonisten haben nicht die quasimythische Größe eines Atahuallpa oder Pizarro, aber die das Stück dominierende, antirealistische Repräsentation der Pferdegottheit durch Masken

---

[45] Cf. Antonin Artaud, "Das Theater der Grausamkeit (Zweites Manifest)", in: *Das Theater und sein Double*, 131–137, 135ff.; Peter L. Podol, "Contradictions and Dualities in Artaud and Artaudian Theater: *The Conquest of Mexico* and the Conquest of Peru", in: *Modern Drama* 26 (1983), 518–527. – Susan Rusinko nennt weitere Einflüsse auf Shaffers Werk: "Using techniques of major dramatic traditions – the rituals of Japanese No drama, some elements of Brechtian epic and Artaudian cruelty, and even the chorus of Greek and Elizabethan drama in the incantatory dialogues – Shaffer is a re-inventor of established styles, in consort with his modern thematic concerns, particularly the ambiguities of dilemmas that he leaves philosophically unresolved." (*British Drama 1950 to the Present: A Critical History*, Boston (Twayne): 1989, 191f.)

[46] Cf. etwa die Bühnenanweisung zum ersten Auftritt Atahuallpas (Peter Shaffer, *The Royal Hunt of the Sun*, Harmondsworth (Penguin): 1981, 23).

[47] Cf. Kapitel 2.

[48] Cf. Hélène L. Baldwin, "*Equus*: Theater of Cruelty or Theater of Sensationalism?", in: *West Virginia University Philological Papers* 25 (1979), 118–127.

und Geräusche macht *Equus* zu einem der theatralischsten Dramen der 70er Jahre.[49] Shaffer will mit seinem Verzicht auf "literalism"[50] nicht nur ein Abgleiten der (impliziten) Inszenierung ins Lächerliche vermeiden. Er erzielt damit auch eine Distanzierung des Publikums, das sich, weil es Alan Strangs Alpträume nur betont unmimetisch vermittelt zu Gesicht bekommt, im zweiten Schritt ein eigenes Bild von diesen Alpträumen schaffen muß. Paradoxerweise kann Shaffer so das Publikum direkter involvieren, als es mit einer realistischeren Repräsentation möglich gewesen wäre.[51]

Yonadab (1985) ist eine Dramatisierung von II Samuel 13, der Geschichte von Jonadab, Amnon, Absalom, Tamar und dem König David. Das Stück nimmt thematisch in Shaffers Werk eine Scharnierstellung ein. Die Frage nach der Möglichkeit und den Konsequenzen des Glaubens in einer indifferenten *(Equus)* oder feindlichen Welt *(The Royal Hunt of the Sun)* steht auch in *Yonadab* im Zentrum.[52] Dabei wird durch die ständige implizite und explizite Bezugnahme auf das Goldene Zeitalter, auf Jerusalem, auf Frieden, der mit Gewalt erzwungen werden soll und sich dadurch ins Gegenteil verkehrt, das Bild einer rückwärtsgewandten Gesellschaft gezeichnet, in der die Geschichte stagniert. Die Titelfigur fungiert noch ausgeprägter als Dysart in *Equus* als epischer Erzähler; anders als dieser

---

[49] "{I have in mind a choric effect, made by all the actors sitting round upstage, and composed of humming, thumping, and stamping – though *never of neighing or whinnying*. This Noise [sic] heralds or illustrates the presence of Equus the God.}" Peter Shaffer, *Equus*, Harmondsworth (Penguin): 1977, 16. – Hervorhebung von P.P.S.

[50] Ibid., 15.

[51] Shaffer bediente sich in *Equus* eines Themas, dem später auch andere Autoren erfolgreiche Stücke abgewinnen konnten. Der Amerikaner Bernard Pomerance *(The Elephant Man*, 1979) und Shaffers Landsmann David Edgar *(Mary Barnes*, 1979) befaßten sich ebenfalls mit den Auswirkungen einer auf "Normalisierung" angelegten psychiatrischen Behandlung auf die "deviante" Person. Zur Position von *Equus* im Kontext des englischen Dramas um 1970 cf. Lothar Fietz, "Variationen des Themas vom 'Fragmentarischen Existieren' im zeitgenössischen englischen Drama: Pinter, Bond, Shaffer", in: *Anglia* 98 (1980), 383–402.

[52] *Yonadab* wurde von der Kritik wenig enthusiastisch aufgenommen, wobei Christian W. Thomsens Kommentar am extremsten war: "Ein besonderes Dressing erhalten Figuren und Konflikte bei Shaffer in der Regel dadurch, daß es hintergründig um die letzten Fragen der Menschheit geht, um den Sinn der Existenz, die Suche nach Gott oder dem Göttlichen und um seine zwanghafte Zerstörung durch eine satanische Opposition. Shaffer genügt allerdings jener metaphysische Bodensatz, bei dem jedermann mitdiskutieren kann; Dressing also, nicht die letzte Ölung. Für Schauspieler ergibt das prächtige Rollen, die sonst rar sind in der neueren Dramatik – und die rhetorisches und körpersprachliches Können gleichermaßen fordern, aber kaum als Literatur zu gelten vermögen." ("Die hohe Schule des Voyeurismus", in: *Theater Heute* 27 no.4 (1986), 44–45, 44.)

begreift sich Yonadab als Schauspieler,[53] der die verschiedensten Rollenfächer ausfüllen kann: Er nennt sich "Yonadab the Despised",[54] "Yonadab the Sensitive",[55] "Yonadab the Creep"[56] usw., und er teilt mit dem Theaterpublikum "my favourite game of watching unseen".[57] Das Theater selbst wird in *Yonadab* zum (allerdings noch nicht dominanten) Thema. Mit *Lettice and Lovage*[58] rückt es schließlich in den Mittelpunkt.[59]

Während Yonadab die Verstellung nutzt, um sich in der Welt Vorteile zu verschaffen, und nur gegenüber den Zuschauern vom Theater spricht, spielen die Figuren in *Lettice and Lovage* im inneren Kommunikationssystem Theater, um sich die Welt vom Leibe zu halten bzw. sie nach ihren Vorstellungen umzudeuten. Zunächst eine kurze Handlungsskizze:

Die weltfremde, die Vergangenheit verherrlichende Lettice Douffet verliert ihre Stelle als Fremdenführerin in Fustian House, einem obskuren und durch nichts bemerkenswerten Herrensitz, weil sie die gelangweilten Reaktionen der Besucher auf ihren Vortrag nicht mehr ertragen kann und ihn daher mit immer neuen spannenden, aber erfundenen Geschichten anreichert. Ihr dramatischer Abgang nach dem Entlassungsgespräch beschäftigt ihre Vorgesetzte Lotte Schoen jedoch so sehr, daß sie in der Folge Lettices Nähe sucht. Sie wird zunehmend von derem theatralischen Verhalten fasziniert und läßt sich dazu überreden, improvisierend große Hinrichtungen der Geschichte nachzustellen. Dabei verletzt Lettice sie versehentlich schwer,[60] ein Polizist kommt hinzu, und eine Anklage wegen versuchten Mordes ist die Folge. Lotte kann ihre Freundin nur vor dem Gefängnis bewahren, wenn sie sich selbst – durch das Eingeständnis, an derartigen Veranstaltungen mitgewirkt zu haben – der Lächerlichkeit

---

[53] Cf. Peter Shaffer, *Yonadab*, in: *Lettice and Lovage and Yonadab*, London (Penguin): 1989, 79–182, 164.

[54] Ibid., 87.

[55] Ibid., 89.

[56] Ibid.

[57] Ibid., 150.

[58] Peter Shaffer, *Lettice and Lovage: A Comedy In Three Acts*, in: *Lettice and Lovage and Yonadab*, 1–78.

[59] Cf. Dennis A. Klein, "Game-Playing in Four Plays by Peter Shaffer: *Shrivings, Equus, Lettice and Lovage,* and *Yonadab*", in: C.J. Gianakaris ed., *Peter Shaffer: A Casebook*, New York (Garland): 1991, 133–150. – Zu Shaffers Gesamtwerk bis *Lettice and Lovage* cf. Malcolm Page, *Peter Shaffer: Bibliography, Biography, Playography*, London (Theatre Quarterly Publications): 1978; Virginia Cooke und Malcolm Page, *File on Shaffer*, London (Methuen): 1987; Gene A. Plunka, *Peter Shaffer: Roles, Rites, and Rituals in the Theater*, Rutherford, NJ (Fairleigh Dickinson University Press): 1988.

[60] In Anthony Shaffers *Murderer*, dem Peter Shaffer diese Episode entnommen zu haben scheint, spielt der Protagonist berüchtigte Morde nach.

preisgibt und auf ihre (Autorität voraussetzende) Stelle verzichtet. Schließlich siegt die Loyalität über das Karrierestreben. Lotte steht aber nicht vor dem Nichts, sondern findet mit Lettice eine allseits befriedigende Lösung ihrer Probleme: In Zukunft werden sie gemeinsam als Fremdenführerinnen Londons unästhetischste Gebäude anprangern und so ihr Publikum unterhalten und aufklären.

Der Untertitel von *Lettice and Lovage* lautet *A Comedy in Three Acts*; im Gegensatz etwa zu Harold Pinters (von der Kritik so bezeichneten) *comedies of menace*[61] und Edward Bonds "Komödien"[62] handelt es sich tatsächlich um eine Komödie im engeren Sinn. Die genaue Klassifizierung erweist sich dabei als schwierig – zur *comedy of manners* fehlt es an den traditionellen Themen Liebe, Sex oder Habsucht,[63] zur Farce an Verwechslungen, Zufällen und physischen Aktionen,[64] zur *drawing-room comedy* an Protagonisten aus der Oberschicht.[65] Am ehesten bietet sich das Etikett "Boulevardkomödie" an, das keine inhaltliche Festlegung impliziert und den kommerziellen Erfolg des Stückes reflektiert.[66] Außerdem beinhaltet der Begriff eine Wertung, die – zunächst – akzeptiert werden soll: "Boulevard" steht für das Fehlen innovativer Muster, für die Reiteration bekannter und akzeptierter Verfahren, die eine unangestrengte und unproblematische Rezeption ermöglichen.[67]

Im Gegensatz zu Tony Harrison und Howard Barker, die die Konventionen des Passionsspieles in die Moderne transponieren oder nur bruchstückhaft rezipieren, und Kenneth Branagh, der Konventionen des Kriminalstückes und -films als Hintergrund einsetzt, übernimmt Shaffer in

---

[61] Cf. Kapitel 1.1.1.3.

[62] Cf. etwa *The Sea: A Comedy* (1973).

[63] Cf. David L. Hirst, *Comedy of Manners*, London (Methuen): 1979.

[64] Cf. Leslie Smith, *Modern British Farce: A Selective Study of British Farce from Pinero to the Present Day*, Basingstoke (Macmillan): 1989. – Shaffer vermeidet diesen Bezug bewußt: Die mißlungene "Hinrichtung", die Züge einer Farce trägt, findet zwischen den Akten 2 und 3 statt und wird nur erzählend, durch das Gespräch Lettices mit ihrem Rechtsanwalt, vermittelt.

[65] Zu Klassifizierungskriterien für die moderne englische Komödie cf. Rüdiger Imhof, "Zeitgenössische Formen der Komödie", in: Heinz Kosok ed., *Drama und Theater im England des 20. Jahrhunderts*, Düsseldorf (August Bagel): 1980, 170–185.

[66] *Lettice and Lovage* lief jahrelang in Großbritannien und am Broadway; es gewann unter anderem im Jahr 1988 den "*Evening Standard* Award for Best Comedy".

[67] "Boulevard" ist im deutschen Sprachgebrauch negativer besetzt als in England, wo das kommerzielle Theater lange Zeit konkurrenzlos war und auch heute noch als gleichberechtigter Teil der Theaterlandschaft angesehen wird (cf. Kapitel 1.1.1.2). Dennoch hat der Begriff auch unter englischen Kritikern einen abwertenden Beiklang. Cf. Mark Lords in Kapitel 1.1.2.3 zitierte vernichtende Kritik von *Bloody Poetry*, in der unter anderem von Brentons "boulevard plays" die Rede ist ("Look Back in Languor", 49).

Lettice and Lovage die Konventionen der Boulevardkomödie, ohne sie zu verändern, zu ergänzen oder durch Brechungen zu verfremden. Dies äußert sich zunächst in der Lokalisierung der Handlung, die wie in den *drawing-room comedies* in geschlossenen Räumen spielt, davon zu zwei Dritteln in Lettices Wohnzimmer. Die im Nebentext geforderte Dekoration ist naturalistisch, weder visuelle noch sonstige inszenatorische Verfremdungstechniken sind vorgesehen. Auch die stereotypisierten Nebenrollen finden ihre Vorbilder nicht in Shaffers vorausgegangenen Stücken, sondern in den *stock figures* der Komödientradition seit Plautus. Der nüchterne, mit Unverständnis reagierende Rechtsanwalt Bardolph, die graue Maus Miss Framer (die nur der "Einrahmung" Lottes dient) und der durch seine hervorstechendste Eigenschaft charakterisierte und benannte "Surly Man" sind "flat characters" (E.M. Forster), die nur *eine* Funktion im Drama zu erfüllen haben und gerade durch ihre völlige Adäquatheit dieser Funktion gegenüber zum Lachen reizen.

Diese konventionelle Funktionalisierung gilt auch für die von Shaffer verlangten Geräuscheffekte, die entweder den traditionellen Illusionierungsstrategien der Konvention der "vierten Wand" zuzurechnen sind (Anklopfen, das Summen der Sprechanlage), Szenenwechsel überbrücken (die elisabethanische Musik im ersten Akt) oder die Uhrzeit und den Ort der Handlung indizieren ("{Three o'clock sounds from Big Ben outside.}" [19]). Schon dieser zuletzt genannte Effekt macht allerdings Shaffers Verfahren deutlich, *Mittel des konventionellen Theaters zur Verfremdung einzusetzen*. Der Stundenschlag der Parlamentsglocke wird in zahllosen in London angesiedelten Stücken und Filmen eingesetzt; das Publikum soll die Konventionalität, ja die Abgedroschenheit eines solchen Signals registrieren.

Selbst ein unambitionierter Boulevardautor wäre vor einem solchen klischeehaften Effekt zurückgeschreckt. Gerade auf dem Hintergrund von Shaffers bis dahin entstandenen Werken mußte deshalb dieser Rekurs auf die ungebrochenen Konventionen der Komödie irritierend wirken. C.J. Gianakaris konstatiert: "Shaffer temporarily abandons experimental techniques"[68] und meint:

> Peter Shaffer *caught audiences off guard* with *Lettice and Lovage*, his latest stage work. After twenty consecutive years of writing serious drama, *suddenly* in 1987 he returned to comedy with a brilliantly witty full-length play.[69]

---

[68] C.J. Gianakaris, "Placing Shaffer's *Lettice and Lovage* in Perspective", in: *Comparative Drama* 22 (1988), 145–161, 145.

[69] Ibid. – Hervorhebungen (außer dem Dramentitel) von P.P.S.

Lettice and Lovage appears also to break with Shaffer's practice over the past fifteen years with regard to staging. From *Equus* until *Lettice and Lovage*, the playwright continued experiments with Brechtian-style narrative frameworks – i.e., providing a *raisonneur* in the plot who steps outside the enacted story to comment directly on the proceedings for the audience. But no comparable narrator-protagonist or other unconventional staging device appears in this newest piece in which realism rules throughout.[70]

Kein "unconventional staging device", aber dennoch wurde das Publikum "off guard" angetroffen, überrumpelt. Hier wird exemplarisch sichtbar, daß die Verweigerung des Unkonventionellen zur Irritation der Zuschauer eingesetzt werden kann, wenn diese das Unkonventionelle erwarten. Shaffer schließt in der Praxis an das an, was Christopher Hampton in *Tales from Hollywood* bereits implizierte: Die habitualisierte Erwartung des Publikums, Konventionsdurchbrechungen geboten zu bekommen, kann nur erfüllt werden, indem sie verweigert wird.

Dies zu konstatieren reicht allerdings nicht aus. Es ist vielmehr zu fragen, zu welchem Ende Shaffer die Verfremdung des Verfremdungs-prozesses einsetzt. *Lettice and Lovage* ist nicht nur ein gelungener Streich, den ein eigentlich "innovativer"[71] Autor seinem Publikum gespielt hat. Bis jetzt ist nur der Rezeptionsmechanismus diskutiert worden, der durch Shaffers Stück in Gang gesetzt, betont und damit "verfremdet", d.h. problematisiert wird, weil er in autoreflexiver Weise die Aufmerksamkeit auf sich selbst lenkt. Es wird nun zu untersuchen sein, welche ideolo-gischen Positionen mit diesem Verfahren auf dem Wege der Werturteils-lenkung und -kopplung transportiert werden.

Die Kritik hat wiederholt darauf hingewiesen, daß Shaffers auffälligste Technik darin besteht, zwei Hauptfiguren zu kontrastieren, die auf der Ebene der Spielhandlung miteinander in Konflikt geraten, darüber hinaus auch als Vertreter unterschiedlicher und unvereinbarer Weltbilder zu interpretieren sind,[72] aber dennoch deutliche Ähnlichkeiten vorweisen. In

---

[70] Ibid., 148.

[71] Der Begriff "innovativ" wird vor dem Hintergrund der hier angestellten Überlegungen an sich problematisch.

[72] Cf. C.J. Gianakaris, *Peter Shaffer*, Basingstoke (Macmillan): 1992, wo der Konflikt in Anlehnung an Nietzsche stets als der zwischen dem dionysischen und dem apollinischen Prinzip gedeutet wird [passim]. Dennis A. Klein sieht dagegen das "Männliche" im Widerstreit mit dem "Weiblichen" ("Breaking Masculine Stereotypes: The Theatre of Peter Shaffer", in: *University of Dayton Review* 18 (1986/87), 49–55. Cf. ders., "*Yonadab*: Peter Shaffer's Earlier Dramas Revisited in the Court of King David", in: *Comparative Drama* 22 (1988), 68–78. Michael Gillespie konstatiert die "confrontation of impotent age with fervent youth" ("Peter Shaffer: 'To Make Whatever God There Is'", in: *Claudel Studies* 9 no.2 (1982), 61–70, 62). – Die hier deutlich werdende Tendenz, Aussagen zum thematischen Code im Gesamtwerk Shaffers zu machen, ohne die Unter-

The Royal Hunt of the Sun sind dies Atahuallpa und Pizarro, in *Equus* Alan Strang und Dysart, in *Amadeus* die Titelfigur und Salieri und in *Yonadab* Amnon und die Titelfigur. In *Lettice and Lovage* konzentriert sich die Handlung noch mehr auf die beiden Hauptfiguren,[73] aber anders als im Falle Atahuallpas, Alans, Amadeus' und Amnons[74] wird niemand getötet oder ihres Eigenlebens beraubt. Der *agon* in den angeführten Stücken Shaffers endete immer mit der physischen oder psychischen Vernichtung eines Agonisten, dem Triumph eines Extrems und damit mit dem "Fragmentarischwerden der individuellen Existenz"[75] des Überlebenden: Die Liquidierung des Gegenspielers führte zur eigenen Verarmung. *Lettice and Lovage* hingegen inszeniert die Synthese zweier gegensätzlicher Lebensentwürfe, die die beiden Antagonistinnen zu Protagonistinnen gegenüber einer *gemeinsamen* Gegenwelt macht.

Die Erzählerfigur, die Shaffer in früheren Stücken häufig das Publikum ansprechen und damit vom inneren in das äußere Kommunikationssystem hin- und herwechseln ließ, fehlt in *Lettice and Lovage* fast völlig.[76] Die Sympathielenkungsmechanismen des epischen Theaters, nach denen einem Erzähler Vertrauen entgegengebracht werden darf, werden durch solche des traditionellen Theaters ersetzt: Je mehr Lettice am Beginn des Stückes durch ihre Vorträge "sie selbst" wird, "{confident and happily dramatic}"

---

schiede zwischen Einzeltexten genügend in Rechnung zu stellen, findet ihren Höhepunkt in Jules Glenn, "Twins in the Theater: A Study of Plays by Peter and Anthony Shaffer", in: Norman Kiell ed., *Blood Brothers: Siblings as Writers*, New York (International Universities Press): 1983, 277–299. Der Psychiater Glenn verfolgt darin das Thema der Verdopplung und Entzweiung in den Texten der Shaffer-Zwillinge von den paarweise auftretenden Hauptfiguren (mit Namen wie Milo Doppler in *Sleuth*) über Peter Shaffers frühe *double-bills* bis hin zu Alan Strangs manischem "Double your pleasure, double your fun". (*Equus*, 22f.; cf. Michael Hinden, "Trying to Like Shaffer", in: *Comparative Drama* 19 no.1 (1985), 14–29, 29; ders., "'Where All the Ladders Start': The Autobiographical Impulse in Shaffer's Recent Work", in: C.J. Gianakaris ed., *Peter Shaffer: A Casebook*, New York (Garland): 1991, 151–169, passim.)

[73] Der deutsche Titel, *Laura und Lotte*, unterstreicht dies deutlicher als das Original; *lovage* ist ein mittelalterliches Gewürz.

[74] Jules Glenn (cf. die vorletzte Fußnote) hat nicht gesehen, daß alle Opferfiguren Shaffers den Anfangsbuchstaben mit seinem Bruder Anthony teilen. Cf. Michael Hinden, "'Where All the Ladders Start'", 153.

[75] Lothar Fietz, "Variationen des Themas vom 'Fragmentarischen Existieren'", 385. Cf. ibid., 398f.

[76] "In Sections C and D [der ersten Szene] Lettice can address *the audience in the theatre as well* – implying that the numbers listening to her have grown. [...] One pleasing advantage of this solution is that Lettice addressing the actual audience in the theatre links directly in convention with the last moments of the play." (Peter Shaffer, "Author's Note", in: *Lettice and Lovage*, New York (Samuel French): 1990, 7–8, 8.)

[11], desto besser wird das Wetter und desto fröhlicher die Musik.[77] Mit der Kopplung von Lettices theatralischer Vortragsweise und positiv besetzten visuellen und akustischen Signalen bereitet Shaffer den Boden für die erste Konfrontation von Lettice mit ihrer Antagonistin, die dem Spaß (für die Zuschauer und Zuhörer im inneren wie im äußeren Kommunikationssystem) ein Ende bereitet und damit die Antipathien des Publikums bündeln soll. Dies wird während der zweiten Konfrontation noch verstärkt: einmal durch die unterschiedlichen Verhaltensweisen Lettices und Lottes gegenüber Miss Framer, zum anderen aber durch die unterschiedlichen Auffassungen der beiden vom Theater. Lettice vertritt dabei die Ansicht, dem Theater, unter dem sie auch ihre eigene Tätigkeit als Fremdenführerin versteht, komme eine unterhaltende, vor allem aber eine aufklärerische Funktion zu:

> LETTICE: [...] I am there to enlighten them. That first of all.
> LOTTE: Enlighten?
> LETTICE: Light them up! 'Enlarge! Enliven! Enlighten!' That was my mother's watchword. She called them the three Es. She was a great teacher, my mother.
> LOTTE: Really? At what institution?
> LETTICE: The oldest and best. The Theatre. [22f.]

Demgegenüber lehnt Lotte eine Theatralisierung ihres Berufes und damit dessen Unterhaltungsfunktion ab:

> LOTTE: [...] I am not in the entertainment business – and nor are you. That is all. We are guarding a heritage. Not running a theatre. That is all. [26]

Sie verneint aber auch das aufklärerische Potential des "echten" Theaters, unabhängig von ihrer eigenen beruflichen Sphäre:

> LOTTE: [...] If you were a playwright you could legitimately stand by your soup bowl and expect to see it filled for your invention. To some people – incomprehensible as it is to me – that is not only allowable but even praiseworthy. A tour guide however is not a paid fantasist, and in her such an action remains merely dishonest.
> LETTICE: I cannot accept 'merely'... I do not do anything *merely*.
> LOTTE: Untruth is untruth. It will find no endorsement in this office. [28]

Mit der Gleichsetzung von "Theater" und "Unwahrheit" macht sich Lotte die Argumentation der Puritaner gegen die Bühne zu eigen, die das englische Theater zwischen 1642 und der Restauration in den Untergrund

---

[77] Die entsprechenden Sequenzen lauten: "{Elizabethan music: lugubrious. [...] It is a grey rainy day, and the house is freezing.}" [7]; "{a little brighter weather.}" [8]; "{sprightlier Elizabethan music springs up [...] brighter yet}" [10f.]; "{Lively music. [...] A brilliant day.}" [14].

zwang.[78] Vor dem Hintergrund der spezifischen Rezeptionssituation dieser Äußerung – schließlich fällt sie *im Theater* vor Leuten, die sich freiwillig dorthin begeben haben – wird ein weiterer Aspekt von Shaffers Sympathielenkungsstrategien deutlich: Das Publikum soll sich mit der Figur solidarisieren, die ihm das Recht zur Anwesenheit zugesteht.[79]

Shaffer stellt das Theater in den Mittelpunkt des Konfliktes der beiden Protagonistinnen und lenkt die Sympathien der Zuschauer anfangs ausschließlich auf Lettice, die Vertreterin des "Prinzip[s] der kreativen Phantasie".[80] Deren offen eingeräumte Geschichtsfälschungen[81] sollen vom Publikum ebenso positiv bewertet werden wie ihr Auftritt als Queen Mary bei ihrer Entlassung und die Rollenspiele in ihrer Kellerwohnung. Hier wird deutlich, daß *Lettice and Lovage* bei thematischer Kontinuität zu *Yonadab* und noch früheren Stücken unterschiedliche Werturteile stimulieren soll. In *Yonadab* war der Rollenspieler noch ein an den elisabethanischen Bühnenmachiavelli angelehnter Drahtzieher der Intrige, für den *mutatis mutandis* gilt, was Gene A. Plunka schon 1980 über Shaffers Gesamtwerk urteilte:

> Shaffer's work shows antagonism for those who play roles, for the playwright creates characters who are trapped by these roles as they search for values that they can ascribe for themselves free from any outside restraints.[82]

Lettice hingegen sucht den "outside restraints" zu entfliehen, indem sie sich *frei gewählte* Rollen zulegt und Werte verteidigt, die sie in ihrer Umwelt nicht mehr finden zu können glaubt. Wenn Alan Strang der "perfect anti-hero for the decade [...] a unique personality, surrounded by role-players and phonies"[83] war, dann dreht Shaffer in *Lettice and Lovage* dieses Verhältnis um: Seine Heldin der 80er Jahre rebelliert als "a

---

[78] Cf. Gary Taylor, *Reinventing Shakespeare*, 10f. – Shaffer läßt Lettice in ihrem Auftaktmonolog zum zweiten Akt das Thema der Revolution und Restauration explizit aufnehmen: "My lot is tragedy. I was cast forth from my palace beside the tumbling cataract – imprisoned cruelly in a dungeon beneath the Earl's Court Road! I, who dined off crayfish and Numidian scallops, forced to eat squalid preparations out of *tins* – the Whiskas and Munchies of Affliction! [...] No matter, I will endure all – and when the time is ripe, the whole world will see my triumphant restoration to the throne! Then all will perish who wounded me – their eyes scratched from their treasonous heads!" [32]

[79] Zu einem ähnlichen Verfahren der Sympathielenkung, Christopher Hamptons Gegenüberstellung von Horváth und Brecht, cf. Kapitel 2.1.2.

[80] Paul Kruntorad, "Wenn Damen Henker spielen", in: *Theater Heute* 30 no.2 (1989), 41.

[81] "I respect accuracy in recounting history when it is moving and startling." [22]; "Fantasy floods in where fact leaves a vacuum." [24]

[82] Gene A. Plunka, "The Existential Ritual: Peter Shaffer's *Equus*", in: *Kansas Quarterly* 12 (1980), 87–97, 87.

[83] Ibid., 96.

174

totally self-justified woman" [30] mit den Mitteln des Theaters und der Verstellung gegen ihre graue Umgebung.

Die bislang dargestellten Befunde sind alle aus dem ersten Akt abgeleitet, in dem die Hauptfiguren statisch sind und in dem zwei der drei stereotypisierten Nebenfiguren ihren einzigen Auftritt haben.[84] Shaffer beläßt es aber nicht bei der Umkehrung seiner früheren Entwürfe, sondern läßt seine beiden Protagonistinnen eine Entwicklung und einen Erkenntnisprozeß durchmachen, die ihre beiden anfangs unvereinbaren Positionen annähern und schließlich synthetisieren.

Zunächst erkennen Lettice und Lotte, daß beide von einem ästhetischen Sündenfall ausgehen, bei dem die Welt aus den Fugen geriet und das schlechthin Schöne vom schlechthin Häßlichen abgelöst wurde. Bezeichnend für die vereinfachende Weltsicht der Protagonistinnen (die dem Komödienformat durchaus angemessen ist) ist das Wissen um den genauen Zeitpunkt dieses Sündenfalles. Für Lettice ist es der 31. Januar 1647, der Tag, an dem Cromwell Charles I hinrichten ließ,[85] für Lotte die Nacht vom 13. auf den 14. Februar 1945, in der Dresden zerstört wurde [cf. 43f.]. Schon diese sich gegenseitig ausschließenden Gewißheiten lassen das Fragwürdige einer solchen Argumentation erkennen. Shaffer macht dies deutlich, indem er Lotte eine Schlußfolgerung ziehen läßt, die zwar schlüssig, aber menschenverachtend ist:

LOTTE: [...] When I imagine Dresden burning, all I see are those exquisite shapes of the Baroque – domes, pediments, golden cherubs going up in flames. [...] If I could save a great Baroque city or its people I would choose the city every time. People come again: cities never. [44]

---

[84] Die Rezensionen neigten dazu, die folgende Dynamisierung der Figuren zu übergehen und Shaffers Attacke auf die moderne Architektur sowie Lettices Hilflosigkeit zu betonen: "In an extraordinarily baroque, rambling comedy of ancient memories and modern mistakes, Mr Shaffer is I think telling us that we have destroyed the warmth of history only to replace it with the chill of practicality [...]. At its best, this is a very odd love story and at its worst it's simply a yelp of pain from someone who can't get the modern world to make any kind of sense on her own exotic scale of values." (Sheridan Morley, "Lettice and Lovage", in: *Plays & Players* (December 1987), 16–17, 16f.) "[E]s ist ein Stück, in dem ein gewiefter Theaternerv sich zu einer massiven Attacke gegen die frustrierende Nüchternheit zeitgenössischen Architektur- und Lebensstils verdichtet." (Erika Stephan, "Herausforderung zu spielerischer Souveränität", in: *Theater der Zeit* 44 no.11 (1989), 4). – Das Thema von der Unzulänglichkeit moderner Architektur, das in Großbritannien durch die öffentlichen Äußerungen Prinz Charles' Aktualität gewann, ist auch von Michael Frayn in *Benefactors* (1984) aufgegriffen worden.

[85] "LETTICE: All the colour! The age of colour! The painted churches! The painted statues! The painted language! They're all about to go for ever – at one stroke of an axe! In their place will come grey! The great English grey! The grey of Cromwell's clothes! The grey of Prose and Puritanism, falling on us like a blight for ever!" [70].

Lettice denkt ähnlich. Obwohl sie sich als Christin bezeichnet,[86] begrüßt sie Lottes Vorschläge zur Bekämpfung des Vandalismus:

> LOTTE: I hope you are not one of those people who see good in anything – no matter how grotesque.
> LETTICE: As Christians we are surely meant to perceive good wherever we can.
> LOTTE: I am not a Christian, and the only good I perceive is in beauty... This world gets uglier by the minute, that's all I perceive for sure. I used to love the walls of our house: that cream stucco so characteristic of London. Now they are completely defaced with slogans. One says, 'Hang the bloody Pope'. Another says, 'Hang the bloody Prots'.
> LETTICE: I can't read the writings on the walls round us. It's all in Arabic.
> LOTTE: I wouldn't feel too deprived. I'm sure it's only saying hang someone else.
> LETTICE: I just know it's all done by Mr Pachmani. [...] My neighbour upstairs.
> LOTTE: In his country they'd cut off hands for that. Perhaps we should do the same.
> LETTICE: How ferocious! A totally Shakespearian punishment! [41]

Hier wird der Vandalismus und die Aufforderung zur Gewalt von den beiden Protagonistinnen zum Anlaß genommen, selbst Grausamkeiten zu fordern. Ihr Weltbild weist im zweiten Akt mittelalterliche Züge auf, nicht nur wegen der Blutjustiz, die sie gutheißen, sondern vor allem wegen der in ihren Klagen implizierten Unreformierbarkeit der gefallenen Welt. Lotte bündelt diese Positionen noch einmal:

> LOTTE: This entire city is actually crammed with fanatics from all over the globe fighting medieval crusades on our ground. Isn't it time we became a little fanatic ourselves on its behalf? ... People in the past would not have endured it. But, of course, they had spunk. There's no one left now with any spunk at all. [42]

Shaffer beläßt es aber nicht bei dieser defätistischen Aussage, wenn er auch zunächst die Konsequenzen aus der Weltflucht der Hauptfiguren dramatisiert. Ihre gemeinsamen Reinszenierungen großer Momente der Geschichte (worunter sie ausschließlich Strafprozesse mit anschließender Hinrichtung verstehen und so das Nekrophile ihrer Weltsicht durchscheinen lassen) enden beinahe mit dem Tod Lottes; die als Trost gedachten Rollenspiele sind tatsächlich lebensgefährlich. Lettice erkennt, daß sie mit ihrer rückwärtsgewandten Weltsicht nicht Kritik an ihrer Umwelt übt, sondern nur ihre eigene Unzulänglichkeit eingesteht:

---

[86] Auch dies unterstreicht den Unterschied zwischen *Lettice and Lovage* und Shaffers früheren Stücken. Der christliche Eroberer Pizarro in *The Royal Hunt of the Sun* und die religiöse Mutter Alan Strangs in *Equus* sind im Gegensatz zu Lettice negativ besetzte Figuren.

LETTICE: [...] You're wrong when you say there's nothing Ghosty about me. That's what I *am*. A Ghost. Every day more. Every day there's something new I don't understand... It's like a mesh keeping me out – all the new things, *your* things. Computers. Screens. Bleeps and buttons. Processors. Every day more... Bank cards – phone cards – software – fax! JVC. PLC. ABC. DEF. {More and more anguished} The whole place – the whole world I understood isn't there... You talk about Europe gone – that's just buildings! *Everything*'s gone for me. I can't work any of it. *I*'m the foreigner – not Mr Pachmani. It's all like that writing on my walls – just squiggles and dots. {Flatly} You're right. That's the precise word for me – ridiculous. Ridiculous and useless. {Pause.} Useless stories. Useless glories. Ridiculous and useless. {Pause.} I'm sorry. I haven't got anything else. {Abruptly she hangs up the receiver, and stands crying helplessly.} [75]

Damit ist der Punkt erreicht, an dem die Diskrepanz zwischen den Lebensumständen der Protagonistin und ihrer Lebenslüge aufbricht und den Zusammenbruch Lettices erzwingt. Shaffers frühere Stücke endeten wie viele andere Dramen der Moderne in einer vergleichbaren Katastrophe. Dieses Muster war in den 80er Jahren so verbindlich geworden, daß ein "well-made play", also eines, das den Erwartungen der Kritik und der Zuschauer an akzeptierte Bauformen entsprach, hier abzubrechen hatte. Shaffer äußert sich in diesem Sinne, wenn er sagt:

When it first appeared there were some critics, both lay and professional, who did not want a happy ending to the play at all. However, I believe most firmly that an unhappy one is actually a betrayal of the genre of comedy. For the life of me, I could not leave Lettice weeping in a basement.[87]

Die Loyalität zum Genre, zu der Shaffer sich bekennt, erzwingt ein *happy ending*, eine Synthese aus den sich widersprechenden Positionen, die Lettice einzunehmen gezwungen ist.[88] Shaffers Figuren finden die Lösung in der Überwindung ihres quasi-mittelalterlichen Kulturpessimismus. Der Gedanke der Aufklärung, der schon in dem Motto von Lettices Mutter angelegt war ("'Enlarge! Enliven! Enlighten!'" [23]), bricht sich Bahn und geht einher mit der Ablehnung der Vergangenheitsverherrlichung, die einer realistischeren Einschätzung der Vergangenheit weicht:

LOTTE: [...] You're like those women in my office. {'Refined' voice} '*Oh, dear! Oh dear, dear, dear* – this horrid, nasty *Present!*' {Hard} The Past was just as nasty as we are. Just as stupid. Just as greedy and brutal. [...]
LETTICE: {Hotly} At least it was *beautiful!* You said that yourself. 'It gets

---

[87] Peter Shaffer, "Preface", in: *Lettice and Lovage and Yonadab*, London (Penguin): 1989, vii–ix, ix.

[88] Michael Hinden sieht darin ebenfalls eine bewußte Rekonventionalisierung: "While there is no sexual contact between the pair, nor even a hint of physical desire, Lettice and Lotte unite at the end with a nod to the ancient marriage convention of comedy." (Michael Hinden, "Where All the Ladders Start", 165.)

uglier every minute,' you said.
LOTTE: So it does.
LETTICE: So why *shouldn't* I hide? It's hideous here. Everywhere... Hideous and hateful.
LOTTE: Then do something about it! *Fight it. Attack it.* Show some *spunk*, for God's sake! Don't just stay cringing in a basement, playing stupid games.
LETTICE: {Desperate} Well, what can I *do*? What can *you* do? Or anyone?
LOTTE: We are two able, intelligent women. [76]

So ringen sich die beiden zum Handeln durch und beschließen, mit ihrem Leiden an den Auswüchsen der Moderne an die Öffentlichkeit zu treten.[89] Mit dem Sieg des Aufklärungsgedankens wiederholen sie schließlich tatsächlich einen Abschnitt der Geschichte, eine weniger genau zu definierende Episode als ein Strafprozeß oder eine Hinrichtung, die dafür um so bedeutsamer wurde. Gleichzeitig "siegt" das scheinbar überholte und antiquierte Genre "(Boulevard)Komödie" über die Konventionen des Demaskierungsdramas der 60er und 70er Jahre.[90]

Damit hat Shaffer zum ersten Mal in seinem Werk nicht die Fragmentierung des Individuums, sondern – um im Bild zu bleiben – seine Rekonstruktion dramatisiert. Dabei soll die Frage nach den Kausalbeziehungen, die diese Dramatisierung hervorgebracht haben, unbeantwortet bleiben. Ob der Wunsch, eine Komödie zu schreiben,[91] Shaffer dazu veranlaßt hat, von dem pessimistischeren Weltbild seiner früheren Stücke abzuweichen oder eine geänderte Weltanschauung das Komödienformat erzwang – jedenfalls zeigt er hier die Möglichkeit der autonomen Existenz im Angesicht einer unvollkommenen Welt.[92] Seine Protagonistinnen fallen aus

---

[89] Shaffer hat diese Situation bereits mit dramatischer Ironie vorweggenommen, als er Lettice am Anfang sagen ließ: "And then suddenly John Fustian moves! He who up to that moment has lived his whole life as a dull and turgid yeoman, breaks the spell!" [12]. Der Kommentar des "Surly Man" dazu erweist sich in diesem Zusammenhang als falsch: "Your story is, frankly, not on." [12]

[90] Auch die elisabethanischen Versatzstücke, die Lettice bis dahin zitiert und anerkannt hat, werden so desavouiert.

[91] Die Widmung Shaffers beginnt: "To Leo who asked for a comedy" [3].

[92] "Shaffer's preoccupation with divinity and mortality, typically framed in bleak metaphysical terms, plays no part here. Replacing austere universal topics are everyday situations involving ordinary persons. The overriding theme is the search of the protagonists for satisfying lives in a less than perfect society." (C.J. Gianakaris, *Peter Shaffer*, Basingstoke (Macmillan): 1992, 150.) Petra Iking kommt zum entgegengesetzten Schluß, wenn sie sagt: "Die nicht-linearen zirkulären Handlungsparadigmen, in die die Protagonisten verwickelt sind, erlauben keine Unterscheidung von Ursache und Wirkung. Hierdurch stellt sich die Frage, ob autonomes Handeln überhaupt noch möglich ist;" ("'To be hoist with one's own petard': Zur Interaktionsstruktur von Peter Shaffers *Lettice and Lovage*", in: B. Reitz und H. Zapf eds., *British Drama in the 1980s: New Perspectives*, Heidelberg (Winter): 1990, 153–163, 163). – Dabei geht sie von dem ursprünglichen Schluß des Stückes aus, das die Protagonistinnen bei den Vorbereitungen zu Bombenanschlägen zeigt, also bei einem Rückfall in Lottes alte Handlungsansätze. Shaffer hat das Stück

dem Normrahmen der Gesellschaft und werden zum Schluß von dieser wieder aufgenommen; aber statt auf den Normrahmen verpflichtet zu werden, machen sie sich an die Gesellschaftsveränderung. Sie werden zu "agents of historical conscience."[93] Hier liegt schließlich doch eine signifikante Abweichung von den Verfahren der traditionellen Komödie vor; sie spiegelt die Abweichung, die Lettice und Lotte von ihrer eigenen Theaterverhaftetheit vornehmen müssen. Am Ende ist das Eintreten in die Realität das Sinnvollste, aber die vom Theater der Vergangenheit übernommenen Verhaltensweisen erweisen sich auch im "richtigen Leben" als nützlich.[94] So wird das Theaterspielen, richtig verstanden, zur Überlebensstrategie. Der positive Schluß unterstreicht diese didaktische Absicht Shaffers, auch wenn er einschränkt: "As in any comedy my basic desire is to delight."[95]

Shaffer geht in *Lettice and Lovage* über die bis dahin bekannten Formen des englischen Metatheaters hinaus. Er gibt durch die Kopplung des traditionellen Komödienmusters mit der Affirmation autonomer Existenzweisen eine Antwort auf "comedy's central paradox: a highly conventional and ordered form is a forum for *criticizing* convention".[96] Dieter A. Berger hat zu anderen zeitgenössischen Stücken angemerkt:

> Daß diese typisch britische Form des Metatheaters im Gegensatz zu anderen tiefernsten Avantgardestücken dennoch vergnüglich bleibt, verdankt sie dem Wagnis, traditionelle Kulturwerte, überlieferte Theaterkonventionen und nicht zuletzt auch Formen des Boulevard mit in das Spiel einzubeziehen.[97]

---

jedoch revidiert, und Iking weiß von dieser Revision, tut sie aber als Zugeständnis an das amerikanische Publikum ab (cf. ibid., 154). Shaffer dagegen betont: "It was really a forced scene, dismissing the piece into improbability. Over the ensuing months I came to disapprove of it for this reason and spent much time considering other endings more natural and organic. Finally the present one occurred, which seems to me to be both correct and pleasing." [viii].

[93] C.J. Gianakaris, *Peter Shaffer*, 158. Wenig später sagt Gianakaris: "Never before in his stage works has Shaffer focused with a conservationist's ardour on the need to preserve the past". (Ibid., 164). – Die Verteidigung der Vergangenheit macht den Einsatz vergangener Theaterformen naheliegend.

[94] Lettice und Lotte sind damit der Gegenentwurf zu einer paradigmatischen Figur des englischen Dramas vor 1980, Davies in Harold Pinters *The Caretaker*, von dem Lothar Fietz sagt: "In dem Maße wie er der "Fremdbestimmung" zu entgehen und eine "private" Freiheit jenseits der Gesellschaft zu verwirklichen sucht, ist er gezwungen, sich der eigenen *Vergangenheit* zu entledigen [...]." ("Variationen des Themas vom 'Fragmentarischen Existieren'", 386.)

[95] Peter Shaffer, zitiert in Claire Armitstead, "Shaffer's Pen", in: *Plays & Players* (November 1987), 6–8, 6.

[96] Susan Carlson, "Comic Collisions: Convention, Rage, and Order", in: *New Theatre Quarterly* 12 (1987), 303–316, 303.

[97] Dieter A. Berger, "Ästhetik des Spiels im zeitgenössischen britischen Drama", in: *Forum Modernes Theater* 3 (1988), 17–30, 28. Cf. Kapitel 1.4.

Lettice and Lovage geht über diese Einbeziehung hinaus und macht die "Formen des Boulevard" zur alleinigen Grundlage des Spiels. Das Spiel ist wohlbekannt, aber im Kontext von Shaffers Werk überrascht es und erringt damit ein Wirkpotential, das die "moderneren" Dramenmuster in den 80er Jahren verloren haben.

5   Schluß

Howard Brenton nannte das Theater einen ungeordneten Haufen Sperr-
müll, einen "heap [...] of old tat, bits and pieces, disconnected." Seine
Wortwahl erinnert an T.S. Eliots "heap of broken images" aus dem *Waste
Land*, aber anders als Eliot sieht er diesen Zustand nicht als Ergebnis fort-
schreitender Fragmentierung, sondern (in einem anderen Kontext) als
Eigenart des Theaters schlechthin. Für Brenton gab es seit den Tagen
Euripides' keine Innovation mehr, nur ein Rearrangieren des Immerglei-
chen. Macht man sich seine Sicht zu eigen, ist es in der Tat sinnlos, von
Rekonventionalisierung oder dem Erstarren in der Tradition zu sprechen:
Wo es keine Bewegung gibt, kann es keine Umkehr und kein Zum-Still-
stand-Kommen geben.

Die vorliegende Studie ging von einem anderen Ansatz aus: Die Geschichte des Dramas ist nicht die Geschichte sich wiederholender Emana-
tionen überzeitlicher Strukturen, sondern eine Abfolge von Innovation,
Konventionalisierung und erneuter Innovation. Hier ging es nicht darum
zu zeigen, daß es im englischen Drama der 80er Jahre nichts Neues gab.
Vielmehr stand die Beobachtung im Mittelpunkt, daß in diesem Zeitraum
der beständig ablaufende Innovationsprozeß des Dramas selbst als Konvention aufgefaßt wurde, die es zu durchbrechen galt. Nachdem in der
ersten Hälfte des 20. Jahrhunderts der Innovationsprozeß für das Drama
gleich zweimal, von Brecht und Artaud, theoretisch gefaßt wurde und ihre
Theorien für englische Dramatiker ein hohes Maß an Verbindlichkeit
erlangt hatten, setzte in den 80er Jahren eine Gegenbewegung ein, die sich
von der Auffassung freizumachen suchte, Verfremdung könne nur linear
und unidirektional zu immer Neuem, noch nie Dagewesenem führen.

Bei Christopher Hampton und David Rudkin führte diese Opposition zu
dem paradox anmutenden Resultat, daß mit den Mitteln Brechts bzw.
Artauds Kritik an deren Dramaturgien geübt wurde. *Tales from Hollywood*
ist ein betont "episches" Stück, *The Triumph of Death* ein betont "grau-
sames"; beide Texte sind metadramatische Endpunkte in der Rezeption
des Brechtschen Verfremdungs- und des Artaudschen Befremdungsthea-
ters, die hier vom unproblematischen Verfahren zum problematischen
Thema geworden sind. Hampton und Rudkin zeigen, wie Entautomatisie-

rungsstrategien durch permanenten Einsatz selbst automatisiert werden und damit die Fähigkeit verlieren, erstarrte Wahrnehmungsmuster zu verändern.

Andere Autoren thematisierten diese problematisch gewordene Rezeption nicht explizit, sondern änderten ihre dramatische Praxis. Sie griffen Konventionen auf, die in früheren Perioden der Literaturgeschichte eingesetzt wurden, aber bislang, den Vorgaben der Theaterrevolutionäre des 20. Jahrhunderts gemäß, eben aufgrund ihrer Konventionalität nicht mehr verwendbar schienen. Die so entstandenen Texte lassen sich in zwei Gruppen unterteilen, wobei entscheidend ist, welche Funktion die literarischen Rückgriffe jeweils erfüllen sollen. Zum einen handelt es sich um Texte, in denen die aufgegriffenen Konventionen erneut der Kritik ausgesetzt und damit als weiterhin untauglich verworfen werden, zum anderen um solche, in denen sie als adäquates Ausdrucksmittel für die Themen der Gegenwart präsentiert werden. Paradigmatisch für die erste Gruppe ist Bonds *Restoration*, für die zweite Shaffers *Lettice and Lovage*.

Bond übt mit der Kritik an einem traditionellen Komödienmuster auch Kritik am herrschenden Gesellschaftssystem. Indem er zeigt, daß die Konventionen der Restaurationskomödie heute nicht mehr funktionieren, fordert er die Leser oder Zuschauer auf, die von diesen Konventionen implizierten sozialen Hierarchien ebenfalls als überholt zu betrachten. Damit verbleibt er (was die Intention, nicht das Verfahren angeht) in der Tradition des epischen Theaters, dessen politische Dimension er genauer gesehen hat als die Epigonen des "British Brecht". Shaffer hingegen kritisiert nicht das Gesellschaftssystem an sich, sondern nur einige seiner Facetten. Er läßt das Komödienformat ungebrochen und schließt sein Stück mit einem *happy ending* ab, weil er eine andere Strategie verfolgt: Die Leser oder Zuschauer, die sehen, wie die Figuren der traditionellen Komödie den gesellschaftlichen Normrahmen in Frage stellen können und damit ein gewisses Maß an Autonomie erhalten, sollen für sich selbst *als Individuen* die Möglichkeit autonomen Handelns bejahen.

Mit *Restoration* und *Lettice and Lovage* sind zwei Extrempunkte des hier behandelten Spektrums benannt. Dazwischen liegen Texte, denen keine derart ausgeprägte appellative Struktur zugrundeliegt. So verwirft Peter Flannery in *Singer* die Konventionen der jakobäischen Rachetragödie, die nicht mehr geeignet sind, die Schrecken des 20. Jahrhunderts abzubilden, aber anders als bei Bond unterbleibt der (implizite) Aufruf an die Leser oder Zuschauer, diese Einsicht in politisches Handeln umzusetzen. Was für *Singer* gilt, trifft auch auf Howard Barkers *Seven Lears* zu: Die Wiederaufnahme einer literarischen Tradition der Shakespearezeit soll dem Publikum vor Augen führen, daß eine solche Rekonventionalisierung letztendlich unangemessen ist; dabei wird der Demontage aber kein funktionsfähiger Gegenentwurf beigesellt. Kenneth Branaghs *Public Enemy* hingegen, das die moderneren, gleichwohl längst konventionell gewordenen dramatischen Muster des amerikanischen Gangsterfilms wieder aufnimmt, läßt diese zwar intakt und thematisiert mit ihrer Hilfe die Frage nach der Möglichkeit autonomen Handelns, aber der offene Schluß des Stückes läßt keine eindeutige Antwort zu.

Exemplarisch für die andauernde Suche nach Möglichkeiten und Grenzen der Rekonventionalisierung ist Howard Barkers Ringen mit der Form des Passionsspiels. *A Passion in Six Days, The Last Supper* und *Golgo* zeigen, wie wenig gefestigt die Grenzen zwischen den oben skizzierten Positionen sind. Das englische Drama befand sich in den 80er Jahren in einer Experimentalphase, in der die klaren Vorgaben der 60er und 70er Jahre ihre Gültigkeit verloren hatten. Am Werk Howard Barkers wird dieser Experimentalcharakter deutlich: Seine Standpunkte sind jeweils vorläufig, die aus seinen Stücken zu ziehenden Schlußfolgerungen jederzeit überholbar. So verbietet sich, um eine eingangs (in Kapitel 1.1.1.3) gemachte Bemerkung aufzugreifen, die Ausweitung der hier vorgenommenen Unterscheidung von *Tendenzen* zu einer Abgrenzung von *Schulen*. Das englische Drama der 80er Jahre war von der Absage an die Gewißheiten der 60er und 70er geprägt; neue Orthodoxien waren nicht in Sicht.

Wenn die in dieser Studie untersuchten Texte über die Rekonventionalisierung hinaus dennoch einen kleinsten gemeinsamen Nenner aufweisen, dann ist es ihr Unterhaltungspotential. Jenseits aller weltanschaulicher Differenzen eint die englischen Dramatiker und Dramatikerinnen der Respekt vor dem Publikum, auf das sie angewiesen sind, und so wird eine weitere Facette des Phänomens der Rekonventionalisierung deutlich, die bislang nicht zur Sprache kam. Das Wiedererkennen vertrauter dramatischer Muster, selbst wenn sie Fragment bleiben und in der Folge problematisiert werden, bedeutet für Leser und Zuschauer einen Moment der Entspannung und Unterhaltung. Die Demonstration der eigenen Virtuosität ist für Dramatiker ein legitimes Motiv, und die Rückkehr zur Theatralik der Jakobäer oder der Restaurationszeit ist eine Bereicherung des Dramas, die von den Rezipienten honoriert wird. Die meisten der in dieser Studie vorgestellten Stücke waren Publikumserfolge, und selbst Howard Barkers sperrige Dramen bieten den Zuschauern, die sich an sie heranwagen, einen kurzweiligen Theaterabend.

Zum Schluß bleibt noch zu fragen, ob sich die sichtbar gewordenen Entwicklungen ganz oder teilweise extrapolieren lassen, ob abzusehen ist, wie sich das englische Theater der 90er Jahre weiter präsentieren wird. Der Verfasser ist sich der Problematik eines solchen Versuches bewußt: Meist muß man sich nach zehn Jahren gute Gründe suchen, weshalb man nicht recht behalten konnte. So soll hier nicht spekuliert werden, welche großen Würfe in der Zukunft zu erwarten sind – oder auch nicht. Einige Anmerkungen zu den bereits deutlich gewordenen Tendenzen müssen genügen.

Im März 1993, während der Schlußredaktion dieser Studie, teilte Howard Barker dem Verfasser mit, daß er soeben ein weiteres "Passionsspiel", *Hated Nightfall*, abgeschlossen habe. Es bleibt abzuwarten, ob die hier dargestellten Interpretationsmodelle ausreichen, um diesen und weitere Texte Barkers und anderer Autoren kritisch einordnen zu können. Peter Shaffer verfolgt in *Whom Do I Have the Honour of Addressing?* (1990), das erst als Hörspielskript vorliegt, das Thema von der wirklichkeitsstrukturierenden Kraft dramatischer Muster weiter, diesmal allerdings in Hinwendung auf den Film. Sein neuestes Stück, *The Gift of the Gorgon* (1993), das noch nicht veröffentlicht ist, nimmt die bei Kenneth Branagh angelegte I.R.A.-Problematik auf und behält damit, trotz des Titels, Shaffers Absage an quasi-mythische Themen bei: Wieder ist, wie in dem auf die britische Architekturdebatte rekurrierenden *Lettice and Lovage*, der Bezug zur aktuellen Tagespolitik gegeben. Howard Brenton schließlich läßt in *Berlin Bertie* (1992) einen Stasi-Spitzel mit dem Tarnnamen "Bertolt Brecht" auftreten und setzt so die von Christopher Hampton eingeleitete Demontage der Leitfigur der 60er und 70er Jahre fort.

Ob diese Stücke einen Ausweg aus dem Dilemma weisen, das im Verlauf der Untersuchung erkennbar wurde, muß dahingestellt bleiben: Mit der Rekonventionalisierung des Dramas, der Entautomatisierung des Entautomatisierungsprinzips, gelang es in den 80er Jahren noch einmal, das Publikum zu überraschen, um dessen eingefahrene Sichtweisen und Erwartungen zu verändern, aber damit ist der Verfremdungsprozeß an einem toten Punkt angekommen: Er hebt sich selbst auf. Es ist, wie gesagt, nicht die Aufgabe einer Studie wie dieser, Literaturprognostik zu betreiben. Nur soviel sei festgestellt: Englische Dramatiker werden auch weiterhin ihr Publikum und ihre Leser zu unterhalten und zu überraschen suchen – die unproblematischen (und unproblematisierten) Verfahren der 60er und 70er Jahre taugen dazu allerdings nicht mehr.

Summary

Contemporary English drama uses old dramatic genres and conventions to an extent that goes considerably beyond the occasional adaptation or modernization of the 1960's or 70's. This study examines the reasons for this reconventionalization as well as some of its consequences for the development of drama and its social implications.

The approach employed is a functional-structuralist one, modified to deal flexibly both with the special features of drama and the peculiarities of texts that seek to disappoint expectations by ostensibly fulfilling them. The analysis of the reader's or spectator's preprogrammes and the way texts affirm, modify or negate them is central to the functional-structuralist point of view. The first chapter of this study therefore not only delineates scholarly procedure but also sketches the social, economic and literary factors which influenced English drama in the 1980's.

No single explanation will do when tendencies in a field as varied as contemporary English drama are discussed, and a large part of this study's introduction is devoted to those developments that could not be reviewed in its subsequent chapters. Yet the Tory government's reduction of subsidies for the stage, the audience's appetite for big musicals, and the playwright's disillusionment with the power of the theatre to cause immediate social change all combined to suggest the necessity for an adjustment of theatres and playwrights alike.

The defamiliarizing, disorienting theatre of the 1960's and 70's came under attack, however, not only because it generated too little revenue or excited too little practical reaction. The main reason for its decline was the predictability of many of its devices – iconoclasm had become the norm. The theories and practical strategies of Bertolt Brecht and Antonin Artaud had shaped English theatre in the post-war decades; the second chapter traces the beginnings, the golden age and the decline of both the Epic Theatre and the Theatre of Cruelty. Against this background, a reading of Christopher Hampton's *Tales from Hollywood* (in which Brecht himself appears), David Rudkin's *The Triumph of Death* (where Artaud is one of the main characters) and Richard Stilgoe's and Andrew Lloyd Webber's *Starlight Express* (a textbook example of Artaudian ideas) demonstrates the diminishing power of theatrical strategies designed to disturb and shock and the uneasiness of playwrights who have realized this decline.

As a direct consequence dramatists sought to get away from the habitualized breaking of conventions, thus disappointing expectations once more. Chapters 3 and 4 chart and evaluate the recourse to medieval, Elizabethan, and later dramatic conventions taken by dramatists in search of new ways of engaging an audience. Two groups of plays can be distinguished, although many texts, particularly Howard Barker's, resist simple categorization. There are those which use established conventions in order to show their ineffectiveness and hence reaffirm Brecht's and Artaud's critique: Edward Bond's *Restoration* with its programmatic title, Howard Barker's *A Passion in Six Days* and *Seven Lears*, respectively a twisted passion play and a latter-day tragedy, as well as Peter Flannery's *Singer*, modelled after a Jacobean revenge tragedy, all take up a well-known sub-genre and demonstrate its inadequacy in dealing with the horrors and the complexities of the present. On the other hand there are plays which go beyond a renewed dismantling of an old convention. Howard Barker's *The Last Supper*, another of his passion plays, only tentatively suggests a way out of the 20th century's choice of solipsism and collectivism. Kenneth Branagh's *Public Enemy* remains similarly vague about the possibilities inherent in the acceptance of an established genre. His protagonist actually copies the plot patterns of the 1930's gangster film and the behaviour of its stars, but the play ends inconclusively. Peter Shaffer in *Lettice and Lovage* goes farthest in embracing the possibilities of reconventionalization. His heroines come to terms with an initially hostile world and appropriate the past within the framework of a flawless comedy of manners. Shaffer dramatizes the reintroduction of the autonomous individual into a world that is seen as manageable and ordered.

Bibliographie

Primärtexte

Ali, Tariq und Howard Brenton. *Iranian Nights*. London (Nick Hern): 1989.
- *Moscow Gold*. London (Nick Hern): 1990.
Arden, John. *Live Like Pigs: Seventeen Scenes*. In: *Three Plays*. Harmondsworth (Penguin): n.y., 99–189.
Arnold, Matthew. "Dover Beach". In: *Poetical Works*. London (Macmillan): 1908, 226–227.
Artaud, Antonin. *Der Blutstrahl*. In: *Frühe Schriften; Korrespondenz mit Jacques Rivière* ed. und tr. Bernd Mattheus. München (Matthes & Seitz): 1983, 69–75.
Ayckbourn, Alan. *Absurd Person Singular*. In: *Three Plays*. London (Chatto & Windus): 1977, 11–93.
- *Bedroom Farce*. In: *Three Plays*. London (Chatto & Windus): 1977, 157–229.
- *A Chorus of Disapproval*. London (Faber & Faber): 1986.
- *Henceforward...* London (Faber & Faber): 1988.
- *Woman in Mind: December Bee*. London (Faber & Faber): 1986.
Barker, Howard. *The Bite of the Night: An Education*. London (John Calder): 1988.
- *The Castle: A Triumph*. In: *Collected Plays* vol. 1. London (John Calder): 1990, 197–249.
- *Claw: An Odyssey*. In: *Collected Plays* vol. 1. London (John Calder): 1990, 9–72.
- *Downchild*. In: *A Passion in Six Days/Downchild*. London (John Calder): 1985, 55–108.
- *The Europeans: Struggles to Love*. In: *The Europeans/Judith*. London (John Calder): 1990, vii–45.
- *Fair Slaughter*. In: *Crimes in Hot Countries/Fair Slaughter*. London (John Calder): 1984, 59–105.
- *Golgo: Sermons on Pain and Privilege*. In: *Seven Lears/Golgo*. London (John Calder): 1990, 51–81.
- *Judith: A Parting from the Body*. In: *The Europeans/Judith*. London (John Calder): 1990, 47–67.
- *The Last Supper: A New Testament*. London (John Calder): 1988.
- *The Loud Boy's Life*. In: *Two Plays for the Right*. London (John Calder): 1982, vii–67.
- *No End of Blame: Scenes of Overcoming*. In: *Collected Plays* vol. 1. London (John Calder): 1990, 73–132.
- *A Passion in Six Days*. In: *A Passion in Six Days/Downchild*. London (John Calder): 1985, 1–53.
- *Pity in History*. In: *Gambit: International Theatre Review* 11 no.41 (1984), 5–31.
- *The Possibilities*. London (Calder): 1987.
- *Scenes From an Execution*. In: *Collected Plays* vol. 1. London (John Calder): 1990, 251–305.

– *Seven Lears: The Pursuit of the Good*. In: *Seven Lears/Golgo*. London (John Calder): 1990, VI–49.
– *Stripwell*. In: *Stripwell and Claw*. London (John Calder): 1977, 7–122.
– *Victory: Choices in Reaction*. In: *Collected Plays* vol. 1. London (John Calder): 1990, 133–195.

Barnes, Peter. *Laughter!* London (Heinemann): 1981.

Beckett, Samuel. *Breath*. In: *Collected Shorter Plays*. London (Faber & Faber): 1984, 209–211.

Bill, Stephen, Anne Devlin und David Edgar. *Heartlanders: A Community Play to Celebrate Birmingham's Centenary*. London (Nick Hern): 1989.

Blake, William. "London". In: *Complete Writings* ed. Geoffrey Keynes. Oxford (Oxford University Press): 1966, 216.

Bond, Edward. *Bingo: Scenes of Money and Death*. London (Eyre Methuen): 1974.
– *Great Peace*. In: *The War Plays* vol. 2. London (Methuen): 1985, 3–63.
– *Human Cannon*. London (Methuen): 1985.
– *Lear*. In: *Plays: Two*. London (Eyre Methuen): 1978, 1–102.
– *Narrow Road to the Deep North: A Comedy*. In: *Plays: Two*. London (Eyre Methuen): 1978, 171–225.
– *Passion*. In: *Plays: Two*. London (Eyre Methuen): 1978, 237–253.
– *Poems 1978–1985*. London (Methuen): 1987.
– *Red Black and Ignorant*. In: *The War Plays* vol. 1. London (Methuen): 1985, 3–28.
– *Restoration: A Pastoral*. London (Methuen): ²1988.
– *Saved*. In: *Plays: One*. London (Eyre Methuen): 1977, 7–133.
– *The Sea: A Comedy*. In: *Plays: Two*. London (Eyre Methuen): 1978, 103–169.
– *Summer*. London (Methuen): ²1982.
– *Theatre Poems and Songs* eds. Malcolm Hay und Philip Roberts. London (Eyre Methuen): 1978.
– *The Tin Can People*. In: *The War Plays* vol. 1. London (Methuen): 1985, 31–51.
– *Two Post-Modern Plays: Jackets, In the Company of Men*. London (Methuen Drama): 1990.
– *We Come to the River*. In: *The Fool and We Come to the River*. London (Eyre Methuen): 1976, 80–126.

Boyd, John. *The Flats*. In: *Collected Plays 1*. Dundonald (Blackstaff Press): 1981, 1–85.

Branagh, Kenneth. *Public Enemy*. London (Faber & Faber): 1988.

Brecht, Bertolt. *Der gute Mensch von Sezuan*. In: *Gesammelte Werke* vol. 4 [Stücke 4]. Frankfurt am Main (Suhrkamp): 1967, 1487–1607.
– *Der kaukasische Kreidekreis*. In: *Gesammelte Werke* vol. 5 [Stücke 5]. Frankfurt am Main (Suhrkamp): 1967, 1999–2105.
– *Leben des Galilei*. In: *Gesammelte Werke* vol. 3 [Stücke 3]. Frankfurt am Main (Suhrkamp): 1967, 1229–1345.
– *Pauken und Trompeten*. In: *Gesammelte Werke* vol. 6 [Stücke 6]. Frankfurt am Main (Suhrkamp): 1967, 2617–2710.

Brenton, Howard und David Hare. *Brassneck*. London (Eyre Methuen): 1974.
– *Pravda: A Fleet Street Comedy*. London (Methuen): 1986.

Brenton, Howard und Tony Howard. *A Short Sharp Shock!* In: *Thirteenth Night and A Short Sharp Shock!* London (Eyre Methuen): 1981, 43–80.

Brenton, Howard und Tunde Ikoli. *Sleeping Policemen*. London (Methuen): 1984.

Brenton, Howard. *Bloody Poetry*. In: *Plays: Two*. London (Methuen): 1989, 233–310.

– *The Genius*. In: *Plays: Two*. London (Methuen): 1989, 161–232.
– *Greenland*. In: *Plays: Two*. London (Methuen): 1989, 311–399.
– *H.I.D. (Hess is Dead)*. London (Nick Hern): 1989.
– *Hitler Dances*. London (Methuen): 1982.
– *Plays for the Poor Theatre*. London (Methuen): 1980.
– *Revenge*. London (Methuen): 1982.
– *The Romans in Britain*. In: *Plays: Two*. London (Methuen): 1989, 1–95.
– *Thirteenth Night: A Dream Play*. In: *Plays: Two*. London (Methuen): 1989, 97–159.
Churchill, Caryl. *Cloud Nine*. London (Nick Hern): 1989.
– *Fen*. In: *Plays: Two*. London (Methuen): 1990, 143–192.
– *Serious Money*. In: *Plays: Two*. London (Methuen): 1990, 193–309.
– *Softcops*. In: *Plays: Two*. London (Methuen): 1990, 1–49.
– *Top Girls*. In: *Plays: Two*. London (Methuen): 1990, 51–141.
Clifford, John. *Inés de Castro*. In: *First Run 2: New Plays by New Writers*. London (Nick Hern): 1990, xvii–37.
Clough, David. *In Kanada*. In: *Plays Introduction: Plays By New Writers*. London (Faber & Faber): 1984, 11–91.
Daniels, Sarah. *Byrthrite*. In: *Plays: One*. London (Methuen): 1991, 329–420.
– *The Gut Girls*. London (Methuen): 1989.
– *Masterpieces*. In: *Plays: One*. London (Methuen): 1991, 159–230.
– *Neaptide*. In: *Plays: One*. London (Methuen): 1991, 231–327.
– *Ripen Our Darkness*. In: *Plays: One*. London (Methuen): 1991, 1–71.
Darke, Nick. *The Body*. London (Methuen): 1983.
Edgar, David. *Mary Barnes*. London (Methuen): [2]1984.
– *Maydays*. London (Methuen): 1983.
– *Plays: Two: (Ecclesiastes, The Life and Adventures of Nicholas Nickleby, Entertaining Strangers)*. London (Methuen Drama): 1990.
– *The Shape of the Table*. London (Nick Hern): 1990.
Eliot, T.S. *The Waste Land*. In: *The Waste Land and Other Poems*. London (Faber & Faber): 1962, 25–44.
Ellis, Michael. *Chameleon*. In: Yvonne Brewster sel. und intr. *Black Plays*. London (Methuen): 1987, 9–29.
Fagon, Alfred. *Lonely Cowboy*. In: Yvonne Brewster sel. und intr. *Black Plays*. London (Methuen): 1987, 31–67.
Farquhar, George. *The Beaux' Stratagem* ed. Michael Cordner. London (Ernest Benn): 1976.
– *The Recruiting Officer* ed. John Ross. London (Ernest Benn): 1977.
Flannery, Peter. *Singer*. London (Nick Hern): 1989.
Fletcher, John. *Babylon Has Fallen*. In: *Plays Introduction: Plays By New Writers*. London (Faber & Faber): 1984, 115–175.
Frayn, Michael. *Benefactors*. London (Methuen): 1984.
– *Noises Off*. In: *Plays: One*. London (Methuen): 1985, 359–494.
Gay, John. *The Beggar's Opera* ed. Peter Elfed Lewis. Edinburgh (Oliver & Boyd): 1973.
Gems, Pam. *Piaf*. Oxford (Amber Lane): 1979.
– *Queen Christina*. In: Mary Remnant sel. und intr. *Plays by Women* vol. 5. London (Methuen): 1986, 13–46.
Grass, Günter. *Die Plebejer proben den Aufstand: Ein deutsches Trauerspiel*. Neuwied (Luchterhand): 1966.

Gray, Simon. *Butley*. London (Methuen): 1971.
- *Otherwise Engaged*. In: *Otherwise Engaged and Other Plays*. London (Eyre Methuen): 1975, 7–60.
- *Quartermaine's Terms*. In: *Landmarks of Modern British Drama: The Plays of the Seventies*. London (Methuen): 1986, 451–523.
Griffiths, Trevor. *Oi for England*. London (Faber & Faber): 1982.
- *The Party*. London (Faber & Faber): 1974.
- *Piano*. London (Faber & Faber): 1990.
- *Real Dreams*. London (Faber & Faber): 1987.
Hampton, Christopher. *George Steiner's The Portage to San Cristobal of A.H.* London (Faber & Faber): 1983.
- *The Philanthropist: A Bourgeois Comedy*. London (Faber & Faber): ²1985.
- *Savages*. London (Faber & Faber): 1974.
- *Tales From Hollywood*. London (Faber & Faber): 1983.
Hare, David. *The Bay at Nice*. In: *The Bay at Nice and Wrecked Eggs*. London (Faber & Faber): 1986, 1–48.
- *Fanshen*. In: *The Asian Plays*. London (Faber & Faber): 1986, 1–78.
- *Knuckle*. In: *The History Plays*. London (Faber & Faber): 1984, 17–88.
- *Licking Hitler*. In: *The History Plays*. London (Faber & Faber): 1984, 89–128.
- *Murmuring Judges*. London (Faber & Faber): 1991.
- *Plenty*. In: *The History Plays*. London (Faber & Faber): 1984, 129–207.
- *Racing Demon*. London (Faber & Faber): ²1991.
- *Saigon: Year of the Cat*. In: *The Asian Plays*. London (Faber & Faber): 1986, 79–151.
- *The Secret Rapture*. London (Faber & Faber): 1988.
- *Wrecked Eggs*. In: *The Bay at Nice and Wrecked Eggs*. London (Faber & Faber): 1986, 49–94.
Harrison, Tony. *Doomsday*. In: *The Mysteries*. London (Faber & Faber): 1985, 159–229.
- *The Nativity*. In: *The Mysteries*. London (Faber & Faber): 1985, 9–87.
- *The Passion*. In: *The Mysteries*. London (Faber & Faber): 1985, 89–157.
- *Theatre Works 1973–1985*. London (Penguin): 1986.
- *The Trackers of Oxyrhynchus*. London (Faber & Faber): 1991.
Harwood, Ronald. *The Deliberate Death of a Polish Priest*. Oxford (Amber Lane): 1985.
Holinshed's Chronicle As Used in Shakespeare's Plays eds. Allardyce und Josephine Nicoll. London (J.M. Dent & Sons): 1927.
James, Lennie. *Trial and Error*. In: *Plays Introduction: Plays By New Writers*. London (Faber & Faber): 1984, 237–295.
Jellicoe, Ann. *The Sport of My Mad Mother*. London (Faber & Faber): ²1964.
John, Errol. *Moon on a Rainbow Shawl*. London (Faber & Faber): 1963.
Keeffe, Barrie. *Sus*. London (Eyre Methuen): 1979.
Kyd, Thomas. *The Spanish Tragedy* ed. J.R. Mulryne. London (Ernest Benn): 1970.
Leonard, Hugh. *Da*. In: *Da, A Life and Time Was*. Harmondsworth (Penguin): 1981, 7–85.
- *Time Was*. In: *Da, A Life and Time Was*. Harmondsworth (Penguin): 1981, 173–251.
Lucie, Doug. *Fashion*. In: *Fashion, Progress, Hard Feelings, Doing the Business*. London (Methuen Drama): 1991, 1–90.
McGrath, John. *Blood Red Roses*. In: *Two Plays for the Eighties: Blood Red Roses and Swings and Roundabouts*. Edinburgh und Aberdeen (7:84 Publications and Aberdeen People's Press): 1981, 9–87.

Monmouth, Geoffrey of. *The History of the Kings of Britain* tr. und ed. Lewis Thorpe. Harmondsworth (Penguin): 1966, 81.

Nichols, Peter. *Passion Play*. In: *Landmarks of Modern British Drama: The Plays of the Seventies*. London (Methuen): 1986, 337–443.

O'Casey, Sean. *Juno and the Paycock*. In: *Three Plays*. London (Pan): 1980, 1–73.

– *The Plough and the Stars*. In: *Three Plays*. London (Pan): 1980, 131–218.

– *The Shadow of a Gunman*. In: *Three Plays*. London (Pan): 1980, 75–130.

Orton, Joe. *Loot*. In: *The Complete Plays*. London (Methuen): 1976, 193–276.

– *What the Butler Saw*. In: *The Complete Plays*. London (Methuen): 1976, 361–448.

Osborne, John. *The Entertainer*. London (Faber & Faber): 1961.

– *Look Back in Anger*. London (Faber & Faber): 1960.

Oshodi, Maria. *Blood Sweat and Fears* [sic]. In: Yvonne Brewster ed. *Black Plays: Two*. London (Methuen): 1989, 93–142.

Page, Louise. *Golden Girls*. London (Methuen): 1985.

Parker, Stewart. *Catchpenny Twist*. London (Samuel French): 1984.

Pinnock, Winsome. *A Rock in Water*. In: Yvonne Brewster ed. *Black Plays: Two*. London (Methuen): 1989, 45–91.

Pinter, Harold. *Mountain Language*. London (Faber & Faber): 1988.

– *One for the Road*. London (Methuen): 1985.

– *Reunion*. In: *The Comfort of Strangers and Other Screenplays*. London (Faber & Faber): 1990, 53–99.

Pomerance, Bernard. *The Elephant Man*. New York (Grove Press): 1979.

Purvis, J.S. ed. *The York Cycle of Mystery Plays*. London (SPCK): 1978.

Rattigan, Terence. *Cause Célèbre*. London (Samuel French): 1978.

Reid, Graham. *Remembrance*. London (Faber & Faber): 1985.

Rudet, Jacqueline. *Basin*. In: Yvonne Brewster sel. und intr. *Black Plays*. London (Methuen): 1987, 113–139.

– *Money to Live*. In: Mary Remnant sel. und intr. *Plays by Women* vol. 5. London (Methuen): 1986, 145–179.

Rudkin, David. *Afore Night Come*. In: *New English Dramatists* vol. 7. Harmondsworth (Penguin): 1963, 73–139.

– *Ashes*. London (Samuel French): 1974.

– *Penda's Fen*. London (Davis-Poynter): 1975.

– *The Triumph of Death*. London (Eyre Methuen): 1981.

– *The Saxon Shore*. London (Methuen): 1986.

– *The Sons of Light*. London (Eyre Methuen): 1981.

Russell, Willy. *Educating Rita*. In: *Educating Rita, Stags and Hens and Blood Brothers: Two Plays and a Musical*. London (Methuen Drama): 1988, 167–232.

Shaffer, Anthony. *Murderer*. London (Marion Boyars): 1979.

– *Sleuth*. New York (Dodd, Mead & Co.): 1970.

Shaffer, Peter. *Amadeus*. In: *Landmarks of Modern British Drama: The Plays of the Seventies*. London (Methuen): 1986, 219–327.

– *Black Comedy*. London (Samuel French): 1967.

– *Equus*. Harmondsworth (Penguin): 1977.

– *Lettice and Lovage: A Comedy In Three Acts*. In: *Lettice and Lovage and Yonadab*. London (Penguin): 1989, 1–78.

– *The Royal Hunt of the Sun*. Harmondsworth (Penguin): 1981.

– *Whom Do I Have the Honour of Addressing?* London (André Deutsch): 1990.
– *Yonadab.* In: *Lettice and Lovage and Yonadab.* London (Penguin): 1989, 79–182.
Shakespeare, William. *Hamlet* ed. Harold Jenkins [The Arden Shakespeare]. London (Methuen): 1982.
– *King Lear* ed. Kenneth Muir [The Arden Shakespeare]. London (Methuen): 1972.
– *King Richard III* ed. Antony Hammond [The Arden Shakespeare]. London (Methuen): 1981.
– *The Merchant of Venice* ed. John Russell Brown [The Arden Shakespeare]. London (Methuen): 1964.
– *A Midsummer Night's Dream* ed. Harold F. Brooks [The Arden Shakespeare]. London (Routledge): ²1983.
– *Romeo and Juliet* ed. Brian Gibbons [The Arden Shakespeare]. London (Methuen): 1980.
Simpson, N.F. *One Way Pendulum: A Farce in A New Dimension.* London (Faber & Faber): 1975.
– *A Resounding Tinkle.* London (Faber & Faber): 1968.
Stoppard, Tom. *Jumpers.* London (Faber & Faber): ²1986.
– *Hapgood.* London (Faber & Faber): 1988.
– *The Real Thing.* London (Faber & Faber): 1982.
– *Squaring the Circle.* In: *Squaring the Circle with Every Good Boy Deserves Favour and Professional Foul.* London (Faber & Faber): 1984, 23–96.
– *Travesties.* London (Faber & Faber): 1975.
Taylor, C.P. *Good.* In: *Good & And a Nightingale Sang...* London (Methuen Drama): 1990, n.p.–72.
Tourneur, Cyril. *The Revenger's Tragedy* ed. Brian Gibbons. London (Ernest Benn): 1967.
Turrini, Peter. *Tod und Teufel: Eine Kolportage.* Frankfurt am Main (Luchterhand): 1990.
Vanbrugh, John. *The Relapse* ed. Bernard Harris. London (A. & C. Black): 1986.
Walcott, Derek. *Ti-Jean and His Brothers.* In: Errol Hill ed. *Plays for Today.* Harlow (Longman): 1985, 21–71.
Wertenbaker, Timberlake. *The Grace of Mary Traverse.* London (Faber & Faber): 1985.
– *New Anatomies.* In: *Plays Introduction: Plays By New Writers.* London (Faber & Faber): 1984, 297–339.
– *Our Country's Good.* London (Methuen): rev. ed. 1989.
Wesker, Arnold. *Caritas.* In: *Volume 6: Lady Othello and Other Plays.* London (Penguin): 1990, 57–115.
– *I'm Talking About Jerusalem.* In: *The Wesker Trilogy.* Harmondsworth (Penguin): 1964, 151–219.
– *The Kitchen.* In: *The Plays of Arnold Wesker* vol 1. New York (Harper & Row): 1976, 1–77.
Williams, Heathcote. *AC/DC.* London (John Calder): 1982.
Wilson, Snoo, David Hare, Howard Brenton, David Edgar et al. *England's Ireland.* 1972. [Verschollen. Cf. Kapitel 3.1].
Zephaniah, Benjamin. *Job Rocking.* In: Yvonne Brewster ed. *Black Plays: Two.* London (Methuen): 1989, 143–173.

Forschungsliteratur

Zusätzliche Literaturangaben zum englischen Drama zwischen 1956 und 1980 finden sich in der großen, nicht nur England abdeckenden Bibliographie Charles Carpenters (1986) und in der teilweise durch Carpenter überholten, aber nützliche Kommentare und Inhaltsangaben bietenden Bibliographie Kimball Kings (1977). Beide Titel sind im folgenden verzeichnet. Das wichtigste bibliographische Hilfsmittel für den Zeitraum seit 1981 ist Carpenters jährlich in der Juninummer von *Modern Drama* erscheinende Bibliographie. Deutschsprachige Forschungsliteratur, allerdings nur Monographien in Auswahl, wird auch in den Jahrbüchern von *Theater Heute* dokumentiert.

Abel, Lionel. *Metatheatre*. New York (Hill & Wang): 1963.

Abrams, Meyer H. *A Glossary of Literary Terms*. New York (Holt, Rinehart and Winston): ⁵1988.

Anderson, Michael. "Word and Image: Aspects of Mimesis in Contemporary British Theatre". In: James Redmond ed. *Drama and Mimesis*. Cambridge (Cambridge University Press): 1980, 139–153.

Anon. *Playwrights: A Species Still Endangered?* London (The Theatre Writers' Union): 1987.

Ansorge, Peter. *Disrupting the Spectacle: Five Years of Experimental and Fringe Theatre in Britain*. London (Pitman): 1975.

Arden, John. "Cultural Churches: And Work-in-Progress". In: *Englisch-Amerikanische Studien* 8 (1986), 469–473.

Armitstead, Claire. "Shaffer's Pen". In: *Plays & Players* (November 1987), 6–8.

Artaud, Antonin. "States of Mind: 1921–1945". In: *Tulane Drama Review* 8 no.2 (1963), 30–73.

– *Das Theater und sein Double – Das Théâtre de Séraphin*. Frankfurt am Main (Fischer Taschenbuch): 1979.

Astley, Neil ed. *Tony Harrison*. Newcastle upon Tyne (Bloodaxe): 1991.

Attar, Samar. *The Intruder in Modern Drama*. Frankfurt am Main (Peter Lang): 1981.

Auden, W.H. "Dingley Dell and the Fleet". In: *The Dyer's Hand and Other Essays*. London (Faber & Faber): 1963, 407–428.

Bach, Susanne. *Grenzsituationen in den Dramen Peter Shaffers*. Frankfurt am Main (Peter Lang): 1992.

Baldwin, Hélène L. "*Equus*: Theater of Cruelty or Theater of Sensationalism?" In: *West Virginia University Philological Papers* 25 (1979), 118–127.

Barker, Clive. "The Politicisation of the British Theatre". In: *Englisch-Amerikanische Studien* 2 (1980), 267–278.

Barker, Howard, Malcolm Hay und Simon Trussler. "Energy – And the Small Discovery of Dignity". In: *Theatre Quarterly* 10 no.40 (1981), 3–14.

Barker, Howard. *Arguments for a Theatre*. London (John Calder): 1989.

– [Gespräch mit Peter Paul Schnierer, 17.3.1993].

– "A Note on the Text". In: *Two Plays for the Right*. London (John Calder): 1982, 9.

– "Oppression, Resistance, and the Writer's Testament". In: *New Theatre Quarterly* no.2 (1986), 336–344.

– "The Possibilities". In: *Plays & Players* (March 1988), 8–9.

Barnes, Philip A. *A Companion to Post-War British Theatre*. London (Croom Helm): 1986.

Barthes, Roland. *Literatur oder Geschichte* tr. Helmut Scheffel. Frankfurt am Main (Suhrkamp): 1969.

Bassnet, Susan. "A New Elizabethan Age or the End of Enlightenment?" In: *Englisch-Amerikanische Studien* 8 (1986), 411–417.

Bassnett-McGuire, Susan E. "Towards a Theory of Women's Theatre". In: Herta Schmid und A. van Kesteren eds. *Semiotics of Drama and Theatre: New Perspectives in the Theory of Drama and Theatre*. Amsterdam (Benjamins): 1984, 445–466.

Beacham, Richard. "Brenton Invades Britain: The *Romans in Britain* Controversy". In: *Theater* 12 (1981), 34–37.

Becker, Peter von. "Apokalypse albern". In: *Theater Heute* 25 no.6 (1984), 59.

– "Auschwitz Revue?" In: *Die Zeit*: 29.5.1992.

Benecke, Bernd. [Theaterkritik: *Singer* von Peter Flannery]. In: *Star Sat Radio*. München (Transkript des Münchner Residenztheaters): 31.5.1992, n.p.

Bennett, Susan. "At the End of The Great Radical Tradition? Recent Plays by Howard Brenton". In: *Modern Drama* 33 (1990), 409–418.

Berger, Dieter A. "Ästhetik des Spiels im zeitgenössischen britischen Drama". In: *Forum Modernes Theater* 3 (1988), 17–30.

– "Künstlerdethronisierung als dramatisches Prinzip: Zur Ästhetik des Gegenwartstheaters in Großbritannien". In: Christian W. Thomsen ed. *Studien zur Ästhetik des Gegenwartstheaters*. Heidelberg (Winter): 1985, 209–224.

Betsko, Kathleen und Rachel Koenig eds. *Interviews with Contemporary Women Playwrights*. New York (Beech Tree): 1987.

Bigsby, C.W.E. *A Critical Introduction to Twentieth-Century American Drama*. Cambridge (Cambridge University Press): 3 vols. 1982–85.

– "The Language of Crisis in British Theatre: The Drama of Cultural Pathology". In: C.W.E. Bigsby ed. *Contemporary English Drama*. London (Edward Arnold): 1981, 11–51.

– "The Politics of Anxiety: Contemporary Socialist Theatre in England". In: *Modern Drama* 24 (1981), 393–403.

Billington, Michael. *Alan Ayckbourn*. London (Macmillan): ²1990.

– [Review of *The Mysteries*, in: *The Guardian*, 21.1.1985]. Repr. in: Neil Astley ed. *Tony Harrison*. Newcastle upon Tyne (Bloodaxe): 1991, 324.

– "Theater zwischen Mythos und Musical". In: *Theater Heute Jahrbuch* (1985), 24–31.

Black, Sebastian. "Makers of Real Shapes: Christopher Hampton and his Story-tellers". In: *Modern Drama* 25 (1982), 207–221.

Blaicher, Günther ed. *Erstarrtes Denken: Studien zu Klischee, Stereotyp und Vorurteil in englischsprachiger Literatur*. Tübingen (Narr): 1987.

Blau, Herbert. "Comedy Since the Absurd". In: *Modern Drama* 25 (1982), 545–568.

– *The Eye of Prey: Subversions of the Postmodern*. Bloomington (Indiana University Press): 1987.

– "Odd, Anonymous Needs: The Audience in a Dramatized Society". In: *Performing Arts Journal* 26/27 (1985), 199–212.

– "The Remission of Play". In: Ihab und Sally Hassan eds. *Innovation/Renovation: New Perspectives on the Humanities*. Madison (Wisconsin University Press): 1983, 161–188.

– *Take up the Bodies: Theatre at the Vanishing Point*. Urbana (University of Illinois Press): 1982.

Bleike, Werner. *Prods, Taigs and Brits: Die Ulster-Krise als Thema im nordirischen und britischen Gegenwartsdrama*. Frankfurt am Main (Peter Lang): 1990.

Bloom, Michael. "A Kinder, Gentler David Hare". In: *American Theatre* 6 (1989), 30–34.

Bly, Mark und Doug Wager. "Theater of the Extreme: An Interview with Peter Barnes". In: *Theater* 12 (1981), 43–48.

Bock, Hedwig und Albert Wertheim eds. *Essays on Contemporary British Drama*. München (Hueber): 1981.

Boireau, Nicole. "British Women Dramatists in the Seventies and Eighties: Values and Strategies". In: Wolfgang Lippke ed. *British Drama in the Eighties and Beyond*. Siegen (Universität Gesamthochschule Siegen): 1991, 65–92.

Bond, Edward. "From Rationalism to Rhapsody". In: *Canadian Theatre Review* 23 (1979), 108–113.

– [Gespräch mit Peter Paul Schnierer, 18.2.1990].

– "Introduction: The Rational Theatre". In: *Plays: Two*. London (Methuen): 1978, ix–xviii.

– "A Note on Dramatic Method". In: *The Bundle, or New Narrow Road to the Deep North*. London (Eyre Methuen): 1978, vii–xxi.

– "The Romans and the Establishment's Fig Leaf". In: *Theater* 12 (1981), 38–42.

Boon, Richard. "Retreating to the Future: Brenton in the Eighties". In: *Modern Drama* 33 (1990), 30–41.

Branagh, Kenneth. *Beginning*. London (Pan): 1990.

– "Introduction". In: *Public Enemy*. London (Faber & Faber): 1988, vii–ix.

Brandt, George W. ed. *British Television Drama*. Cambridge (Cambridge University Press): 1981.

Brater, Enoch und Ruby Cohn eds. *Around the Absurd: Essays on Modern and Postmodern Drama*. Ann Arbor (University of Michigan Press): 1990.

Brater, Enoch ed. *Feminine Focus: The New Women Playwrights*. Oxford (Oxford University Press): 1989.

Brauneck, Manfred und Gérard Schneilin eds. *Theaterlexikon: Begriffe und Epochen, Bühnen und Ensembles*. Reinbek bei Hamburg (Rowohlt Taschenbuch): ³1992.

Brauneck, Manfred. *Theater im 20. Jahrhundert: Programmschriften, Stilperioden, Reformmodelle*. Reinbek (Rowohlt Taschenbuch): ²1986.

Brecht, Bertolt. "Das epische Theater". In: *Gesammelte Werke* vol. 15 [Schriften zum Theater 1]. Frankfurt am Main (Suhrkamp): 1967, 262–316.

– "Kleines Organon für das Theater". In: *Gesammelte Werke* vol. 16 [Schriften zum Theater 2]. Frankfurt am Main (Suhrkamp): 1967, 659–700.

– [Zum V-Effekt]. In: *Gesammelte Werke* vol. 15 [Schriften zum Theater 1], Frankfurt am Main (Suhrkamp): 1967, 358–379.

Brenton, Howard, Malcolm Hay und Philip Roberts. "Interview". In: *Performing Arts Journal* 3 (1979), 134–141.

Brenton, Howard, Catherine Itzin und Simon Trussler. "Petrol Bombs Through the Proscenium Arch". In: *Theatre Quarterly* 5 no.17 (1975), 4–20.

Brenton, Howard. "A Load of Old Tat". In: Wolfgang Lippke ed. *British Drama in the Eighties and Beyond*. Siegen (Universität Gesamthochschule Siegen): 1991, 53–63.

– "The Red Theatre under the Bed". In: *New Theatre Quarterly* no.11 (1987), 195–201.

– "Take the Mickery". In: *Plays & Players* (March 1990), 26–27.

Broich, Ulrich und Manfred Pfister eds. *Intertextualität: Formen, Funktionen, anglistische Fallstudien*. Tübingen (Niemeyer): 1985.

Brook, Peter et al. "Private Experiment – In Public" [repr. of interview in *Plays and Players*, February 1964]. In: David Williams comp. *Peter Brook: A Theatrical Casebook*. London (Methuen): 1988, 29–33.

Brook, Peter. *The Empty Space*. Harmondsworth (Pelican): 1972.

– "Foreword". In: *Charles Marowitz, Prospero's Staff: Acting and Directing in the Contemporary Theatre*. Bloomington (Indiana University Press): 1986, ix–xiii.

Brown, John Russell ed. *Modern British Dramatists: New Perspectives*. Englewood Cliffs, NJ (Prentice-Hall): 1984.

Brown, John Russell. *A Short Guide to Modern British Drama*. London (Heinemann Educational): 1982.

Brownstein, Oscar und Darlene M. Daubert. *Analytical Sourcebook of Concepts in Dramatic Theory*. Westport, Ct. (Greenwood Press): 1981.

Buckroyd, Peter. "British Drama 1975–1985". In: *Rocky Mountains Review of Language and Literature* 40 (1986), 49–66.

Buhmann, Detlef. *Edward Bond: Theater zwischen Psyche und Politik*. Frankfurt am Main (Peter Lang): 1988.

Bull, John. "Left to Right: English Theatre in the 1980s". In: *Englisch-Amerikanische Studien* 8 (1986), 401–410.

– *New British Political Dramatists: Howard Brenton, David Hare, Trevor Griffiths and David Edgar*. London (Macmillan): 1984.

Burns, Elizabeth. *Theatricality: A Study of Convention in the Theatre and in Social Life*. London (Longman): 1972.

Burton, Rosemary. "Tony Harrison: An Introduction". In: Neil Astley ed. *Tony Harrison*. Newcastle (Bloodaxe): 1991, 14–31.

Butcher, Patrick. "The Loud Boy's Life". In: *Plays & Players* (March 1980), 21.

Cameron, Ben. "Howard Brenton: The Privilege of Revolt". In: *Theater* 12 (1981), 28–33.

Carlson, Susan. "Comic Collisions: Convention, Rage, and Order". In: *New Theatre Quarterly* no.12 (1987), 303–316.

– "Process and Product: Contemporary British Theatre and Its Communities of Women". In: *Theatre Research International* 13 (1988), 249–263.

– "Self and Sexuality: Contemporary British Women Playwrights and the Problem of Sexual Identity". In: *Journal of Dramatic Theory and Criticism* 3 (1989), 157–178.

Carpenter, Charles A. "Bond, Shaffer, Stoppard, Storey: An International Checklist of Commentary". In: *Modern Drama* 24 (1981), 546–556.

– *Modern Drama Scholarship and Criticism 1966–1980: An International Bibliography*. Toronto (University of Toronto Press): 1986.

Case, Sue-Ellen. *Feminism and Theatre*. Basingstoke (Macmillan): 1988.

Cave, Richard Allen. *New British Drama in Performance on the London Stage: 1970 to 1985*. Gerrards Cross (Smythe): 1987.

Cawood, Mal. "Whistling In The Wilderness: Edward Bond's Most Recent Plays". In: *Red Letters: A Journal of Cultural Politics* 19 (May 1986), 11–23.

Chambers, Colin und Mike Prior. *Playwright's Progress: Patterns of Postwar British Drama*. Oxford (Amber Lane): 1987.

Churchill, Caryl. "The Common Imagination and the Individual Voice". In: *New Theatre Quarterly* no.13 (1988), 3–16.

Clum, John M. "'A culture that isn't just sexual': Dramatizing Gay Male History". In: *Theatre Journal* 41 (1989), 169–189.

Cohn, Ruby. *Retreats from Realism in Recent English Drama*. Cambridge (Cambridge University Press): 1991.

– "Theater in Recent English Theater". In: *Modern Drama* 30 (1987), 1–13.

Cook, Judith. *Director's Theatre: Sixteen Leading Directors on the State of Theatre in Britain Today*. London (Hodder & Stoughton): 1989.

Cooke, Virginia und Malcolm Page. *File on Shaffer*. London (Methuen): 1987.

Cornish, Roger und Violet Ketels. "General Introduction". In: dies. eds. *Landmarks of Modern British Drama: The Plays of the Seventies*. London (Methuen): 1986, vii–xxxii.

Couling, Della. "Fringe Forever". In: *Theater Heute* 28 no.9 (1987), 28–31.

Cousin, Geraldine. *Churchill, the Playwright*. London (Methuen): 1989.

Craig, Sandy ed. *Dreams and Deconstructions: Alternative Theatre in Britain*. Ambergate (Amber Lane): 1980

Dallas, Karl. [Review of *The Mysteries*, in: *Morning Star*, 21.12.1985]. Repr. in: Neil Astley ed. *Tony Harrison*. Newcastle upon Tyne (Bloodaxe): 1991, 325–326.

Davidson, Clifford. *From Creation to Doom: The York Cycle of Mystery Plays*. New York (AMS Press): 1984.

Davies, Andrew. *Other Theatres: The Development of Alternative and Experimental Theatre in Britain*. London (Macmillan Education): 1987.

Davison, Peter. *Contemporary Drama and the Popular Dramatic Tradition in England*. London (Macmillan): 1982.

Dean, Joan FitzPatrick. *David Hare*. Boston (Twayne Publishers): 1990.

Derrida, Jacques. "Die soufflierte Rede". In: *Die Schrift und die Differenz* tr. Rodolphe Gasché. Frankfurt am Main (Suhrkamp Taschenbuch): 1976, 259–301.

– "Das Theater der Grausamkeit und die Geschlossenheit der Repräsentation". In: *Die Schrift und die Differenz* tr. Rodolphe Gasché. Frankfurt am Main (Suhrkamp Taschenbuch): 1976, 351–379.

DiGaetani, John L. *A Search for a Postmodern Theater: Interviews With Contemporary Playwrights*. New York (Greenwood): 1991.

Dohmen, William F. "'Wise Fools' and Their Disciples in the Development of Edward Bond's Drama". In: *Kansas Quarterly* 12 (1980), 53–61.

Doty, Gresdna A. und Billy J. Harbin eds. *Inside the Royal Court Theatre, 1956–1981: Artists Talk*. Baton Rouge (Louisiana State University Press): 1990.

Draudt, Manfred. "Comic, Tragic, or Absurd?: On Some Parallels Between the Farces of Joe Orton and Seventeenth-Century Tragedy". In: *English Studies* 59 (1978), 202–217.

Dukore, Bernard F. "Newer Peter Barnes, With Links to the Past". In: *Essays in Theatre* 5 (1986), 47–59.

– "People Like You and Me: The Auschwitz Plays of Peter Barnes and C.P. Taylor". In: *Essays in Theatre* 3 (1985), 108–124.

Dunn, Tony. "Domesticity and Beyond: Culture and Theatre in 1980s Britain". In: *Englisch-Amerikanische Studien* 8 (1986), 427–433.

– "Howard Barker in the Pit". In: *Plays & Players* (October 1985), 9–10.

– "Howard Barker: Socialist Playwright for Our Times". In: *Gambit: International Theatre Review* 11 no.41 (1984), 59–91.

Dutton, Richard. *Modern Tragicomedy and the British Tradition: Beckett, Pinter, Stoppard, Albee and Storey*. Brighton (Harvester Press): 1986.

Eberle, Thomas. *Peter Shaffer: An Annotated Bibliography*. New York (Garland Publishing): 1991.

Edgar, David. "Address at Giessen Stadttheater, 30 September 1980". In: Herbert Grabes ed. *Anglistentag 1980 Gießen: Tagungsbeiträge und Berichte*. Grossen-Linden (Hoffmann): 1981, 179–188.

– *The Second Time as Farce: Reflections on the Drama of Mean Times*. London (Lawrence & Wishart): 1988.

– "Ten Years of Political Theatre, 1968–78". In: *Theatre Quarterly* 8 no.32 (1979), 25–33.

Eichler, Rolf. "Caryl Churchills Theater: Das Unbehagen an der Geschlechterdifferenz". In: B. Reitz und H. Zapf eds. *British Drama in the 1980s: New Perspectives*. Heidelberg (Winter): 1990, 139–152.

Elliott, John R., Jr. *Playing God: Medieval Mysteries on the Modern Stage*. Toronto (University of Toronto Press): 1989.

Elsom, John und Nicholas Tomalin. *The History of the National Theatre*. London (Jonathan Cape): 1978.

Elsom, John. "Commitment as a Form of Privilege". In: *Contemporary Review* 249 no.1447 (1986), 83–88.

– *Post-War British Theatre*. London (Routledge & Kegan Paul): ^{2}1979.

Empson, William. *Some Versions of Pastoral*. London (Hogarth Press): 1986 (repr. of ^{2}1974).

Enkemann, Jürgen. "Nichtliterarische Theaterformen: Zu ihrem Vordringen in Großbritannien seit den 60er Jahren". In: Hans-Werner Ludwig ed. *Anglistentag 1987 Tübingen: Vorträge*. Gießen (Hoffmann): 1988, 57–71.

Erven, Eugène van. "7:84 in 1985: 14 Years of Radical Popular Theater in Great Britain". In: *Minnesota Review* 27 (1986), 103–116.

Esslin, Martin. *Artaud*. London (John Calder): 1976.

– "Brecht und das englische Theater". In: Klaus Peter Steiger ed. *Das englische Drama nach 1945*. Darmstadt (Wissenschaftliche Buchgesellschaft): 1983, 143–156.

– "Drama and the Media in Britain". In: *Modern Drama* 28 (1985), 99–109.

– "Das englische Theater der letzten 20 Jahre oder: Wie aus keinem gleich zwei Nationaltheater entstehen". In: *Theater Heute* 22 no.2 (1981), 55–59.

– "Das englische Theater heute: Ein Überblick". In: *Forum Modernes Theater* 2 (1987), 63–68.

– "*Mountain Language* Opens in London". In: *Pinter Review* 2 (1988), 76–78.

– "Tales from Hollywood". In: *Plays & Players* (November 1983), 16–17.

– *The Theatre of the Absurd*. Harmondsworth (Pelican): ^{3}1980.

Etherton, Michael. *Contemporary Irish Dramatists*. Basingstoke (Macmillan): 1989.

Evans, Bertrand. *Gothic Drama from Walpole to Shelley*. Berkeley (University of California Press): 1947.

Fasse, Ferdinand. *Geschichte als Problem von Literatur: Das 'Geschichtsdrama' bei Howard Brenton und Rolf Hochhuth*. Frankfurt am Main (Peter Lang): 1983.

Fehse, Klaus-Dieter und Norbert H. Platz eds. *Das zeitgenössische englische Drama: Einführung, Interpretation, Dokumentation*. Frankfurt am Main (Athenäum Fischer): 1975.

Fiedler, Leonhard M. "Geschichten aus Hollywood". In: *Theater Heute* 23 no.9 (1982), 15–17.

Fietz, Lothar. *Funktionaler Strukturalismus: Grundlegung eines Modells zur Beschreibung von Text und Textfunktion*. Tübingen (Niemeyer): 1976.

– *Strukturalismus: Eine Einführung*. Tübingen (Gunter Narr): ^{2}1992.

– "Variationen des Themas vom 'Fragmentarischen Existieren' im zeitgenössischen englischen Drama: Pinter, Bond, Shaffer". In: *Anglia* 98 (1980), 383–402.

Finter, Helga. "Das Kameraauge des postmodernen Theaters". In: Christian W. Thomsen ed. *Studien zur Ästhetik des Gegenwartstheaters*. Heidelberg (Winter): 1985, 46–70.

Fischer-Seidel, Therese. "Mythos und sein Wandel in den Dramen Harold Pinters: Von *The Birthday Party* zu *Mountain Language*". In: B. Reitz und H. Zapf eds. *British Drama in the 1980s: New Perspectives*. Heidelberg (Winter): 1990, 107–124.

FitzGerald, Ann. "The Modern Jacobean". In: *Plays & Players* (November 1989), 6–8.

Fitzpatrick, Peter. "Bond's Lear – A Study in Conventions". In: O. Zuber-Skerritt ed. *Page to Stage: Theatre as Translation*. Amsterdam (Rodopi): 1984, 137–144.

Fitzsimmons, Linda. *File on Churchill*. London (Methuen): 1989.

– "I Won't Turn Back for You or Anyone: Caryl Churchill's Socialist-Feminist Theatre". In: *Essays in Theatre* 6 (1987), 19–29.

Fowler, Richard. "The Four Theatres of Jerzy Grotowski: An Introductory Assessment". In: *New Theatre Quarterly* no.1 (1985), 173–178.

Free, William J. "Mischief and Frustration in David Hare's *Knuckle*". In: Karelisa V. Hartigan ed. *The Legacy of Thespis* vol. 4. Lanham (University Press of America): 1984, 23–29.

Fuchs, Elinor. "The Mysterium: A Modern Dramatic Genre". In: *Theater Three* 1 (1986), 73–88.

– "Presence and the Revenge of Writing: Re-thinking Theatre After Derrida". In: *Performing Arts Journal* 26/27 (1985), 163–173.

Gale, Steven H. "Sex and Politics: David Hare's *Plenty*". In: James Redmond ed. *Drama, Sex and Politics*. Cambridge (Cambridge University Press): 1985, 213–220.

– "The Variable Nature of Reality: Harold Pinter's Plays in the 1970s". In: *Kansas Quarterly* 12 (1980), 17–24.

Gaspar, Karl. "Passion Play, Philippines, 1984". In: *New Theatre Quarterly* 2 (1986), 12–15.

Geraths, Armin. "Bemerkungen zum britischen Musical der achtziger Jahre mit einem skeptischen Seitenblick auf *Blood Brothers* und Marilyn Monroe". In: B. Reitz und H. Zapf eds. *British Drama in the 1980s: New Perspectives*. Heidelberg (Winter): 1990, 93–106.

Gianakaris, C.J. *Peter Shaffer*. Basingstoke (Macmillan): 1992.

– "Placing Shaffer's *Lettice and Lovage* in Perspective". In: *Comparative Drama* 22 (1988), 145–161.

Gillespie, Michael. "Peter Shaffer: 'To Make Whatever God There Is'". In: *Claudel Studies* 9 no.2 (1982), 61–70.

Glaap, Albert-Reiner. "Aus der Werkstatt englischer Dramatiker: Alan Ayckbourn, Ronald Harwood, Louise Page". In: *Forum Modernes Theater* 3 (1990), 87–103.

– "*Noises Off* and *Jitters*: Two Comedies of Backstage Life". In: *Canadian Drama/L'Art dramatique canadien* 13 no.2 (1987), 210–215.

– "Zeitgenössische englische Dramen als Beiträge zur Auseinandersetzung mit dem Nationalsozialismus". In: Renate Haas und Christine Klein-Braley eds. *Literatur im Kontext: Festschrift für Helmut Schrey zum 65. Geburtstag am 6.1.1985*. Sankt Augustin (Richarz): 1985, 209–220.

Glenn, Jules. "Twins in the Theater: A Study of Plays by Peter and Anthony Shaffer". In: Norman Kiell ed. *Blood Brothers: Siblings as Writers*. New York (International Universities Press): 1983, 277–299.

Goetsch, Paul ed. *English Dramatic Theories IV: 20th Century*. Tübingen (Niemeyer): 1972.

Goetsch, Paul. *Bauformen des modernen englischen und amerikanischen Dramas*. Darmstadt (Wissenschaftliche Buchgesellschaft): ^{2}1992.

Gooch, Steve. "'Little enough has been changed'". In: *Englisch-Amerikanische Studien* 8 (1986), 476–481.

Gordon, Giles. "York Festival and Mystery Plays". In: *Plays & Players* (July 1984), 32.

Gordon, Lois ed. *Harold Pinter: A Casebook*. New York (Garland): 1990.

Gordon, Mel. *The Grand Guignol: Theatre of Fear and Terror*. New York (Amok Press): 1988.

Gottlieb, Vera. "Thatcher's Theatre – or, After *Equus*". In: *New Theatre Quarterly* no.14 (1988), 99–104.

Gray, Frances und Janet Bray. "The Mind as a Theatre: Radio Drama since 1971". In: *New Theatre Quarterly* no.1 (1985), 292–300.

Greiff, Louis K. "Two for the Price of One: Tragedy and the Dual Hero in *Equus* and *The Elephant Man*". In: Karelisa V. Hartigan ed. *Within the Dramatic Spectrum* vol. 6. Lanham (University Press of America): 1986, 64–77.

Griffiths, Trevor R. und Carole Woddis. *Bloomsbury Theatre Guide*. London (Bloomsbury): 1988.

Gross, Robert ed. *Christopher Hampton: A Casebook*. New York (Garland): 1990.

Grotowski, Jerzy et al. *Towards a Poor Theatre*. New York (Touchstone): 1968.

Hahnloser-Ingold, Margrit. *Das englische Theater und Bert Brecht: Die Dramen von W.H. Auden, John Osborne, John Arden in ihrer Beziehung zum epischen Theater von Bert Brecht und den gemeinsamen elisabethanischen Quellen*. Bern (Francke): 1970.

Hampton, Christopher. [Gespräch mit Peter Paul Schnierer, 25.2.1991].

– "Die Impotenz der Intellektuellen". In: *Theater Heute* 24 no.5 (1983), 28–29.

Hanna, Gillian. "Waiting for Spring to Come Again: Feminist Theatre, 1978 and 1989". In: *New Theatre Quarterly* no.21 (1990), 43–56.

Hare, David und Judy Lee Oliva. "An Interview with David Hare". In: Judy Lee Oliva, *David Hare: Theatricalizing Politics*. Ann Arbor (UMI Research Press): 1990, 165–181.

Hare, David. "Introduction". In: *The Asian Plays*. London (Faber & Faber): 1986, vii–xiv.

– "Introduction". In: *The History Plays*. London (Faber & Faber): 1984, 9–16.

Hart, Lynda. "Introduction: Performing Feminism". In: dies. ed. & intr. *Making a Spectacle: Feminist Essays on Contemporary Women's Theatre*. Ann Arbor (The University of Michigan Press): 1989, 1–21.

Harty, John, ed. *Tom Stoppard: A Casebook*. New York (Garland): 1988.

Hay, Malcolm und Philip Roberts. *Edward Bond: A Companion to the Plays*. London (Theatre Quarterly Publications): 1978.

Hay, Malcolm. "Edward Bond: British Secret Playwright". In: *Plays & Players* (June 1985), 8–9.

– "The Saxon Shore". In: *Plays & Players* (April 1986), 30.

Hayman, Ronald. *Artaud and After*. Oxford (Oxford University Press): 1977.

– *British Theatre Since 1955: A Reassessment*. Oxford (Oxford University Press): 1979.

Hern, Nicholas. "Theater in London heute" tr. Frank-Thomas Mende. In: *Neue Rundschau* 91 no.4 (1980), 174–185.

Hern, Nick. "British Drama in the Eighties: An Editor's View". In: Wolfgang Lippke ed. *British Drama in the Eighties and Beyond*. Siegen (Universität Gesamthochschule Siegen): 1991, 177–188.

Hinden, Michael. "Trying to Like Shaffer". In: *Comparative Drama* 19 (1985), 14–29.

– "'Where All the Ladders Start': The Autobiographical Impulse in Shaffer's Recent Work". In: C.J. Gianakaris ed. *Peter Shaffer: A Casebook.* New York (Garland): 1991, 151–169.

Hirst, David L. *Comedy of Manners.* London (Methuen): 1979.

– *Edward Bond.* Basingstoke (Macmillan): 1985.

Höfele, Andreas. "The Writer on Stage: Some Contemporary British Plays about Authors". In: B. Reitz und H. Zapf eds. *British Drama in the 1980s: New Perspectives.* Heidelberg (Winter): 1990, 79–91.

Hornby, Richard. *Drama, Metadrama, and Perception.* Lewisburg, PA (Bucknell University Press): 1986.

Hughes, G.E.H. "Edward Bond's *Restoration*". In: *Critical Quarterly* 25 no.4 (1983), 77–81.

Humphrey, Richard. "The Stage in a State: Public Financing of the Theatre in the First Thatcher Decade – an Historical Review". In: B. Reitz und H. Zapf eds. *British Drama in the 1980s: New Perspectives.* Heidelberg (Winter): 1990, 15–36.

Hutchings, William. "'Creative Vandalism' Or, A Tragedy Transformed: Howard Barker's 'Collaboration' with Thomas Middleton on the 1986 Version of *Women Beware Women*". In: Karelisa V. Hartigan ed. *Text and Presentation* vol. 8. Lanham (University Press of America): 1988, 93–101.

– "'Much Ado About Almost Nothing' Or, The Pleasures of Plotless Plays". In: Karelisa V. Hartigan ed. *Within the Dramatic Spectrum* vol. 6. Lanham (University Press of America): 1986, 107–114.

Iking, Petra. "'To be hoist with one's own petard': Zur Interaktionsstruktur von Peter Shaffers *Lettice and Lovage*". In: B. Reitz und H. Zapf eds. *British Drama in the 1980s: New Perspectives.* Heidelberg (Winter): 1990, 153–163.

Imhof, Rüdiger. "Zeitgenössische Formen der Komödie". In: Heinz Kosok ed. *Drama und Theater im England des 20. Jahrhunderts.* Düsseldorf (August Bagel): 1980, 170–185.

– "Die zeitgenössische Theaterszene". In: Heinz Kosok ed. *Drama und Theater im England des 20. Jahrhunderts.* Düsseldorf (August Bagel): 1980, 198–212.

Ingarden, Roman. *Das literarische Kunstwerk.* Tübingen (Niemeyer): ³1965.

Innes, Christopher. *Modern British Drama: 1890–1990.* Cambridge (Cambridge University Press): 1992.

– "The Political Spectrum of Edward Bond: From Rationalism to Rhapsody". In: *Modern Drama* 25 (1982), 189–206.

Inverso, MaryBeth [sic]. *The Gothic Impulse in Contemporary Drama.* Ann Arbor (UMI Research Press): 1990.

Itzin, Catherine. "Shakespeare's Sisters: Women in Theatre in Britain in the Seventies". In: *Englisch-Amerikanische Studien* 2 (1980), 507–519.

– *Stages in the Revolution: Political Theatre in Britain Since 1968.* London (Eyre Methuen): 1980.

Jakobson, Roman. "Die neueste russische Poesie: Erster Entwurf. Viktor Chlebnikov". In: Wolf-Dieter Stempel ed. *Texte der russischen Formalisten* vol. 2. München (Wilhelm Fink): 1972, 18–135.

Johnston, Sheila. "The Possibilities". In: *Plays & Players* (April 1988), 26–27.

Kaiser, John R. *Tony Harrison: A Bibliography 1957–1987.* London (Mansell): 1989.

Kellaway, Kate. "The Wrestling School". In: *Plays & Players* (March 1990), 22–23.

Keller, Dean H. *Index to Plays in Periodicals, 1977–1987.* Metuchen, N.J. (Scarecrow Press): 1990.

Kelly, Katherine E. *Tom Stoppard and the Craft of Comedy: Medium and Genre at Play.* Ann Arbor (The University of Michigan Press): 1991.

Kelting, Peter. "Theaterskandal". In: Manfred Brauneck und Gérard Schneilin eds. *Theaterlexikon: Begriffe und Epochen, Bühnen und Ensembles*. Reinbek bei Hamburg (Rowohlt Taschenbuch): ³1992, 998–1000.

Kerensky, Oleg. *The New British Drama: Fourteen Playwrights Since Osborne and Pinter*. London (Hamish Hamilton): 1977.

Keyssar, Helene. *Feminist Theatre: An Introduction to Plays of Contemporary British and American Women*. London (Macmillan): 1984.

– "Hauntings: Gender and Drama in Contemporary English Theatre". In: *Englisch-Amerikanische Studien* 8 (1986), 449–468.

King, Kimball. *Twenty Modern British Playwrights: A Bibliography, 1956 to 1976*. New York (Garland): 1977.

Kirkpatrick, D.L. und James Vinson eds. *Contemporary Dramatists*. Chicago und London (St. James): ⁴1988.

Kissel, Howard. "The Wise Counselor? The Critic's Role in Contemporary Theatre". In: *Theatre Studies* 31/32 (1984/85, 1985/86), 41–48.

Klein, Dennis A. "Breaking Masculine Stereotypes: The Theatre of Peter Shaffer". In: *University of Dayton Review* 18 (1986/87), 49–55.

– "Game-Playing in Four Plays by Peter Shaffer: *Shrivings, Equus, Lettice and Lovage*, and *Yonadab*". In: C.J. Gianakaris ed. *Peter Shaffer: A Casebook*. New York (Garland): 1991, 133–150.

– *Peter and Anthony Shaffer: A Reference Guide*. Boston (Hall): 1982.

– "*Yonadab*: Peter Shaffer's Earlier Dramas Revisited in the Court of King David". In: *Comparative Drama* 22 (1988), 68–78.

Klett, Renate. "Autorenportrait: Caryl Churchill – 'Auf der Bühne ist möglich, was man will'". In: *Theater Heute* 25 no.1 (1984), 22, 25–27.

Klotz, Günther. *Alternativen im britischen Drama der Gegenwart*. Berlin (Akademie): 1978.

– "Elitäres Theater kontra Massenkultur: Die unpopuläre Dramaturgie Howard Barkers". In: *Zeitschrift für Anglistik und Amerikanistik* 37 no.2 (1989), 124–135.

– "Howard Barker: Paradigm of Postmodernism". In: *New Theatre Quarterly* no.25 (1991), 20–26.

– "Das linke Gegenwartsdrama in Großbritannien: Wege zu einer neuen Repräsentanz". In: Bernd-Peter Lange und Reiner Lehberger eds. *Anglistik heute: Einsichten, Aussichten* [Gulliver: Deutsch-Englische Jahrbücher 20]. Berlin (Argument): 1986, 147–159.

– "Zwischen enttäuschenden Erfolgen und Zerreißproben kultureller Traditionen: Eindrücke vom Theater in Britannien jetzt". In: *Englisch-Amerikanische Studien* 8 (1986), 388–401.

– "Zwischen Erfolgszwang und Engagement: Tendenzen im englischen Drama der achtziger Jahre". In: B. Reitz und H. Zapf eds. *British Drama in the 1980s: New Perspectives*. Heidelberg (Winter): 1990, 49–61.

Klotz, Volker. *Dramaturgie des Publikums: Wie Bühne und Publikum aufeinander eingehen, insbesondere bei Raimund, Büchner, Wedekind, Horváth, Gatti und im politischen Agitationstheater*, München (Hanser): 1976.

– *Geschlossene und offene Form im Drama*. München (Hanser): ¹¹1985.

Krieger, Hans. "Auschwitz und der Kapitalismus". In: *Bayerische Staatszeitung*: 22.5.1992.

Kritzer, Amelia Howe. *The Plays of Caryl Churchill: Theatre of Empowerment*. Houndmills (Macmillan): 1991.

Kruger, Loren. "'Our National House': The Ideology of the National Theatre of Great Britain". In: *Theatre Journal* 39 no.1 (1987), 35–50.

Kruntorad, Paul. "Wenn Damen Henker spielen". In: *Theater Heute* 30 no.2 (1989), 41.

Langton, Robert Gore. "The Mysteries". In: *Plays & Players* (March 1985), 29.

Lavender, Andy. "Theatre in Crisis: Conference Report, December 1988". In: *New Theatre Quarterly* no.20 (1989), 210–216.

– "Theatre in Thatcher's Britain: Organizing the Opposition". In: *New Theatre Quarterly* no.18 (1989), 113–123.

Lawley, Paul. "RUDKIN, (James) David". In: D. L. Kirkpatrick und James Vinson eds. *Contemporary Dramatists*. Chicago und London (St. James): ⁴1988, 457–458.

Leeming, Glenda. *Wesker on File*. London (Methuen): 1985.

Lengeler, Rainer ed. *Englische Literatur der Gegenwart 1971–1975*. Düsseldorf (Bagel): 1977.

Levin, Bernard. "When Mystery Was an Open Book" [*The Times*, 19.4.1985]. Repr. in: Neil Astley ed. *Tony Harrison*. Newcastle upon Tyne (Bloodaxe): 1991, 327–330.

Lewis, David. *Convention: A Philosophical Study*. Oxford (Blackwell): 1986.

Liebelt, Lutz. "Grimmige Pastorale". In: *Theater Heute* 22 no.10 (1981), 26.

Lippke, Wolfgang ed. *Aspects of Theatre and Drama in Britain and New Zealand*. Siegen (Universität Gesamthochschule Siegen): 1992.

Lippke, Wolfgang et al. "Plenary Discussion". In: Wolfgang Lippke ed. *British Drama in the Eighties and Beyond*. Siegen (Universität Gesamthochschule Siegen): 1991, 7–26.

Lippke, Wolfgang. "Aspects of Politically Committed British Drama in the Eighties and Before". In: ders. ed. *British Drama in the Eighties and Beyond*. Siegen (Universität Gesamthochschule Siegen): 1991, 93–115.

– "David Edgar – Einführung und Interview". In: *Gulliver* 24 (1988), 135–149.

Lloyd Evans, Gareth und Barbara eds. *Plays in Review 1956–1980: British Drama and the Critics*. London (Batsford Academic and Educational): 1985.

Lord, Mark. "Look Back in Languor". In: *Theater Three* 2 (1987), 47–52.

Loughrey, Brian. *The Pastoral Mode: A Casebook*. London (Macmillan): 1984.

Lowe, Stephen. "'Peace Plays': Peace as a Theatrical Concern". In: *Englisch-Amerikanische Studien* 8 (1986), 434–440.

Lustig, Vera. "Out of the Depths". In: *Plays & Players* (July 1990), 15–17.

Maack, Annegret. "Vergangenheitsbewältigung und Zeitkritik als didaktisches Potential im modernen englischen Drama". In: *Literatur in Wissenschaft und Unterricht* 20 (1987), 321–342.

Maassen, Irmgard. "Twenty Years After: Eindrücke von der Londoner Theaterszene 1988". In: *Hard Times* no.35 (1988), 41–44.

McDermott, Dana Sue. "Ritual and Reification: The Passion Plays at Oberammergau and Eureka Springs, Arkansas". In: James Redmond ed. *Drama and Religion* [Themes in Drama vol. 5]. Cambridge (Cambridge University Press): 1983, 255–271.

McDonald, Marianne. "Harrison's *Trackers* as People's Tract". In: Neil Astley ed. *Tony Harrison*. Newcastle (Bloodaxe): 1991, 470–485.

McGrath, John. *The Bone Won't Break: On Theatre and Hope in Hard Times*. London (Methuen Drama): 1990.

– *A Good Night Out: Popular Theatre: Audience, Class and Form*. London (Eyre Methuen): 1981.

– "Popular Theatre and the Changing Perspective of the Eighties". In: *New Theatre Quarterly* no.1 (1985), 390–399.

– "The Theory and Practice of Political Theatre". In: *Theatre Quarterly* 9 no.35 (1979), 43–54.

Marinelli, Peter V. *Pastoral*. London (Methuen): 1971.

Marowitz, Charles. "Notes on the Theatre of Cruelty" [repr. of article in *Tulane Drama Review* 2 no.2, 1966]. In: David Williams comp. *Peter Brook: A Theatrical Casebook*. London (Methuen): 1988, 34–48.

Martin, Richard. "Hinter den Kulissen: Einige erfolgsbedingende Faktoren des englischen Theaters: Geld, Macht und Subvention". In: Klaus-Dieter Fehse und Norbert H. Platz eds. *Das zeitgenössische englische Drama: Einführung, Interpretation, Dokumentation*. Frankfurt am Main (Athenäum Fischer): 1975, 11–24.

Matherne, Beverly und Salvatore Maiorana. "An Interview with Edward Bond". In: *Kansas Quarterly* 12 (1980), 63–72.

Maxwell, D.E.S. *A Critical History of Modern Irish Drama 1891–1980*. Cambridge (Cambridge University Press): 1984.

Mengel, Ewald. "The 'Closed Society': Structural Violence in the English Drama of the Present". In: *Forum Modernes Theater* 5 no.1 (1990), 34–47.

Merritt, Susan Hollis. "Pinter and Politics". In: Lois Gordon ed. *Harold Pinter: A Casebook*. New York (Garland): 1990, 129–160.

Mews, Siegfried. "The Exiles on Stage: Christopher Hampton's *Tales from Hollywood*". In: Helmut F. Pfanner ed. *Kulturelle Wechselbeziehungen im Exil – Exile Across Cultures*. Bonn (Bouvier): 1986, 249–258.

– "Von der Ohnmacht der Intellektuellen: Christopher Hamptons *Tales from Hollywood*". In: Thomas Koebner, Wulf Köpke und Joachim Radkau eds. *Gedanken an Deutschland im Exil und andere Themen* [Exilforschung: Ein internationales Jahrbuch, Bd. 3]. München (edition text + kritik): 1985, 270–285.

Meyer-Dinkgräfe, Daniel und Klaus Peter Müller. "Select Bibliography of Books and Articles on 'Culture, Politics, and Values in English Plays of the 1980's'". In: *Englisch-Amerikanische Studien* 8 (1986), 488–492.

Mikhail, E.H. *Contemporary British Drama 1950–1976: An Annotated Critical Bibliography*. London (Macmillan): 1976.

Minwalla, Framji. "Sarah Daniels: A Woman in the Moon". In: *Theater (Yale)* 21 no.3 (1990), 26–29.

Mitchell, Tony. *File on Brenton*. London (Methuen): 1988.

Morley, Sheridan. "The British Musical – Rise or Decline?" In: *Plays & Players* (October 1985), 14–18.

– "Lettice and Lovage". In: *Plays & Players* (December 1987), 16–17.

– *Our Theatres in the Eighties*. London (Hodder & Stoughton): 1990.

– "Public Enemy". In: *Plays & Players* (September 1987), 23–24.

– *Spread a Little Happiness: The First Hundred Years of the British Musical*. London (Thames and Hudson): 1987.

Müller, Klaus Peter. "A Serious City Comedy: Fe-/Male History and Value Judgments in Caryl Churchill's *Serious Money*". In: *Modern Drama* 33 (1990), 347–362.

– "Culture, Politics, and Values in English Plays of the 1980's: Questions of Definition, Interpretation, and (Self-)Knowledge". In: *Englisch-Amerikanische Studien* 8 (1986), 370–387.

O'Donoghue, Bernard. "*The Mysteries*: T.W.'s Revenge". In: Neil Astley ed. *Tony Harrison*. Newcastle upon Tyne (Bloodaxe): 1991, 316–323.

Oliva, Judy Lee. *David Hare: Theatricalizing Politics*. Ann Arbor (UMI Research Press): 1990.

Oppel, Horst ed. *Das englische Drama der Gegenwart*. Berlin (Erich Schmidt): 1976.

Oppel, Horst. "Gordon Bottomley, 'King Lear's Wife'". In: Horst Prießnitz ed. *Anglo-Amerikanische Shakespeare-Bearbeitungen des 20. Jahrhunderts*. Darmstadt (Wissenschaftliche Buchgesellschaft): 1980, 326–339.

Orr, John. *Tragic Drama and Modern Society: A Sociology of Dramatic Form from 1880 to the Present*. Basingstoke (Macmillan): ²1989.

– *Tragicomedy and Contemporary Culture: Play and Performance from Beckett to Shepard*. Basingstoke (Macmillan): 1991.

Page, Louise. "Emotion is a Theatrical Weapon". In: *New Theatre Quarterly* no.22 (1990), 174–182.

– "History of Contemporary British Drama". In: B. Reitz und H. Zapf eds. *British Drama in the 1980s: New Perspectives*. Heidelberg (Winter): 1990, 9–14.

Page, Malcolm. *File on Hare*. London (Methuen): 1990.

– "John McGrath". In: *New Theatre Quarterly* no.1 (1985), 400–416.

– *Peter Shaffer: Bibliography, Biography, Playography*. London (Theatre Quarterly Publications): 1978.

Patraka, Vivian. "Contemporary Drama, Fascism, and the Holocaust". In: *Theater Journal* 39 (1987), 65–77.

– "Foodtalk in the Plays of Caryl Churchill and Joan Schenkar". In: *Theatre Annual* 40 (1985), 137–157.

Pavis, Patrice. "The Classical Heritage of Modern Drama: The Case of Postmodern Theatre". In: *Modern Drama* 29 (1986), 1–22.

Peacock, D. Keith. "Chronicles of Wasted Time". In: James Redmond ed. *Historical Drama* [Themes in Drama 8]. Cambridge (Cambridge University Press): 1986, 195–212.

Pfister, Manfred. *Das Drama: Theorie und Analyse*. München (Wilhelm Fink): ⁵1988.

– "Music Hall und Modernes Drama: Populäre Komik als Medium und Thema im zeitgenössischen englischen Theater". In: Herbert Grabes ed. *Anglistentag 1980 Gießen: Tagungsbeiträge und Berichte*. Grossen-Linden (Hoffmann): 1981, 117–138.

Pinter, Harold und Nicholas Hern. "A Play and Its Politics". In: Harold Pinter, *One for the Road*. London (Methuen): 1985, 5–24.

Platz, Norbert H. "Das politische Drama in England während der siebziger Jahre". In: Martin Brunkhorst et al. eds. *Beckett und die Literatur der Gegenwart*. Heidelberg (Winter): 1988, 227–239.

Plunka, Gene A. "The Existential Ritual: Peter Shaffer's *Equus*". In: *Kansas Quarterly* 12 (1980), 87–97.

– *Peter Shaffer: Roles, Rites, and Rituals in the Theater*. Rutherford, N.J. (Fairleigh Dickinson University Press): 1988.

Podol, Peter L. "Contradictions and Dualities in Artaud and Artaudian Theater: *The Conquest of Mexico* and the Conquest of Peru". In: *Modern Drama* 26 (1983), 518–527.

Prießnitz, Horst ed. *Anglo-amerikanische Shakespeare-Bearbeitungen des 20. Jahrhunderts*. Darmstadt (Wissenschaftliche Buchgesellschaft): 1980.

Prießnitz, Horst. "Adaptationen auf der englischen Bühne der Gegenwart". In: Heinz Kosok ed. *Drama und Theater im England des 20. Jahrhunderts*. Düsseldorf (August Bagel): 1980, 186–197.

– "Anglo-amerikanische Shakespeare-Bearbeitungen des 20. Jahrhunderts: Ein bibliographischer Versuch". In: ders. ed. *Anglo-amerikanische Shakespeare-Bearbeitungen des 20. Jahrhunderts*. Darmstadt (Wissenschaftliche Buchgesellschaft): 1980, 413–432.

– "Bearbeitungen mittelalterlicher Dramentypen auf der englischen Gegenwartsbühne". In: Herbert Grabes ed. *Anglistentag 1980 Gießen: Tagungsbeiträge und Berichte*. Grossen-Linden (Hoffmann): 1981, 75–99.

Quigley, Austin E. *The Modern Stage and Other Worlds*. New York (Methuen): 1985.

Raab, Michael. *'The music hall is dying.': Die Thematisierung der Unterhaltungsindustrie im englischen Gegenwartsdrama*. Tübingen (Niemeyer): 1989.

Rabey, David Ian. *British and Irish Political Drama in the Twentieth Century: Implicating the Audience*. New York (St. Martin's Press): 1986.

– *Howard Barker: Politics and Desire: An Expository Study of His Drama and Poetry*. Basingstoke (Macmillan): 1989.

– "Images of Terrorism in Contemporary British Drama: Unlocking the World". In: John Orr und Dragan Klaic eds. *Terrorism in Modern Drama*. Edinburgh (Edinburgh University Press): 1990, 151–159.

– "Introduction". In: Howard Barker, *Arguments for a Theatre*. London (John Calder): 1989, 1–10.

– "RSC's Howard Barker Season". In: *Plays & Players* (December 1985), 29–30.

Rabkin, Gerald. "The Play of Misreading: Text/Theatre/Deconstruction". In: *Performing Arts Journal* 19 (1983), 44–60.

Ramsden, Timothy. "Singer". In: *Plays & Players* (December 1989), 27.

Rao, N.M. "The Self-Commenting Drama of Our Times". In: *Aligarh Journal of English Studies* 9 (1984), 215–226.

Reinelt, Janelle. "Bertolt Brecht and Howard Brenton: The Common Task". In: *Pacific Coast Philology* 20 (1985), 46–52.

Reitz, Bernhard. "English Drama and Theatre on the Threshold of the 1980s". In: Hans-Jürgen Diller et al. eds. *Modern Drama and Society* [anglistik & englischunterricht 20]. Heidelberg (Winter): 1983, 7–36.

– "'The act of observing determines the reality': Die Darstellungskonventionen des *thriller* und die Rolle des Zuschauers in Tom Stoppards *Hapgood*". In: B. Reitz und H. Zapf eds. *British Drama in the 1980s: New Perspectives*. Heidelberg (Winter): 1990, 125–137.

Richardson, Christine. "Medieval into Modern: Can the Medieval Theatre Offer a Way Forward for Contemporary Theatre?" In: *Quaderni di Filologia Germanica* 3 (1984), 217–234.

Roberts, Philip. *Bond on File*. London (Methuen): 1985.

– "The Search for Epic Drama: Edward Bond's Recent Work". In: *Modern Drama* 24 (1981), 458–478.

Robinson, Marc. "Breaking the Bond with Edward Bond". In: *Theater (Yale)* 21 (1990), 23–28.

Rosen, Carol. *Plays of Impasse: Contemporary Drama Set in Confining Institutions*. Princeton (Princeton University Press): 1983.

Rosenberg, James L. "Situation Hopeless, Not Terminal: The Playwright in the Twenty-First Century". In: *New Theatre Quarterly* no.15 (1988), 226–231.

Rowell, George und Anthony Jackson. *The Repertory Movement: A History of Regional Theatre in Britain*. Cambridge (Cambridge University Press): 1984.

Rusinko, Susan. *British Drama 1950 to the Present: A Critical History*. Boston (Twayne): 1989.

Russell, Frederick H. "Crusade, Children's". In: Joseph R. Strayer ed. *Dictionary of the Middle Ages* vol. 4. New York (Charles Scribner's Sons): 1984, 14–15.

Ru[d]kin, David. "How I Translated Peer". In: *Plays & Players* (June 1983), 16–19.

Salgádo, Gámini. "Introduction". In: Gámini Salgádo ed. *Three Jacobean Tragedies*. Harmondsworth (Penguin): ²1969, 11–38.

Scally, William A. "Modern Return to Medieval Drama". In: Karelisa V. Hartigan ed. *The Many Forms of Drama* vol. 5. Lanham (University Press of America): 1985, 107–114.

Schäffner, Raimund. *Politik und Drama bei David Edgar: Eine Studie zum politischen Gegenwartstheater in England*. Essen (Blaue Eule): 1988.

– "Politisches Alternativtheater, Fernsehen, etabliertes Theater: Die Debatte über Ästhetik, Funktion und Wirkungsmöglichkeiten des politischen Gegenwartstheaters in Großbritannien". In: *Forum Modernes Theater* 4 (1989), 139–153.

– "Der sozio-politische Wandel Englands im Spiegel des Dramas: Howard Brentons/Tony Howards *A Short Sharp Shock!* und Doug Lucies *Fashion*". In: *Forum Modernes Theater* 6 (1991), 41–61.

Schechter, Joel. "Theater on the Wrong Side of the Law: An Interview with Snoo Wilson". In: *Theater* 12 (1981), 56–60.

Schiff, Ellen. *From Stereotype to Metaphor: The Jew in Contemporary Drama*. Albany, N.Y. (State University of New York Press): 1982.

Schlueter, June. "Adultery is Next to Godlessness: Dramatic Juxtaposition in Peter Nichols's *Passion Play*". In: *Modern Drama* 24 (1981), 540–545.

– *Metafictional Characters in Modern Drama*. New York (Columbia University Press): ²1979.

Schnabl, Gerlinde. *Historische Stoffe im neueren politischen Drama Großbritanniens*. Heidelberg (Winter): 1982.

Schnelling, Heiner M. *Christopher Frys 'seasonal comedies': Funktional-strukturalistische Untersuchungen zur Kritik der thematischen Konzeption der 'Jahreszeiten'*. Frankfurt am Main (Peter Lang): 1981.

Schnierer, Peter Paul. "Crime and Detective Story Structures in Modern British Drama". In: Steven Kaplan und Will Wright eds. *The Image of Crime in Literature, the Media, and Society*. Pueblo, CO (The Society for the Interdisciplinary Study of Social Imagery): 1991, 53–64.

Seeber, Hans Ulrich ed. *Englische Literaturgeschichte*. Stuttgart (J. B. Metzler): 1991.

Sellin, Eric. *The Dramatic Concepts of Antonin Artaud*. Chicago und London (University of Chicago Press): 1968.

Shaffer, Peter. "Author's Note". In: *Lettice and Lovage*. New York (Samuel French Inc.): 1990, 7–8.

– "A Personal Essay". In: T. S. Pearce ed. *Equus*. Harlow (Longman): 1983, vi–x.

– "Preface". In: *Lettice and Lovage and Yonadab*. London (Penguin): 1989, vii–ix.

Shaughnessy, Robert. "Howard Barker, the Wrestling School, and the Cult of the Author". In: *New Theatre Quarterly* no.19 (1989), 264–271.

Sherrin, Ned. "Starlight Express". In: *Plays & Players* (May 1984), 22–23.

Shrager, Sidney. *Scatology in Modern Drama*. New York (Irvington): 1982.

Siedenberg, Sven. "Grauen, das Grauen gebiert". In: *Stuttgarter Zeitung*: 3.6.1992.

Silverstein, Marc. "*One for the Road, Mountain Language* and the Impasse of Politics". In: *Modern Drama* 34 (1991), 422–440.

Simard, Rodney. *Postmodern Drama: Contemporary Playwrights in America and Britain*. Lanham, NY (University Press of America): 1984.

Sinfield, Alan. "Culture and Contest: *Oi for England* by Trevor Griffiths and the End of Consensus Politics". In: *Englisch-Amerikanische Studien* 8 (1986), 418–426.

Skasa, Michael. "London: Der Homburg ist nicht nur ein alter Hut". In: *Theater Heute Jahrbuch* (1982), 100–104.

Šklovskij, Viktor. "Die Kunst als Verfahren". In: Jurij Striedter ed. *Texte der russischen Formalisten* vol. 1. München (Wilhelm Fink): 1969, 2–35.

Smith, Leslie. *Modern British Farce: A Selective Study of British Farce from Pinero to the Present Day*. Basingstoke (Macmillan): 1989.

Smith, Susan Harris. *Masks in Modern Drama*. Berkeley (University of California Press): 1984.

– "Twentieth-Century Plays Using Classical Mythic Themes: A Checklist". In: *Modern Drama* 29 (1986), 110–134.

Stadelmaier, Gerhard. "Ödön aus dem Hollywald..." In: *Theater Heute* 24 no.5 (1983), 24–27.

Stafford-Clark, Max. "'A Programme for the Progressive Conscience': The Royal Court in the 'Eighties". In: *New Theatre Quarterly* no.1 (1985), 138–153.

Steiger, Klaus Peter ed. *Das englische Drama nach 1945*. Darmstadt (Wissenschaftliche Buchgesellschaft): 1983.

Stephan, Erika. "Herausforderung zu spielerischer Souveränität". In: *Theater der Zeit* 44 no.11 (1989), 4.

Stratmann, Gerd. "Be prepared: Das moderne englische Drama". In: Hans-Jürgen Diller ed. *The Very Short Story II [anglistik & englischunterricht 23]*. Heidelberg (Winter): 1984, 169–178.

– "Edward Bond: *Lear* (1971)". In: Klaus-Dieter Fehse und Norbert H. Platz eds. *Das zeitgenössische englische Drama: Einführung, Interpretation, Dokumentation*. Frankfurt am Main (Athenäum Fischer): 1975, 274–298.

Stuart, Ian. "Answering to the Dead: Edward Bond's 'Jackets', 1989–90". In: *New Theatre Quarterly* no.26 (1991), 171–183.

– "Edward Bond's *Restoration*". In: *Australasian Drama Studies* no.19 (1991), 51–66.

Summers, Alison. "Trevor Griffiths: Politics and Populist Culture". In: *Canadian Theatre Review* 27 (1980), 22–29.

Swain, Elisabeth. *David Edgar: Playwright and Politician*. New York (Peter Lang): 1986.

Tabori, George. "Statt des Urschreis das Urkichern". In: *Theater Heute* 24 no.5 (1983), 30.

Taplin, Oliver. "Satyrs on the Borderline: *Trackers* in the Development of Tony Harrison's Theatre Work". In: Neil Astley ed. *Tony Harrison*. Newcastle (Bloodaxe): 1991, 458–464.

Taylor, Gary. *Reinventing Shakespeare: A Cultural History from the Restoration to the Present*. London (The Hogarth Press): 1990.

Taylor, John Russell. *Anger and After: A Guide to the New British Drama*. London (Methuen): 1962.

– "Art and Commerce: The New Drama in the West End Marketplace". In: C.W.E. Bigsby ed. *Contemporary English Drama*. London (Edward Arnold): 1981, 177–188.

– "David Mercer and the Mixed Blessing of Television". In: *Modern Drama* 24 (1981), 436–444.

Thomas, Alan. "Howard Barker: Modern Allegorist". In: *Modern Drama* 35 (1992), 433–443.

Thomsen, Christian W. "The Centre of Theatrical Ambiguities: Die Royal Shakespeare Company und ihre Ästhetik". In: Renate Haas und Christine Klein-Braley eds. *Literatur im Kontext: Festschrift für Helmut Schrey zum 65. Geburtstag am 6.1.1985*. Sankt Augustin (Richarz): 1985, 268–286.

– *Das englische Theater der Gegenwart*. Düsseldorf (August Bagel): 1980.

- "Die hohe Schule des Voyeurismus". In: *Theater Heute* 27 no.4 (1986), 44–45.
- "Die Königliche Truppe". In: *Theater Heute* 25 no.3 (1984), 34–39, 42.

Tindale, Joan. "Some Observations on the Situation of Contemporary British Women Dramatists". In: Peter Bilton et al. eds. *Essays in Honour of Kristian Smidt*. Oslo (University of Oslo, Institute of English Studies): 1986, 305–311.

Todd, Susan ed. *Women and Theatre: Calling the Shots*. London (Faber): 1984.

Troxel, Patricia M. "Haunting Ourselves: History and Utopia in Howard Brenton's *Bloody Poetry* and *Greenland*". In: Karelisa V. Hartigan ed. *Text and Presentation* vol. 10. Lanham (University Press of America): 1990, 97–103.

- "In the Name of Passion: A Comparison of Medieval Passion Plays and Peter Nichols's *Passion Play*". In: Karelisa V. Hartigan ed. *From the Bard to Broadway*. Lanham (University Press of America): 1987, 213–222.

- "Making Serious Money: Caryl Churchill and Post-Modernist Comedy". In: Karelisa V. Hartigan ed. *Text and Presentation* vol. 9. Lanham (University Press of America): 1989, 149–159.

Trussler, Simon. "Snoo Wilson". In: *New Theatre Quarterly* no.17 (1989), 86–96.

Tynan, Kenneth. "The Royal Smut-Hound". In: Michelene Wandor. *Look Back in Gender: Sexuality and the Family in Post-War British Drama*. London (Methuen): 1987, 73–85.

Vieweg-Marks, Karin. *Metadrama und englisches Gegenwartsdrama*. Frankfurt am Main (Peter Lang): 1989.

Vos, Nelvin. *The Great Pendulum of Becoming: Images in Modern Drama*. Grand Rapids, MI (Christian University Press): 1980.

Wandor, Michelene. *Carry On, Understudies: Theatre and Sexual Politics*. London (Routledge & Kegan Paul): 1986.

- "Culture, Politics and Values in Plays by Women in the 1980s". In: *Englisch-Amerikanische Studien* 8 (1986), 441–448.

- *Look Back in Gender: Sexuality and the Family in Post-War British Drama*. London (Methuen): 1987.

Watschke, Ingeborg. *Erscheinungsformen der Grausamkeit im zeitgenössischen englischen Drama*. Bern/Frankfurt am Main (Herbert Lang/Peter Lang): 1976.

Wehrli, Beatrice. "Horváth statt Brecht: Eine Fallstudie". In: *Schweizer Monatshefte* 63 (1983), 505–518.

Weiner, Bernhard. "The *Romans in Britain* Controversy". In: *The Drama Review* 25 no.1 (1981), 57–68.

Weise, Wolf-Dietrich. *Die 'Neuen englischen Dramatiker' in ihrem Verhältnis zu Brecht*. Bad Homburg v.d.H. (Gehlen): 1969.

Wesemann, Arnd. "Den Faßbinder-Skandal entschärft". In: *die tageszeitung*: 23.5.1992.

Westarp, Karl-Heinz. "British Drama of the Eighties: Survival of the Fittest". In: Per Serritslev Petersen und Karl-Heinz Westarp eds. *British Drama in the Eighties: Texts and Contexts* [The Dolphin 14]. Århus (Seklos): 1986, 7–9.

Wieselhuber, Franz. "Contemporary British Comedy and the Groves of Academe". In: *anglistik & englischunterricht* 20 (1983), 37–48.

Wilcher, Robert. "*Pravda*: A Morality Play for the 1980s". In: *Modern Drama* 33 (1990), 42–56.

Williams, Raymond. *Marxism and Literature*. Oxford (Oxford University Press): 1977.

Wilson, Ann. "*Our Country's Good*: Theatre, Colony and Nation in Wertenbaker's Adaptation of *The Playmaker*". In: *Modern Drama* 34 (1991), 23–34.

Winkler, Elizabeth Hale. *The Function of Song in Contemporary British Drama*. Newark (University of Delaware Press): 1990.

Wolfe, Debbie. "Writer's Houses". In: *Plays & Players* (February 1986), 14–15.

Woodruff, Graham. "Community, Class, and Control: A View of Community Plays". In: *New Theatre Quarterly* no.5 (1989), 370–373.

Worth, Katharine. "Bond's *Restoration*". In: *Modern Drama* 24 (1981), 479–493.

– "Images of Women in Modern English Theater". In: Enoch Brater ed. *Feminine Focus: The New Women Playwrights*. Oxford (Oxford University Press): 1989, 3–24.

Wyver, John. "Rudkin's Mythic Trail". In: *Listener* 109 (June 2, 1983), 32.

Young, B.A. *The Mirror up to Nature: A Review of the Theatre 1964–1982*. London (Kimber): 1982.

– "The Plays of Christopher Hampton". In: *Drama: The Quarterly Theatre Review* (1983), 21–23.

Zapf, Hubert. *Das Drama in der abstrakten Gesellschaft: Zur Theorie und Struktur des modernen englischen Dramas*. Tübingen (Niemeyer): 1988.

– "Plays of the Cultural Imagination: On British Drama of the Nineteen-Eighties". In: B. Reitz und H. Zapf eds. *British Drama in the 1980s: New Perspectives*. Heidelberg (Winter): 1990, 37–48.

Zelenak, Michael X. "The Politics of History: Howard Brenton's Adaptations". In: *Theater* 18 (1986), 52–55.

Zephaniah, Benjamin. "Author's Preface". In: Yvonne Brewster ed. *Black Plays: Two*. London (Methuen): 1989, 144.

Namenregister